中公文庫

ジョージ・F・ケナン回顧録Ⅱ

ジョージ・F・ケナン
清水俊雄
奥畑稔 訳

中央公論新社

ジョージ・F・ケナン回顧録 II ――目次

上巻

全巻目次

Ⅰ（上巻前篇）

Ⅱ（本書）

Ⅲ（下巻）

本文ＤＴＰ　今井明子

ジョージ・F・ケナン回顧録 II

第十章～第二十章　清水俊雄　訳

第十章　V－Eデーからポツダムまで

一九四五年五月十九日付の、モスクワ大使館発の一通の報告書がある。これはV－Eデー直前数週間のソビエトの新聞報道などからも資料を取り入れた解説的な内容のもので、その中で次のような観測が述べられていた。

戦争終結後の時期がもつ重大性、その危険性、何が起こるかわからない不安感について、ソビエト連邦指導者たちほどはっきりとした見通しを立てていた人々はないと言っても過言ではない。彼ら自身が、前大戦後の大混乱の中に生まれた政権の担当者であり、不変性を固め、未来の全体像を決定する線が引かれるのは、全般的な軍事闘争の終了後に続く、国内戦と社会的混乱の時代であることを、身をもって知っているのである。従って彼らは、次の数週間内に決定されるものに対しては、予想される将来の平和会議で決定されるものに対してよりも、はるかに大きな重要性を寄せるのである。ソビエト側の見解では、後からできるこうした諸決定も、実際には、鉄の熱いうちに打たれて形づくられた生々しい現実の産物に他ならない場合が多いのである。

私は、この報告書の作成には関係していなかったが、私たち政府関係者としては、いまこそ戦後のソビエト連邦でわれわれが当面している問題を正しく分析し、ロシア戦線の最終段階に現れはじめている軍事的、政治的情勢によって、ヨーロッパ安定の前途が早くも脅かされつつある事態を最小限に食いとめるための政策を検討すべき時であることを痛感していた。そうした理由から、私は自分の個人ノート一杯に、あれこれと憂慮の念を書き並べただけでなく、大使をはじめ、話を聞いてくれる人でさえあれば誰かれとなく、抗議、勧告、その他あらゆる種類の、政策についての進言を執拗《しつよう》に繰り返した。

その数か月間に、私のペン先から生まれた文書の数は、言うのも恥ずかしいほど多くて、とても本書などに引用することはできない。しかしそれらの文書で言わんとした趣旨は、後日、広く世の注目を集めるようになった私の諸論文の中に含まれることになったものと同じもので、ここでそれを要約しておきたい。ただし政策の問題を中心にしておこう。ロシアの情勢分析は、すでにたびたび触れた二編の長編論文の中で明確に示されているから。

終戦直後のこの期間を通じて、私は一貫して、ヨーロッパが勢力圏に分割されることを、一刻も早く明確に認識すべきだと主張したばかりか、そのような分割の事実を基礎にした政策を採用すべきことも主張し続けた——わが政府の上層部内では、こんなことを主張したのは私一人だけだった。

その理由は二つあった。一つは、ドイツ降伏直前からもそうであったように、ロシアの支配権がすでに効果的に確立されてしまった地域に、何らかの影響力を行使できると思ったりすることは自己怠慢の譏《そしり》を免れないものだと、私は依然信じていたのである。これらの諸国の多くで近い将来予想されるものが、ソビエト型の完全な共産主義支配まではゆかず、また西側からの完全離脱まではいかないものであろうとの期待にしがみついて、われわれは、われわれ自身と西側世論をただごまかしているにすぎないと私は見ていた。それなのになぜわれわれが、これらの地域へのいくつもの援助計画や、ソビエト側がやったことにたいする道義的責任を分担したりして、ソビエト側を利するために骨折る必要があるのかと、私は疑問を感じていた。現在明らかに生じていることに、われわれは手を出すべきではないと、言いたかったのである。

たとえば、一九四五年二月と三月に、ビシンスキーが突如ブカレストを訪問し、ルーマニア政府の組織再編を冷酷に強行したりしてルーマニアの危機を引き起こした時に、わが国がモロトフ外相に宛てた抗議の覚書の内容に、私は異議を申し立てた。この覚書の調子は、ソビエトの行動に控え目な驚きを示すとともに、ソビエト当局に対し、いまやっていることをやめて、どうか違ったことをやって下さいと、空しい願いをこめたようなものであった。三月八日付で私は、次のように書いている。

モロトフとこのような見通しのない議論を続けても無意味だと思う。モロトフの言い分は、ソビエトの政策を決定する機関によって決められていたものである。それを変えさせるには、そうするだけの確実な、圧倒的な理由があることを彼自身に信じさせ、かつ彼の同僚にも信じさせることができなければ、できない相談である。われわれの側の見解をただ表示するだけでは、このような政策変更の理由になるわけがない。われわれの政府が、全体の問題について不協力を公表するとか、管理委員会から代表を引き揚げるとかいったような、何らかの具体的な措置をとる用意をしない限り、ソビエト側は、われわれの見解などに一顧も払う必要を感じないだろう。たとえわれわれが何らかの行動をとるとしても、彼らがルーマニアにおけるその……政策を変えるかどうかは定かでない。

一か月ほどたつと、問題はチェコスロバキアに転じた。ハンガリー、ルーマニア、ブルガリアなどのバルカン諸国とは異なり、チェコスロバキアは、ソビエト連邦とは戦火を交えなかった。この国の地位は、公式には、解放された同盟国のそれであった。私にはよくわからなかったが――多分、ベネシュが西側諸国で高く評価されていたためか――チェコスロバキアには独立した新政府が樹立されるだろうとの観測が、西側では広がっていた。それは何の確証もない臆測《おくそく》にすぎなかった。モスクワ駐在チェコスロバキア大使ズデニェク・フィルリンゲル氏と個人的に話し合った印象では、彼には、自由独立チェコスロバキアの代表といったようなところが全くなく、むしろ徹頭徹尾ソビエトの手先といった感じだった。ロシアの首都にこのような人物を代表として置いているような政権に、真の独立性があるのかと深い疑いを抱かざるをえなかった。

さらに、ソビエト軍に占領されたチェコスロバキア領の一部に何が起きているのかを、われわれはほとんど知らなかったが、実際には、同国内では共産主義者による権力独占体制確立の基礎工作が、浸透、脅迫、謀略などのあらゆる手段を用いて行われていたことが明らかとなった。こうした印象が確認されたのは、ドイツ崩壊の前後に、アメリカ政府が自国領土に正式に復帰することになったチェコスロバキア政府に代表を派遣しようとして、ソビエトの妨害に遭い、派遣を果たせなくなった時であった。ワシントン政府は、その代表が速やかにチェコスロバキア政府所在地に到着することを〝強く要望し〟、在モスクワ・アメリカ大使館の私たちに対し、この一件をソビエト政府に持ち込み、われわれの代表がその任地に直ちに到達できるようにさせてほしいと要請するよう命令してきた。

この命令に対して私はまたまた反対した。この一件は、直接チェコスロバキア当局にまかすべきである、と思ったからである。もしチェコスロバキア当局がそれを処理できなければ――すなわち、もし彼らのソビエトに対する立場が、外国代表を迎えるのに、ソビエト政府のお許しがなければできないほどに屈辱的なものであるなら――そのこと自体、「チェコスロバキアとソビエトとの関係の本質を暴露するものであり、このことは、この時期にわが政府の代表を同地に駐在させる一般的な可能性を決定する際に考慮すべき点である……と思われる」ことであった。

私はさらに続けて、チェコスロバキア政府における非共産主義者の閣僚は、ソビエトの名誉ある囚人以上のものではないと説いた。アメリカの代表はチェコスロバキア政府に対して、ただ挫折《ざせつ》感と無力感を感じさせられるだけであろう。

アメリカ代表が駐在するというだけで、傀儡《かいらい》政権の体面を助けるばかりでなく、いまなお民主主義制度の復活を冀《こいねが》っている多くの人々を落胆させるのに役立つだろう。ソビエトは、アメリカ代表の駐在を、西側世界がソビエトの政策を承認し、ソビエトと協力している証拠だとして周辺に見せびらかすだろうからである。

ユーゴスラビアの場合にも、チトー元帥の政権が、果たして「代議制」の政体であるかどうかの問題についてワシントンが関心を示した時、そして彼の政権に反対派がほとんどないことが間違いないとはっきりしたら、アメリカは直ちにそれを受け入れる措置をとるべきだ、との示唆が行われた時、私は憤りを覚えた。私はその問題の提出の仕方にも、結論にも、ともに至当性を見出せなかった。

つまり、われわれには、スターリンがロシアで世論の大多数を味方に持つか、持てないかの問題などに関心はないし、モスクワの政府とそっくり似た政府について違った立場をとることは……理屈に合わないことになる……チトーは完全にマルクス主義の洗礼を受けた人間である。彼は共産主義革命が要求していると信じることを、間違いなく資本主義世界に対して実行するであろう。この点ではチトーは、ベオグラードに駐在する西側の代表の個人的な真情には動かされないが、それらの代表が代表している各国政府の力と決断には動かされるであろう。*

＊　一九四五年十二月三日付日記。

そこで、私が〝利益圏〟政策をよしとする第一の理由は、ソビエト支配下にある地域の出来事に何か特別の影響を加えようと期待することはできないし、またそれを期待しているような態度をとり続けることは威厳を損ない、かつ誤解を生むもとであるとの信念からであった。第二の理由は、全ヨーロッパの協力体制という夢のような計画に従い、ソビエトを抜きにして何か重要な行動をとればソビエトが怒りはしまいかとの不安から、ヨーロッパの一部はわれわれの影響を真に受け入れるような強力で希望のもてる情勢を再建するために積極的に行動するのをおろそかにしている、との印象を私が持っていたことであった。

こんな状態で、もしわれわれがヨーロッパで信頼のおける情勢を築き上げるのに長くかかりすぎるならば、ヨーロッパの西側諸国の共産党は、最近抵抗運動と連携をとって非常に勢力を強化しており、容易につけ込んでくるような情勢になるかもしれない、と私には思われた。われわれはまるで骨をくわえて水辺に立っている犬みたいに、水面に映った骨を取ろうとして、自分の口にくわえた骨まで失おうとしているに等しい。

ソビエトの協力という妄想のために事態が滞りがちになっている点を、私は過大評価しているきらいがあるかも知れない。何よりも私の懸念していたことは、国連救済復興機関（UNRRA）の運営と、国際通貨基金（IMF）及び国際復興開発銀行設置に関するアメリカ財務省の念入りな計画（財務省はこの計画を、一九四四年七月に開かれたブレトン・ウッズ国際通貨金融会議で発表し、実施に乗り出した）であった。ソビエト側がUNRRAに関心を持つとしても、その動機は、わが国民には動機となったヨーロッパ再建という大きな愛他主義の精神とは、少なくとも一致するものではないことが私にはわかっていた。

ソビエトの指導者たちは、この機構への参加を、何よりも政治的目的に利用するとともに、救済が彼らの政治的目的に役立つような方法で行われることが、彼らにわかるような仕組みを講じるであろう。また、ソビエト経済は疑い深いほどに閉鎖的な統制経済であり、その通貨は、世界市場に流通性がなく、また価格体制は恣意《しい》的、人為的で、外国貿易は完全な国家独占下にあるといった状態では、たとえ彼らの目的がわれわれのそれと相似たものであったとしても（それは相似てはいなかった）、ソビエトが国際通貨市場で協力するにふさわしい相手であると期待するのは、およそ現実的ではないと思われた。

この点について、私の懸念の対象となっていたのは、やはりドイツであった。戦争はいまでは終わっていた。われわれの態度や政策の真価が問われるのは、まさにこれからであった。私の知り得たすべての点から見て、アメリカ軍当局はいまなお、戦争中、一部のわが軍部指導者が抱いていた反英・親ソという奇怪な偏見としかいいようのないものに、深く影響されていた。アゾレス諸島の危機や、ヨーロッパ諮問委員会の影が私の目前に大きく浮かび上がってきたのは、一九四五年の秋の、ある忘れられない夜のことであった。

この夜私は、ベルリンのロバート・マーフィ大使官邸で、たまたまある軍部の高官とたった一人さし向かいですわらされる羽目となった。この軍部高官は、私ばかりか〝国務省のもの〟全般に対して、その反ソ的態度と〝ロシア人と仲よくやってゆく〟能力の欠如――軍部のやり方に範をとりさえすればこうした能力の欠如はいくらでも克服できるはずだ、ということらしかった――をくどくどと非難し、私はそれをじっと我慢していたのである。

こうして私は、終戦直後の数か月間は、期待できるはずのないソビエトの協力を予期して、われわれがすでに行動するだけの力を持ちながら、ドイツの西側占領地区で健全な信頼するに足る情勢を作り上げるのを遅らせるのではないかと不安でたまらなくなっていた。ソビエトは、ヨーロッパの再建にわれわれと実際に協力しても何の益もないことを知っていた。しかしそのような協力の可能性が、満更ないこともないように見せびらかし、その実体がはっきりするまでわれわれの建設計画実施を遅らせれば、彼らにとって利益は大きいというものであった。西側の苦悩が続くことは、それだけ西側諸国で虎視眈々《たんたん》と機会を狙っている共産党の思うつぼにはまるだけであろう。

私のいくつかの個人的文書の中の一つで、一九四五年夏に書かれたと思われる日付なしの文書に次のような一文があるのを見つけた。

ロシア人と協力してドイツ問題を処理しようというアイデアは、全く馬鹿げた妄想である。ロシア人とわれわれが、ともに一定の時期に礼儀正しく撤退すれば、その後の真空状態の中に健全で、平和で、安定した、友好的なドイツが登場するだろうなどといった構想もまた全くの妄想にすぎない。われわれにはドイツの中のわれわれの地区――われわれとイギリスが責任を引き受けた地区――を、東側の脅かしを受けつけないような、繁栄と安定と優越を誇る独立体にまで導いてゆく外に選ぶ道はない。これはアメリカ人にとってどえらい仕事である。しかし避けることのできない仕事である。われわれの構想は、共同軍事政府といったような危っかしい、動きのとれない計画の路線ではなく、以上のような路線に沿ったものでなければならない。

いってみれば、これはドイツの解体に外ならない。しかし解体はすでにオーデル・ナイセを境界線として事実となっている。ソビエト占領地区が、他日、ドイツに復帰するかどうかはいまは重要ではない。解体されたドイツでも、その中で西側が少なくとも全体主義勢力に対する緩衝の役を果たすことができれば、その方が、統一ドイツでそれが北海に全体主義勢力の脅威を再びもたらすよりは、はるかに望ましい。

……われわれは、管理委員会に関してすでに引き受けている義務を忠実に実行しなければならないが、同時に三国共同管理の可能性については、誤った幻想も期待も抱くべきではない……ドイツでは、われわれはロシア人と基本的に競争関係にあるのである。われわれの占領地区の運営上、真に重要な問題について、われわれは管理委員会ではいっさいの妥協を排すべきである。*

＊　この一文は、約十二年後の一九五七年にBBC放送で私が行ったリース講演に対する批判

者が、私を批判するに際して用いた議論に奇妙なほど似ていることを指摘したい。この問題については、あとで、なぜ、十二年後に私がこの議論とは反対の立場をとるようになったか、を説明するつもりである。

以上のような見地からして、私がポツダム会議の成果を、懐疑と絶望をもってしか評価できなかったとしても理解されるであろう。トルーマン大統領が混乱と非現実的としかいいようのない会議の果てに調印したこのコミュニケほど、私を失望、落胆させた政治的文書は他に思い浮かべることができない。それは、いまではドイツの行政管理の基礎を形成するようになったと思われていた四国共同管理の諸原則が、非現実的であり、役に立たないものであったと知るだけではすまないことであった。

ソビエト側との協定に一般的な言葉——たとえば「民主的」とか「平和な」「正義」といった言葉——を使うことは、私がロシア関係の仕事に従事してきたこの十七年間、ソビエト政府との交渉の手口について覚えた知恵からいえば、禁物であった。たとえば、われわれがソビエト側とともに、ドイツの教育制度を〝民主的なアイデア〟に基づいて再編成するために努力しようとしていた、などと言っても、ソビエト指導者の精神世界やその時のソビエトの教育状況について事実を知ってみれば、全くいわれのない不当な推量であったことがわかるのである。

それよりもっとびっくりすることは、ドイツの司法制度を、民主主義、法に基づく正義、および人種、国籍、宗教の差別なく、あらゆる市民に対する平等の権利の原則に従って、再編成するために、ソビエトと協力する意図がわれわれにあると宣言したことであった。その上さらに、〝民主的〟政党が認められるばかりでなく、ドイツ全土で〝集会と言論の自由が与えられて〟活動するよう力づけられる、とまで言っているのであるが、それ以上に結構な改革の説明など、滅多にお目にかかれないだろう。

モスクワにいたものなら誰でも、われわれの会議代表に、ソビエト指導者が〝民主的政党〟という用語を口にする時、腹の中で何を指しているかを教えることができたはずであった。トルーマン、アトリー両氏が、スターリンとともに署名した条約文中にこのような用語が使われていたために、ドイツはもとより、他の西側諸国の一般世論の理解にどれほど混乱をもたらしたか、それについてはどのような弁解も役に立たないであろう。

賠償についていえば、この問題に関してポツダムで決められたものは、全く非現実的な願望と意図に基づく計画の大まかな統計表がまた一つ出されたくらいにしか、私には考えられなかった。この種の計画ならすでにテヘランで作られており、早晩完全に崩壊する運命のものであった。事実もその通りで、一九四六年五月三日、クレー将軍がアメリカ占領地区から東側への賠償引き渡しを、今後いっさい中止すると決定し、この賠償計画は最終的に崩壊した。

その数か月前に、私はたまたまある個人的な手紙の中で、このような計画を、ソビエト側との効果的な協力によって達成できるなどと考えたのは馬鹿げたことだった、と書いた。私はその中で、賠償というものは、それぞれの占領地区内で〝手当たり次第にその場で取りあげる〟性質のものにすぎないとも書いた。

われわれは、その占領地区内で取りあげることのできるものはがっちりと取りあげることができよう。しかしそれだけであって、それ以上はいけない。ソビエト側は、その占領地区内では好きなようにやればよいし、この点については、われわれとの協定によってさし止められることもないだろう。

私は一九四四年当時、すでにこのような見解を持っていたし、またその後の数か月の事態の動きが、この見解の正しさを広く立証していたのであり、私がポツダムで決められた全賠償計画に妥協的態度をとり続けるのを冷たく批判していたことも、容易に理解していただけることと思う。*

* 私の記憶に間違いがなければ、これらの見解の大部分は、ハリマン大使に負うところであった。一九四五年四月六日、同大使はワシントンに宛てて、ソビエトは、「すでにドイツから引っさらっておけば利益になると思われるものはすべて（もう一度くり返していう、すべて）、何の良心の呵責もなく、引っさらってゆくのに忙殺されているのは疑う余地がない」と打電した。"*The Forrestal Diaries*" New York: Viking Press, 1951　四〇—四一ページ。

この本の編者ウォルター・ミリス氏は、このハリマン大使の見解は「賠償や償還に関し、ソビエトとの間にはっきりした協定が成立するずっと前のことだったかもしれない」と言っている。

最後に、戦犯裁判の問題があった。この問題も、ポツダム以前から三国間で十分に検討されてきた問題であった。しかし、ポツダム宣言は、特定の重要人物たちを早期に共同裁判にかける計画を決定することによって、三国政府首脳たちの威信をいま一度確かめようとしたものであり、最終的で、取り返しのきかないものであった。

私は、このような性格の問題をソビエトと共同で進めるわが国のやり方に腹を立てて、その見解を表明してきた。この問題について、私は誤解されたくない。ナチ指導者たちの犯罪は、測りしれないほど大きなものであった。これらの一味は、これ以上この世に個人的に存在していても、彼ら自身にとっても、他人にとっても、積極的には何の意味もないような立場に立っていた。私個人としては、これらの一味の誰かが、連合軍の手に捕えられ、その何者であるかの確認があり次第、即時処刑せよとの指令を連合国の軍司令官たちが受けていたならば、それが一番よかったのに、と考えていた。

しかし、これらのナチ指導者を公開裁判にかけることは別の問題であった。裁判にかけたからといって、彼らが犯した罪業が償われたり、消滅したりするはずのものではなかった。この裁判は、裁判を執行する関係者や諸政府の良心に誓って、あらゆる形の集団犯罪は、今後いっさい認めないことを世界の世論に伝える手段としてのみ、正当化されたといえるかもしれなかった。

このような裁判に、ロシア革命をはじめ、農業集団化の過程で、一九三〇年代の粛清などで行われた広範な残酷行為、さらにはまた、戦時中にポーランド人やバルト海沿岸諸国人民たちに対して行った残虐行為でびくびくしている政府の代表を参加させることは、この裁判が役に立つと思われていた唯一の目的に泥を塗り、ソビエトと協力することで、スターリン主義者たちの犯罪の責任をも分担することになるわけであった。

結局、この裁判が明らかにすることができたただ一つの意味は、一つの政府指導者たちが、一つの特定の状況下で犯した犯罪は正当化され、許されたが、しかし他の特定の政府指導者たちが、他の特定の状況下で犯した犯罪は正当化されず、許されなかった、ということであった。これ以外にどのような解釈もできなかった。

わが国の政府指導者が、ソビエト国家の名でスターリン派の警察当局が行ったことは残念ながら知らなかった、というような言い訳を承認するわけにはいかなかった。記録が立派に残っていた。ちょっと記録に目を向けるだけでも、証拠は十分に揃うはずであった。記録が私たちの知識と経験を、一度でも利用してくれれば、私たちのいく人かが、十分にそれを立証することができたはずであった。

これらの見聞報告や、東ポーランドからの集団追放事件、ポーランド将校たちの銃殺事件などに関して、いち早く論及した報告などは、今日、モスクワ側が見れば、かんかんに怒るところのものであろう。「ロシアの本当の友なら、ロシアの真実を語らないはずだ」という論理に立って、ソビエトの指導者、あるいは宣伝家たちは、私が言ったことを、ソビエト人民に対する「汚ない悪口」だと決めつけ、それが彼ら自身とロシアに関するすべてのものに対する、意地の悪い敵意の発現だと解釈するであろう。そこで私は次のことを一言、言い添えておきたい。

西側世界において、私以上に、ロシア人民の性格に深い理解を持ち、あるいはこの人民が初期の専制政治下の堕落から、人間の尊厳と社会的責任を柱とする理想に向かって暗中模索してきた時の、ヒロイズムと苦悶の道程に大きな尊敬の念を持つものがいるかどうか、私は疑うものである。一般的にみて、道徳的価値に彼ら以上に敏感な人民を私は知らないし、また現代において、社会倫理学、政治倫理学の根本問題を明確化するのに、彼ら以上に大きな役割を果たした——彼らの偉大な文学では、道徳の諸問題が取り上げられ、また彼らの政治的、哲学的論争の真剣さは比類のないほどであった——ものを私は知らない。

何年か前に、ソビエト人民の名において、一部のものたちによって大きな罪が犯されねばならなかったことは、皮肉な悲劇的な事実であり、われわれすべてのものは、それを忘れたいとさえ思っている。しかし、それはソビエト人民ばかりでなく、現在のソビエトの指導者たちも忘れてはならない事実であり、また、十二月党員《デカブリスト》を始めとして、近代、現代ロシアの知的、政治的生活の貴重なすべてのものが捧《ささ》げられてきた、偉大な歴史の道程に従って、彼らになお前進する可能性が少しでもあるならば、遅かれ早かれ、彼らはこの事実に直面しなければならないだろう。

これらの犯罪の事実を否定し、あるいは無視するのに十分な理由がないのは、帝政時代の不正不義を否定する理由がないのと同然であった。反対にロシアの将来の問題について正しく、有益な検討を行おうとしても、これらの犯罪の事実を十分に考慮し、その意味するものを率直に汲み取らないならば、何らの進展もないであろう。とくに私がこれらの犯罪を黙って見過ごす理由を持ちあわせなかったのは、私の血筋の老ジョージ・ケナンが、シベリア流刑制度を設立し維持するために、帝政当局者の犯した過失を、アメリカ国民の眼から隠す理由を持たなかったのと同様であった。

ソビエト連邦人民の圧倒的多数のものは、決して本来から残虐ではない。彼らは世界の他のどこの国の人々よりも一層残虐を好むものでは、決してない。反対に、彼らは親切さ、優しさ、それから、よく言えば、一種の気高さなどの特別の天性を具えており、それが彼らの文学にも反映して、人類の大多数の意識に浸透し、そして意識を変革させてきた。もしもこのような輝かしい性格を、外部世界の眼に誤解させ、歪めて映すような事がソビエト人民の名の下に行われるならば、それは歴史をどう解釈するかの問題であり、国民的良心とどう調和させるかの問題でもあり、ソビエト人民が自分で回答を探さねばならない問題である。

彼らがこの回答を求めて、探究の行動を早く起こせば起こすほど、よいことである。しかしたまたま一九三〇年代と四〇年代初期の事件を追究し、その反応を記録し、その後の発展に与えたその事件の影響をノートしてきた一外国人の私が、これらの不幸な事情を闇に葬り去ってしまうならば、ロシア人自身のためにも、またその支配者のためにも、決して益にはならないだろう。

ポツダム会談の成果が発表されて、私を少なからず失望させたのは、東プロイセンをドイツから分離し、その州をロシアとポーランドに割譲し、さらにケーニヒスベルク(現在のカリーニングラード)の行政中心区と港湾を、ソビエト連邦に割譲するという最初の決定を、承認し純化している点であった。こうした事態の成り行きについて、トルーマンを責めるわけにはいかなかった。

この会議は、すでに早いうちにルーズベルトとウィンストン・チャーチルらの原則を承認してしまっていた。しかし、このような決定を下したときの軽率さ、その経済、その他に及ぼす影響の深刻さに、アメリカ側が、当時も、その後にも、明らかに無関心で過ごしたこと、さらに当時アメリカの世論に誤った印象を与えたこと、そうしたことはすべて、弁解の余地のないものである。

ケーニヒスベルク市の問題を取り上げてみよう。第一に、新しい国境の説明の中で、ケーニヒスベルクがソビエト国境内にあることがすでに明らかになっているのに、なぜことさらにポツダム宣言の中に、同市をソビエト連邦に割譲することを強調する必要があったのかは、定かでない。しかしそれ以上に、なぜアメリカ代表が、同市を手に入れることを強く主張したスターリンの、不正確な、馬鹿馬鹿しくさえある声明をむざむざと受諾し、その不条理をアメリカ国民にまで黙って押しつけるようなことをする必要があったかと疑うものである。

ポツダム会談の記録によると、スターリンは、テヘラン会談ですでに言いつくしたことをまた繰り返して、「バルト海の港湾はみな凍結するといって、不満をぶちまけ、短期間にせよ、長期間にせよ、それらの港湾はみな凍結する……少なくともドイツの犠牲において、不凍港を一か所手に入れることが『ロシアにとって』必要であった」と言った。*

* *Foreign Relations of the United States. Diplomatic Papers. The Conference of Berlin*, 1945 (Washington, D. C.: US Government Printing Office, 1960) 第二巻、三〇五ページ。

ソビエトにとって、ケーニヒスベルクが不凍港として必要だ、というこの声明は、どう見ても理屈に合わない。ソビエトはすでに、バルト海では三か所の、完全な良港でしかも不凍港である旧ウィンダウ（現在のベンツピルス）、リーバウ（現在のリエパヤ）、バルト港（現在のパルジスキ）を手に入れていた（バルト海沿岸諸国のソビエト領有の合法性が認められていたらしく、このバルト海の港についてはポツダム会議で誰も抗議しようとしなかった）。

ところで、ケーニヒスベルクは公海から四十九キロ奥の、人工運河の末端に位置しており、この人工運河は一年のうち数か月間は凍結していて、船を通すためにはどうしても砕氷船を使わねばならないところである。さらにケーニヒスベルクは、喫水二十五フィート以下の中型船しか収容することができない。この二点から見て、ケーニヒスベルクの施設能力は、バルト諸国の制圧、併合によってすでにソビエトの手中に入っているリガ港のそれと具体的に変わりはない。

こうして、ソビエトがバルト海に不凍港をもっていないというのもうそなら、たとえソビエトに不凍港の必要があったとしても、ケーニヒスベルクが、その必要をみたすものだというのもうそであった。ところが私の知っている限り、戦時中のどんな会議においても、スターリンのこの趣旨の声明は誰からも反駁《はんばく》されることがなかった。そしてトルーマンが、ポツダム会談に関する彼の報告書の中で、多年不凍港を欲しがっていたロシアの熱望を満足させてやることに同意したと、厳かにアメリカ国民に知らせた時、彼は、この不条理な舞台劇に責任をもつ一団の人々の一人となっていたのである。*

* この奇妙な状況を理解するのに役立つのは、一九五三年に刊行された『大ソビエト百科事典』第二次大戦後の第二版が、ケーニヒスベルクを、とくに〝不凍港〟と解説しているが、戦前に刊行された同百科事典の旧版には、そのような説明は全く行われていなかった、という事実である。にわかにこのような言い分を取り上げた根拠は、スターリン声明のほかにない。

地理的条件を作り上げるものは、どんな場合でも、ソビエト政府の政治上の便宜であるという結論を、読者は最後には押しつけられたのである。もし誰かが、一九四五年以後、ケーニヒスベルクの運河で氷を見たと思っても、それはそうでなかったのである。それは反ソビエト的な偏見によって作られた幻影なのであった。

こうした領土の変更は、私には二重に有害だと思われたし、それらの変更をみなむざむざと無雑作に黙認したアメリカの態度は、それだけになおお許し難いものに思われた。なぜならば、アメリカのこうした態度は、ロシアに対する他の領土上の譲歩と同様、ただヨーロッパ経済から大きな生産力に恵まれた地域を取りあげ、その上、ロシアがその軍事上、政治上の便宜のために、その地域とその資源を、ヨーロッパ再建の全体的な目的にあてるのを拒否することを許したも同然であったからである。

この観測は、ポツダム会談の時だけのことでなく、ポツダム以後の数か月、数か年の間に明らかになってきたことにも関係する。というのは、この全地域は、われわれの時代にもう一度具体的な形で、ヨーロッパの経済生活に貢献するようなやり方では決して開発されることがなかったからである。たとえば、スターリンが、ケーニヒスベルクを要求した時には、ロシアは不凍港が必要だという根拠であったが、いまだ同港が、スターリンが言ったような目的で使われ、しかも以前ドイツ領だったころ使われていた程度にまで盛んに使われているという証拠は何もない。そしてこれが東プロイセン州全体の状況の特徴である。

この地域に、ソビエト軍の進駐とともにふりかかってきた苦難は、近代ヨーロッパでは前例のないものである。その地域の多くの場所で、現存のあらゆる証拠から判断して、ソビエト軍が最初に通過したあとには、男も女も子供も、その土地の人口のただの一人も生き残っていなかった。その人口の全部が、西側に逃げおおせたなどと誰が信じることができようか。* その土地の経済生活は、想像を絶するほどに破壊された。私はポツダム会談のすぐ後、この州全域の空をアメリカ機で低空飛行したが、空からの光景は、全く破壊と荒廃の国のそれであった。隅から隅まで、生命の兆候はほとんど見られなかった。

＊　スターリンは、ポツダムで「ポーランドに割譲される領土内には一人のドイツ人も残っていない」と言い切った。*Foreign Relations of the United States. Diplomatic Papers. The Conference of Berlin*, 1945 (Washington, D. C.: US Government Printing Office, 1960)　第二巻、二一一ページ。

これは幸いにも誇大された発言であった。十万人以上のドイツ人が、その当時、問題の領土に現住していた。しかしその数はもとの人口のほんの小部分にしかすぎなかった。

かつては高度な発達を遂げていたこの地域、とくにそのうちソビエトの支配する地区（ソビエト主権の下に移された地区）から、ソビエトは、アジア遊牧民族の大移動時代以来例を見ない形で、土着民を放逐してしまったのに、これらの地域が適正な姿で再開発される見通しがあるとソビエトが言い張ったり、あるいはそう言うのを他の国が信じたりするのは、根も葉もないことであった。しかし、この問題の領土を誰が手に入れるにせよ、手に入れたものは、世界に対し一つの生産体として、その運営全体に一定の責任をとるものと、私には考えられる。とくに問題のこの領土が重要な農業生産州であり、そしてヨーロッパが食糧救援の緊急時に直面している時には、以上の問題はとくに重要であった。

東プロイセンの二百五十万の住民を放棄してもよいと考える人々も、一部にはあったように見受けられた。しかし五十万頭の馬、百四十万頭の牛、百八十五万頭の豚がかつてはこの地域で飼われていたのだが、これらの家畜はどうなったか？　また、かつては毎年生産していた小麦四百万トン、ライ麦一千五百万トン、じゃがいも四千万トンはどうなったか？　この州をソビエトの軍隊が急襲、占拠した時、ソビエトの将軍たちの頭にあったのは、州の生産能力の計算とその生産能力の保持を、その他のヨーロッパの責任にしようという狙い以外に何もなかったことは明らかである。それらの責任のいっさいが、われわれアメリカ人に負いかぶせられてしまった。アメリカ人はやろうと思えば、この穴を補ってやることはできよう。

以上のような実情について、わが国の政治家や国民世論が冷淡に構えているのを、私はどうしても理解することができなかった。ある大国がある領土を、自国の役に供するために開発するのは一つのやり方である。ある大国がある領土を、初めはさんざんに破壊し、その後で自国や自国の勢力圏のために利用しようとする、しかもその大国はその領土を、今世紀初頭当時の生産レベルにさえ復興させる力もなく、また復興させる気もない、というのでは全く話は別である。言い換えるならば、豊沃《ほうよく》な領土を、軍事的な理由だけで、荒廃の地に変えるために占拠するのは、全く別の話なのである。

その当時、モスクワのアメリカ大使館にあった私たちの多くが懸念していたいま一つの問題は、ソビエトとアメリカ間の財政経済関係が将来どうなるかということであった。

そのころ、アメリカのルーズベルト、トルーマン両大統領の政府はいずれも、一九四五年夏、ソビエトに対する武器貸与法をだしぬけにキャンセルし、ソビエト政府が受けられるものと信じきっていた大規模な借款供与を中止したことで、その後数年間、しばしば非難の的とされていた。当時、私たちの目に当然映ってきたことだが、以上の問題と関連して、米ソ両国間の将来の通商問題が大きく浮かび上がっていた。同時にこれと関連する問題として、どの程度までソビエトがＵＮＲＲＡ（国連救援復興機関）によるヨーロッパの救済、再建のために、当時とられていた諸措置の受恵国になりうるかという問題があった。

打ち開けた話をすれば、もしアメリカ政府が、これらの問題のどれか一つ、あるいは全部に厳しい政策をとったことで非難されるべきだとすれば、私は、もっと厳しい政策を、もっと早い時期に、断固としてとるべきだとワシントン当局に示唆し、要望したという点で、もっと激しく非難されていいはずである。

一九四五年にアメリカがロシアとの軍事的協力を打ち切って以来、武器貸与をキャンセルすることに反対するどころか、私は、すでに述べたように、わが国は、たとえソビエト連邦との円満な政治的理解を阻害しても、少なくともワルシャワ暴動の起きた当時の一九四四年夏には、武器貸与計画の大々的な削減を考慮すべきだと考えていたのである。

またロシアとの以後の通商問題や、ソビエト政府に対する借款供与問題に関しては、すでに一九四四年十二月三日に二人の同僚と私とが署名した大使宛ての覚書の中で、私の考えを明らかにしていた。これは、当時ワシントンの種々の計画委員会の間でさかんに噂が飛んでいた、戦争直後のソビエト連邦に対する三十五億ドルの借款供与案に対して、意見を具申したものであった。

ロシア側は、当時明らかに、この借款受け入れに大きな関心を示し、その条件として利息二・五パーセント、償還は十年後に開始される、などの点を表明した。仮に、右の条件を認めるとし、またソビエトの対米輸出額が、戦後には最高年額一億ドルに達するとして（これは楽観的な数字であると私たちは見ていた）*、一九四五年十二月三日現在での私たちの結論は次のようなものであった。

＊　ソビエトのアメリカ向け輸出は、一九四七年から一九五九年間の年平均額は、一千五百七十四万ドルにすぎなかった。

われわれは、戦争直後の借款として、安全に供与してもよい最高額は、十五億ドルから二十億ドル――戦時中の取引分の残存処理を含めて（すなわち武器貸与その他）――が精一杯だと考える……。

われわれは、それ故に、協約案の細目を除いて三十五億ドルの額に達する借款供与は……正常ではないと考える。この借款の大部分は、償還期日が来ても償還が完了せず、期日の延期が必至となるであろう。このことは、ただ将来の何十年間かのソビエトの対米輸出を抵当にする条件でなら実施できるだろうけれど、それによってアメリカの今後の対ソ輸出の支払い問題が複雑になってくるだろう。

私たちはさらに、ソビエトが対外経済交流全般に関してとっている態度と、その態度がアメリカ政府とその経済計画の上にどのような意味をもつかについて、次のような意見を明らかにした。

われわれは、ソビエト政府の意図が、いまだ行為として明確に示されていないので、ソビエト連邦が戦後しきりに軍事工業化を進めている時に、われわれだけが、ドイツ、日本などに見られるように、後日われわれに不利益となるような軍事力の造成を再び行うつもりはないなどと、われわれだけで安請け合いしようとは思わない……。

現実に、ソビエト政府は、外国貿易全体を、ソビエト連邦の国力を諸外国のそれと比較して増大させるための、政治・経済上の武器として考えている。また、わが国からの輸入を、ソビエトの軍事経済の完全な自給化の完成を促進するに必要な手段としてしか考えないだろう。このような軍事経済の自給化が、実質的に完遂した暁には、ソビエト政府はわが国の利益に合わない条件でしか、アメリカからの大規模な輸入に関心をもたなくなるであろう。

これとは逆に、機械や工作機械などが、ロシアに対して一方的な輸出を強いられるために、わが国の民間工業の大きな部分が、ソビエトの独占的な貿易機関からの注文に依存して、その生産と雇用を維持するといった事態になれば、ロシア側は、早晩、何のためらいもなく、組織労働団体への圧力と並行して、自国の目的にさえ合えば、この一方的な貿易関係を利用して、アメリカ国民の利益には何の関わりもないような、政治的、経済的目的を達成しようとするだろう。*

＊　この暗い予測は、ドイツ、とくにザクセン地方の工作機械製作業者が、一九三〇年初めのころ、ソビエトの注文に依存しすぎて、経済危機に陥った不幸な事態についての私の記憶に基づいたものであった。アメリカの場合は、まだその危険の時点にまで達していなかったが、しかし外国政府の貿易独占機関との取引を始める時には、決して忘れてはならない危険であった。

以上の見解が、一九四五年夏の終わりごろ、誰にでもわかるように書かれた、日付なしの別の覚書案の中でもう一度繰り返され、かつもっと明確な形になっていた。それは、当時私が大使と国務省とに提出した見解の、立派な見本ともなるものである。

私は、経済的にせよ、政治的にせよ、ロシアに武器貸与援助をこれ以上継続したり、ロシアがＵＮＲＲＡ（国連救援復興機関）の貢献国ではなく、ＵＮＲＲＡ援助の巨額の受恵国になることを同意したり、あるいはわが国民がそれに相応する政治上の利益を受けることなしに、アメリカがロシアに借款を供与したりすることを認める何の理由も見出し得ない。

私が以上の見解をとる理由は次のようなものである。

(1) ロシアは、彼らの安全のための要請を越えた軍事力を維持するために、彼らの経済に緊張状態を強いているのであって、そうでなければ、巨額の外国援助など必要とするはずがない。農業、工業ともに、ロシアの資源と生産力は、外部からの援助がなくても十分に急速な回復を遂げる力がある。

(2) 現在のソビエトの経済計画は、軍事工業化計画であって、わが国の利益に相反する政治目的を追求するものである。

(3) 借款償還の唯一の確実な保証は、アメリカに対するロシアの輸出だけである。戦前のロシアのその輸出額を数倍見積もっても、その輸出額は、利息、割賦償却金、巨額の長期借款を支払い、しかもソビエトが年々アメリカから購入するものの通常の支払いを賄うことができるほど大きくはないだろう……。

(4) ソビエトの貿易は、国営による独占体である。わが国におけるトラスト、独占体、カルテルに対する反対を幾たびも強調してきたわれわれとしては、あらゆるトラストの中でも最大のものというべきソビエト政府のために、例外をこしらえねばならないようだ……。私はロシアとの貿易は承認する。しかしアメリカの実業界の大きな部分が、ソビエトの外国貿易独占機関に依存するようなことがないような形で、それを行わねばならない。

これらの点についての私の見解は、他の多くの見解の場合もそうであったが、ハリマン大使の判断に従って、有益な批判的な修正を加えたのち、大使の慎重かつ有力な力添えを受けてワシントンに送られ、その趣旨が承認されたことを付記しなければならない。いま振り返ってみても、この点については、私自身にも、大使についても、また政府の側に対しても、遺憾とするものは何もない。

ソビエト政府に対する巨額の借款供与は、当時の状況では明らかに不当で、両国政府間に、またアメリカ国内政治面で、後日必ず激しい紛糾と非難の投げ合いを生むにきまっていた。武器貸与について言えば、一九四五年十月十五日の協定に基づく二億四千四百万ドルに上る船積み品（この分に対しては支払いがまだ行われていなかった）を含む、百十億ドルに上る援助の大部分は、ドイツとの戦争終結後にロシアに到着し、われわれの共通の敵との戦いとは全く関係のない目的のために、主として使用されたのである。

それればかりではない。ロシアはUNRRA援助によって、別に二億四千九百万ドルもの利益を受けた。またわが国はわが国のドイツ占領地区からの賠償の形で、さらに数百万ドルをロシアに譲渡した（一九四七年のある時点でこれを知って、私は激怒したのであるが、アメリカの軍事当局が、カラクル羊の一群をその毛皮の品質に従って、ドイツの戦利品となることと宣言したが、その毛皮もこの中に含まれていた)。

こういう具合ではあったが、戦争終結直後の時期に、われわれがロシア側とうまくやっていけなかったとは、私は思っていない。また私は、わが国の贈り物が度を過ごして送られるのを押えるために努力したという点では私には一点の後悔もないのである。

第十一章　長文の電報

ヨーロッパの戦争が終わって間もなく、私はソビエト連邦の国内旅行を試みる機会を得たが、その時の印象が、ロシアに対する経済援助はどうあるべきかについての、私の見解に影響を与えることとなった。

その前年の夏、ロシアに戻った私は、ソビエト外務省に、西シベリア――とくに、ノボシビルスクの南東方約二百マイル、ツーバ自治州の境界の北西方ほぼ同じ距離の、当時スターリンスク・クズネツクと呼ばれた地点にあった冶金工業センターを見学する許可を申請しておいた。この地の大製鋼工場は、ウラル地域で一九三〇年代に建設されたこの種の二大計画の一つであって、いま一つは、有名なマグニトゴルスクの施設であった。

多くの外国人がマグニトゴルスクを訪れていたが、私の確かめた限りでは、この数年来、西側の見学者はまだ一人もクズネツクを訪れていなかった。私はソビエトの主要工業施設を一つも見ていなかったし、いままで外国人がほとんど見ていない施設の一つを見るのに深い関心をもっていた。それだけでなく、前にも述べたように、私には十九世紀時代に活躍した著名な同姓同名の人物という手本があった。私は、次にロシアを離れるまでに、かの同姓同名の人物が幾度も旅行をし、彼の名と広く結びついている広大なシベリアの中の小さな地点だけでも、何とかして見ておきたいと願っていた。

この許可の申請を出してから数か月間、外務省からは何の音沙汰《さた》もなかった。春になって、私はあきらめて、同じような申請が多くて、しかもそれに対してソビエト当局はイエスと言いたくないが、ノーと言うのも嫌なので、結局回答しないで放置しているのだろうと思っていた。実際のところ、私はこの件についてすっかり忘れかけてしまっていたころ、一九四五年の春、突然、外務省へ呼び出され、その見学が許可されたことを知った。

この旅行は、その夏のうちに行われたが、はっきりいつだったかいまでは覚えていない。この旅行についてはたくさんの記録を書いたのだが、その記録が現在一つも残っておらず、読者を煩わす必要がない。

ノボシビルスクまでは鉄道で行った。四日四晩というものは、寝台車の後尾の個室で過ごしたが、その個室と壁一つ隔てた隣の個室には、〝偶然〟に乗り合わせたという二人のNKVD（内務人民委員部）の制服要員がいた。

ノボシビルスクに数日間滞在し、やっと礎石が据えられたばかりの〝シベリアのシカゴ〃を、あらゆる角度から見ることができた。最後の日の午後、クズネックへの出発が次の朝早くと決まっていたので、近くの国営農場を訪れるため、町の外へ案内された。農場にはたくさんのすばらしい牛がいて、印象的であったし、田畑は美しく、豊沃で、見るからに広々として、大地の力強さが感じられ、思わず見とれてしまった。農場見学が終わると、私は翌朝の出発に備えて早く休養をとるため、すぐ町に帰りたいと頼んだ。しかし果樹園には、私のために〝お茶〃の用意ができていると告げられ、これには是非とも応じなければならないことを教えられた。

お茶の席は、果樹の木陰に据えられた長い木製のテーブルに用意されていて、その上には、文字通りありとあらゆる種類のごちそうが山盛りに並べられていた。列席した十人か二十人ほどの人々がみんなで次々と主人役になって乾杯をし、一回ごとに強いウオツカをリキュール・グラスでなく、タンブラー（脚のないコップ）で一息で呑みほすように無理強いする始末であった。

宴は夕方まで続いた。主人役の中には、ノボシビルスクから来た見るからにがっちりした若い党書記がいた。彼はどう見てもかなりの権限と権力の持ち主と見受けられたが、この日は、多分にアメリカの大西部平原にやってきて、すっかり羽目をはずしたような気分になっていたようであった（シベリアはアメリカの西部平原に似かよっている点が多い）。

〝お茶〃の終わるころには、彼も私もともにひどく上機嫌になっていた。彼は、私を町まで自分のジープに乗せて行こうと言い出し、私は喜んでそれに乗り込んだ。町に着くころ、気分はますますよくなってきた。いまから寝にゆくなんてもっての外だと意見が一致して、彼は私にノボシビルスクの夜の生活を見せようと言い出した。その夜は、夜通し彼の案内で町を歩きまわったことを覚えている。だがどんなところを歩きまわったか、いまははっきりとは思い出せない。

私についていたNKVDの護衛君は、私の同伴者によって、この遊びの始まる早々からあっさり追い払われてしまった。この愛すべき一夜だけ、私は文字通りソビエトの権力者エリートの一人になった思いであった。私たちはいくつもの劇場をまわり、楽屋口から黙って闖入《ちんにゅう》し、私たちの闖入にびっくりしている人々を睨《ね》めまわしながら、格式を抜きにして政府ボックスにすわりこんだ。かすかに覚えているのは、ある公園の屋外音楽室で、イザドーラ・ダンカン張りのダンスを見たことであるが、そのダンスというのがおよそひどいものであった。

サーカスに入って、一人の女性が頭をライオンの口の中に入れるのを見た。その女性にも感心はしたが、私たち二人は、そのライオンの勇気にはつくづく感嘆——互いに胸をなでおろしたことだが——を久しくした。とうとう最後には、明け方になって、しわくちゃになって寝込んでいた駅長を探し出して、私の相棒の言うところの、ロシア最大の鉄道駅の一つであるこの駅の駅長の案内で、市内の巡回見物コースを一か所の省略もなく引き受けさせてしまった。

クズネツク滞在の数日も、同じく愉快なものであった。そこに着くまで十八時間ばかり汽車に乗っていたが、その間、国営農場の〝お茶〟のもてなしにすっかり懲りて、ごちそうのことを思い出すといまにも吐きそうな気分にさえなっていたのに、その駅に着いたとたん、朝の三時だというのに、私を待っていたものは、またもやテーブルに山盛りのオードブルと、今度はシベリア産のリキュール（クズネツク産で、同市の自慢の酒）であった。そして善意ではあるが、時にはからかうようなもてなし言葉で、「あなたは何も召し上がりませんね。お嫌いなのですか、え？」と何度も言われるのを我慢して聞いていなければならなかった。

私たちの前のテーブルでは、並んでいたオードブルがなくなれば、次々と補充されて、最後までとぎれなかった。それだけが唯一の食べ物であったが、ずい分贅沢《ぜいたく》な食べ物であった。一日に三回、陽気な私の主人役たちは、戦時中にはこんなごちそうなど滅多にたべられなかったのに、せっせと、しまいに身動きできなくなるまで食べ、そして私にも勧めるのであった。ノボシビルスクの党の友人と同じく、彼らもまた親切で、気持ちのよい人たちであった。

何よりも楽しかったのは、モスクワに帰る時の空の旅であった。それには三日かかり、途中、チェリヤビンスクとカザンで宿泊した。どういうわけか、ＮＫＶＤ君は私と一緒に来なかった。きっと、ノボシビルスクの支部で私を大目に見ていたので、モスクワの本部では、私の監視網を立て直すひまがなかったのだと思われた。そのために私は、初めて異邦人ではなく、普通のソビエト人民と同じ気持ちでいることができた。飛行機の中では、同乗者たちと、私がまさか一般の人たちとは違う何者かだ、などと疑っている様子は見えなかった。

オムスク空港で、日中の暑さを避けて飛行機の翼の陰の草の上にすわりながら、私は乗客仲間のために、私が携えてきたアレクセイ・トルストイの『ピョートル大帝』の一巻の中から、みんなの懇望で、一節を朗読してやったりした。夜になると、乗客仲間と一緒に、小さな空港宿泊所に、あたかも彼らと同じ一般市民のようにして、泊まった。彼らと一緒にいると、私は限りなく気楽な気持ちになり、モスクワで私たちをソビエト市民から疎隔している人為的な障壁ほど、愚かしく、悲しむべきものがないように思われるのであった。

この旅行の最後の日、私はＤＣ－３型機の後尾の席にすわって、ボルガ川のすぐ西方の地域の大平原が私の眼下をゆっくりと後方に動いてゆくのを眺めながら、親愛なる乗客仲間のことを思い、それに関連して、ロシアに対するアメリカの援助の問題に思いをはせていた。それはこれまでの数か月間、私の脳裏にいつもひっかかっていた武器貸与、赤十字社援助、ＵＮＲＲＡ、それからソビエト政府に対する巨額の借款供与などに関する問題であった。

今度の旅行の経験からはっきりわかったように、ロシア人たちは偉大な、そして魅力のある人民であった。近年彼らが受けた苦難は、とてつもなく大きなものであった。こうした苦難を招いた責任の一部はわれわれにもあった。助けの手をさしのべようとしたのだが、どうすれば助けることができただろうか？　ある人民が、強力な独裁政権、とくに合衆国に対して敵対的傾向を見せている政権の支配下にある時、その人民を助けようとすれば、どうしても彼らを従属させている政権をも助けることになるのであり、アメリカが彼らを助けることはたいへん困難だったことを、私は知っていた。

もし経済援助が、たとえば消費物資の形で送られることになったとすれば、その政権は、まずわれわれの動機を非難するであろう。次いで人民の方に向かってこう言うだろう。「われわれを除いて誰が、お前たちのためにこのような援助を、邪悪な帝国主義者から取り立ててやるほど知恵のあるものがいただろうか？」と。そしてしまいには、民需用に当てるはずだった物資を、そっくり政権の勝手な目的に横流ししても、なお計画通りに民需用物資の総量を確保できることもわけなくできるようになるのである。

その反面、もしわれわれが何らかの形の経済的圧力を用いて、政権に痛手を与えたりすれば、この政権は、その痛手をすぐに民間人の肩に転嫁し、それが人民に対する外国の敵意のしるしであり、同時に彼らの政権を防衛し、その権威を高めることが絶対必要であるという口実に使われてしまうのであった。

言い換えるならば、人民と政権はいわば共通の弁証法的関係に結ばれていて、政権を助けることなくしては、人民を助けることはできない。また人民を傷つけることなくしては、政権を傷つけることができないという関係になっているのであった。このような状況では、むしろ助けもしなければ、傷つけもしないで、ただ人民だけはそっとしておくというのがよいと思われた。つまり、他人の難儀は高見の見物である。それがよいにせよ悪いにせよ、われわれは考えもしなければ、望みもしなかったような結果を生むことなしには、またわれわれ自身の動機をめぐって混乱の種を蒔くことなしには、そうした難儀にも介入できそうもないのであった。

戦後の数年、海外援助の問題が、次第にわが国の外交政策論議の重要テーマとして注目されてきた時、私は何度も繰り返して、私が前に考えていたことを思い返さずにはいられなかった。それはあの飛行機上の数時間以来、私の脳裏を去らないもので、海外援助の全般的効果について私が身をもって知ったためらいと疑いに基づくものであった。言い換えれば、外部からの介入、慈悲深い介入によって、他国人民の生活に大きな、有益な変革をもたらすという概念全体について、私はためらいと疑いを感じていたのである。

日本との戦争が終結したのち、ハリマン大使は、緊急の用向きでモスクワを離れることが多くなった。このため私の立場にも変化が生まれて、しばしば私は自分の見解を直接国務省に具申することが必要となってきたし、またソビエトの首都に来訪することが多くなったアメリカの官辺筋の人々を、個人的に接待しなければならなくなってきた。

九月に入って、大使の不在中にアメリカ下院議員団を迎えることになった。彼らはスターリンと会見したいと望んでいた。私としては気が進まなかったし、あまり期待もしていなかったが、とにかく会見請願の手続きをするほか仕方がなかった。

このような請願は、通常許されないことを私は知っていた。とくにこの時には無理があった。というのは、ちょうど、上院外交委員のクラウド・ペッパー議員（フロリダ州）も時を同じくして来訪していて、同じようにスターリンへの会見申し込みを私がさせられていたからであった。ところが、驚いたことに、この両方の会見がともに許可されて――私の記憶に誤りがなければ――同じ日のうちに両方とも行われることになった。私は両方の会見に付き添ってクレムリンに行き、通訳をした。

下院議員団とスターリンの会談内容について私は記憶していない（ワシントン公文書保管所へ行けば記録があるはずだ）。しかしこの時の会見までの出来事ははっきり覚えている。この会見はたしか、午後六時にクレムリンのスターリンの執務室で行われることになっていた。この会見の直前に、下院議員団はモスクワの地下鉄を視察する予定になっていた。私はモスクワの地下鉄は見あきていたのでこの予定には参加せず、午後五時半に地下鉄のモスソビエト駅の出口で議員団が視察を終えて出てくるのを待つことにしていた。

私は時間を見はからって同駅に行き、五時半まで待っていた。ところが、議員団が一向に現れないので、私は青くなってしまった。早速調べてみると、一行は地下鉄内のどこかで〝お茶〟に招かれてよい気分になっているとのことであった。その宴会が開かれている場所がどこかどうしても確かめられなかったが、怒鳴りつけるように電話で説得して、一行を地上に引きずり出したのがちょうど六時十分前のことであった。

驚いたことに、モスクワ地下鉄当局の愛すべき主人役たちから、一行が受けた〝お茶〟の接待は、ノボシビルスクのお茶と同じく、アルコール抜きのものではなかったのである。ソビエトの偉大な指導者と会見する間際だというのに、豪気で、クソ落ち着きに落ち着いた面々が、それぞれに、私が面倒を見てくれるだろうというので、ウオツカをたっぷりあおっていたということであった。

私たちは二台のリムージンに乗り込んで、クレムリンに向けて急行したが、私はその一台の前の席にすわっていた。クレムリンの門が近くに見えてきた。ここは世界のどこよりも厳重に警備されているところである。私の後ろに乗っていた誰かが、その時、嗄《しわが》れ声で、「スターリンなんていう野郎は、一体どこの何様だい？　おれは、そいつに会いに行くなんて言った覚えはないぞ。おれは帰りたくなった」というのが聞こえるので、これはいけないと思った。一行をクレムリンに入れるようにするためには、旅券をみな外務省に差し出すなど、苦心惨憺《さんたん》の手配をしたのである。もし誰か一人でも見当たらなくなったりしたら、これまでの苦心が水の泡《あわ》になってしまう。そこで私は、きっぱりと言ってやった。「そんなことはできませんぞ。あなたはみなさんと一緒にきちんとすわっていて下さい」

門の入り口での手続きはすぐすんだ。門は開かれ、身分の確認も終わり、車の座席の下まで隈なく探された。武装兵を一杯乗せた車が私たちを先導し、他の一台が背後からついて来た。このように護衛されて、私たちはクレムリンの中心まで、短い坂道を運ばれていった。そこに着くと、また前と同じ嗄れ声が後ろから聞こえてきた。「おれがもしあの老いぼれの鼻の頭をぶんなぐったらどうなるのかい？」

私は身も縮む思いをした。その時私が何を言ったか、覚えていないが、一世一代の願いをこめて真剣に何か言ったに相違なかった。幸いに、一行の中の何人かの真面目な人たちに助けられたはずだと記憶している。とにかく、どうにかおだやかにこの先生もついて来てくれた。スターリン執務室の長いテーブルの一番端にすわって、この先生もスターリンに向き合っていたが、当惑げに一行を迎えた独裁者を一、二度横目でにらんだ外には、別に不都合な行為に及ばなかったので、この部屋に装備されていた目に見えない銃口は、無気味に沈黙を守ったままですんだ。

この話はこれだけのことであったが、それは印象的な出来事（外交官をしているとそのような出来事に出会うことがよくあった）の一つであって、このような出来事を経験するうちに、私の中には、国際関係の改善に、人民対人民の接触というものの絶対的効果が果たしてあるのだろうかと、深い疑念が次第に生まれていたことを指摘しておかねばならない。またその反面、わが国会議員たちが海外旅行で公私の利益を追求する能力には、ピンからキリまで様々であった。多勢のこの連中の中には、多少は気が利いた真面目な人物もいて、ワシントンに帰ってから、私たちに貴重な支援をしてくれるばかりか、モスクワ滞在中にも、私たちにその反応や助言が大いに役に立ち、感謝すべき人々もいないではなかった。

ともかく、スターリンとの会見は二度とも何事もなく無事に終了した。もっともペッパー上院議員の場合には、細かな点での困難がないではなかったが、彼のためにスターリンとの会見申し入れをする際、私は当然のことながら上院外交委員会の委員——言い換えれば政治家としての資格で申し入れた。そしてそのような資格で会見は許されたのであった。ところが驚いたことに、会見の直前になって同議員は、今度の視察旅行は、議員としての公的な目的の外に、ジャーナリストとしての仕事もいくらかある。事実、フロリダの新聞シンジケートのために記事を書くことになっていた——ことを告白した。何たることだ。彼がスターリンとの会見談を書いてもかまわないとでも思っているのだろうか？　その記事をモスクワから打電するつもりなのか？　ロシアを出国するまで待つつもりなのだろうか？

もちろん、同議員が一ジャーナリストとして来訪したことを知っておれば、会見の申し入れもその点をはっきりさせ、別の筋を通じて行うべきものであった。この問題は最後的にどう決着がついたか、私は覚えていない。ただ私は、ソビエト側に対し、高名な政治家ともあろうものが、外国政府首脳と重要な国際問題を話し合うに当たり、マス・メディアのためにその会見を最大限に利用しようという、そんなケチくさい私的利益のためになぜ手を汚したりするのかの理由を説明した時の、絶望感だけははっきり覚えている。このような行為が堂々と通用している理由をロシア人に納得させるには、十年の辛抱強い説明でも十分ではあるまい。とくに私としては、そんな説明役は苦手であった。この場合、私はロシア人の肩をもたざるを得ないかも知れないからだ。

＊　＊　＊

ここでスターリンについて一言触れておこう。直接スターリンと会って得た印象は、その公的経歴を長期にわたり注意深く研究した上での印象とは、もちろん違っているが、それは大して重要なことではない。私は別の著書で、政治家としてのスターリンについて書いた。＊ここでは、人間スターリンについて、一、二触れるだけにとどめたい。

＊ *"Russia and the West under Lenin and Stalin"*, (Boston: Atlantic-Little Brown and Company, 1960) 第十七章。

スターリンは、どちらかというと背が低く、小柄で、がっちりしているとも痩《や》せぎすともいえなかったが、強いていえば、痩せぎすの方に近かった。いつも着ていた角ばった軍服風の上着は、だぶつき気味であった。そこには身長の低さを何とかカバーしようとする力みが感じられた。しかし彼の顔だちにはある種の静かな、落ち着いた力感と男らしい凛々《りり》しさがあった。歯は汚く、口ひげは貧相であった。これがあばた顔と黄色っぽい眼と一つになって、戦いに傷ついた老虎の相貌《そうぼう》を呈していた。

彼の振る舞いは――少なくとも私たちに対しては――率直で、物静かで、気取りがなかった。功をあせらない淡々とした態度であった。彼の言葉数は少なかった。その言葉もみな理にかなっていて、分別のあるものであった。まったく、彼の言葉は分別のあるものが多かった。予告もなく飛び込んで来たような一訪問者には、このような率直な外面の背後に、果たしてどのような計算、野望、権力欲、嫉妬《しっと》、残虐、陰険な復讎《ふくしゅう》の意図などが潜んでいるかを推量することなど、到底できるものではなかった。

スターリンの偽善者としての偉大さは、彼の政治家としての偉大さとは不可分のものであった。率直な、もっともらしい、見たところ悪意のなさそうな言葉を吐くのもまた、彼の天性の才能であった。模倣という点では、彼は人一倍抜け目がなかった。その観察力は信じられないほど鋭く、自分の目的に都合のよいものの模倣には驚くほど敏捷《びんしょう》であった。

同じ理由で、彼は偉大な、あるいは恐るべき（ある意味では、恐るべきであるが故に偉大な）政治学の教師であった。中でも最も強調されるべきものは、彼が策謀家として限りなく、凶悪な才能を持っていることであった。現代には、これ以上の権謀術数の策士を他に見ることができない。心安く警戒心を解くように、気取らず、物静かな、よそゆきの顔を見せるのは、チェス名人の第一手みたいなもので、それは彼の恐るべき、あざやかな策謀の一端を示すにすぎないものであった。

私よりもずっと多くスターリンと会ったことのある私の同僚たちが、彼の個性の別の面について観察したことを話してくれた。たとえば、スターリンが哀れな部下を一瞬振り向いた時の、狂暴な、ピカリと光る黄色い眼を見た話、また戦時中、外交官パーティーの席上、外国のお歴々が並みいるただ中で、乾杯の音頭をとったスターリンが、まるで自分の権力をひけらかすように彼の部下を辱める皮肉な棘《とげ》のある言葉を平然と口にして、彼の冷酷なサディズムの一端を見せた話などがそれであった。

私自身ではそういうものを見たことはなかった。しかし私が初めてスターリンと親しく会見した時には、私自身すでに長くロシアに住んでいて、彼のことはある程度知っていた。そして彼を訪れた時には、自分はいま世界で一番注目の的となっている人物の一人——何よりも邪悪な点で偉大な人物、すなわち冷酷な、冷笑的な、狡猾《こうかつ》な、限りなく危険な点において誰よりも偉大な人物の前にいるのだということを決して忘れはしなかった。しかし何はさておき、現代の真に偉大な人物の一人ではあった。*

＊　以上の文章は、スターリン一家のことを書いたスベトラーナの著書を読む前に書かれた。この本は、スターリンに関する私の見解を広げ、かつ多少変更させることとなった。しかし私のこの記述は、一九四五―四六年当時の経験にかかわるものであるから、私の記述を変更する必要はないと思う。

＊　＊　＊

スターリンとの会見のすぐ後、私はほんの短期間ヘルシンキを訪れるチャンスを得た。重苦しい政治問題の重圧からの息抜きとして、またロシアに暮らしているすべての西欧人の生活の重点のいくつかを示すものとして、ここにこの旅行のことを記した日記の一部を引用しよう。それはロシアからフィンランドに向かう道中のことを記したものである。

読者は多分、汽車がレニングラードの郊外を離れると間もなく通過するカレリア地峡の一帯は、大戦中には二度までも激しい戦闘が繰り広げられた地帯だということを思い起こされるはずである。ソビエト軍に占領され、一年前にフィンランド人の抵抗が壊滅すると同時にソビエト領に正式に編入されてしまい、私がこの眼にしたときには、この地帯は東プロイセンの大部分と同様に、人の手は全く施されておらず、荒廃のままに放置されていた。かつてはフィンランドの近代都市であったビボルグも、私の日記に記されているように、完全に破壊しつくされて、私の見る限りでは、人が住んでいる気配は全くなかった。

帰途、汽車が早朝ビボルグ駅に停まったので、私は下車してその廃墟のあたりを歩きまわってみた。そうしているうちに、雨がひどく降り出してきた。昔は立派な近代的な百貨店の玄関口だったと思われる個所に入って雨宿りをしたが、この建物もいまは内部をすっかり荒らされて、見る影もない有り様であった。いくら歩き回っても生きもの一つ見当らなかったのに、玄関口に立っていた時、背後で何かの物音がしたのではっとした。振り返って見ると、玄関口に私と一緒に雨宿りしている一匹の山羊《やぎ》に気がついた。私と山羊、この二つの生きものが、このかつては繁栄した近代都市の廃墟に、この一瞬間生きている唯一の住人であるように思われた。

この旅行の記録が説明してくれるものは、敏感な西欧人がみな、ロシアの重苦しい政治的雰囲気《ふんいき》を離れて、ほっと安堵《あんど》できる西側の空気に帰った時に襲われる、救いと開放といった奇妙な感覚についてである。それはすべての西欧人に、ソビエト領内にいる時と、その他の国にいる時とを区別して、「内」と「外」との用語を使わせるほど、何か異なった感覚であった。それは、戦争、破壊、そして政治的変革とも明らかに関係のない何かであった。ロシアに住んでいる西欧人の心から完全に離れてしまうことのないロシアと非ロシアとのこの対照が、平素、個人的には関係のない大きな政治問題について判断する際にも、潜在意識的に、しかも誤ることなく、影響を及ぼしていることは確かである。次は私の日記だ。

一九四五年九月六日

〔ヘルシンキ行きの列車は夜おそく出発した〕同乗のたった一人のインツーリストの客は、どことなく陰気な、ベレー帽をかぶったメキシコ人で、完全なテキサス訛りでしゃべる男だ。ちょうど私たちがホテルの玄関を出ようとした時、駅に運んでくれるはずのバスが発車してしまい、私たちを積み残して夜の闇の中に姿を消してしまった——私たちに同行するために派遣されていたインツーリストの女の子は、さぞかしびっくり仰天していたことだろう。

長い間、私は広場に立ちん坊をして、闇空にぼんやりと浮き上がった聖イサク大寺院のいかめしい影を眺めていたが、メキシコ人はその間、自分の下痢が一向に治まらない話をさかんにしゃべり続けていた。別のバスが一台、空車で舗道のへりに停まったまま、休車してしまった。一人の酔っぱらったソビエト兵が、暗がりからよろよろと姿を見せ、バスのドアを激しく叩きつけて、白いあごひげの車掌に、いつ発車するのかと聞いた。「これはあんたが乗るバスじゃあないよ、一体どこへ行きたいのかね?」と車掌は言った。兵士は「西の方だよ、ソビエト国境の一番近くへ行けるところまでだよ」と答えた。ちょうどその冗談口を聞いたばかりのところへ、インツーリストの女の子がやって来て、私たちをホテルのロビーに押し返し、もう一台のバスが来るまで待たされた。

一九四五年九月七日

朝、目がさめると、汽車が廃墟のビボルグを出発してゆくところであった。雲が低く垂れこめ、冷い風が強く吹いていた。雲間からこぼれる朝の日射しが地上に流れて、崩れたアパートの骨組を照らし、しばらくはその一帯に冷たい白い閃光《せんこう》をみなぎらせていた。下の方には、静かな、空っぽのままの港が見えた。浸水して捨てられたボートが、突堤の残骸のそばで波に洗われていた。しかし港に降りそそぐ朝の光は新鮮であった。海面は微風の中にきらきらとさざ波を立てていた。まるで、人間の破壊能力の黙示録ともいうべき廃墟に、海は一方の側だけ境を接しているが、三方は全く自由に開いていることを喜んでいるかのようだ。一羽のかもめが海面上を旋回しながら、眼下の海中の魚に欲望を昂《たか》ぶらせ、自分の優雅な力量に自信満々、新しい一日を楽しんでいるように見えた。

ビボルグを出てから、列車は破壊と荒廃の山野をのろのろと通過していった。棄てられた農場には、雑草と灌木《かんぼく》ばかりが生え放題になっていた。扉《とびら》がとれ、窓ガラスの破れた家屋が、その周囲を覆うように生えてきた新しい植物群の中に、次第に埋没されつつある有り様がありありとうかがわれた。家の中を覗《のぞ》いてみれば、きっと床はゴミとクズで一杯になっているだろう。そしてぼうぼうと茂った植物群が、無数の生きた大地の資源をまだ隠しているのを知るだろう。

一時間後に、新しいフィンランド国境に着いて、最初のフィンランドの駅に停車した。何もかもが急に清潔で生き生きと見えてきた。新しい駅舎ができ上がっていた。単純な木造のものだが、どこかに近代的な調子が出ていた。プラットホームはよく修理されて、清潔であった。新しく塗りかえられた新聞売場には、新聞がならんでいた。人気はほとんどなかった。食料品が目につかなかった。空はどんより曇っていた。見るからにわびしい気持ちであった。

私たちの乗ってきた列車のロシア式機関車は、ここで取り外され、私たちの寝台車と新海軍基地ポルカラ岬に行くロシア人を満載した二台の客車は取り残されて、フィンランドの機関車を待つことになった。

私たちは長い時間待たねばならなかった。私は風にさらされながらプラットホームを行ったり来たり、それこそアングロサクソン人の身体の鍛錬の見本のように、歩きまわっていた。ロシア人たちは客車の窓ごしに放心したように外を眺めていたが、彼らの表情には、茫漠《ぼうばく》として物悲しげなロシアの世界を汽車の窓から眺めていた時の、ロシア人の、あの冷笑的な空虚感と同じものが見られるのであった。

待避線は貨車で塞《ふさ》がっていたが、これらの貨車には、賠償物資としてソビエトに送られるフィンランドの貨物が積み込まれていた。狭軌の木材伐採軌道のための小型車輛、車輪、貨車などがピカピカと金属を光らせ、新しいペンキの匂いをさせながら、大型の無蓋《むがい》貨車に注意深く積み込まれ、縄でしっかりしばられていた。他の貨車にはきれいに製材され、荷造りされた材木の束が積まれていた。これらの賠償物資のすべてには、律義で良心的なフィンランド人の職人気質を示す何かがあった。はじめ私は、このような提供物資がロシアの見かけ倒しの巨大な世界に持ち込まれると、そこの住民は恥ずかしさで我慢できなくなりはしまいかと疑ってみたが、考え直してみると、そんなことはまずありえない、と思った。

　駅のプラットホームはほとんど荒れたままであった。腰のベルトに小刀を挟《はさ》んだ若者が転轍《てんてつ》手の仕事にとりかかろうとして、ロシアの列車に嫌悪と軽蔑の一目を投げつけた。制服のフィンランド人鉄道員が一人、自転車で静かに駅舎に乗りつけ、自転車を置き場に入れると、駅内に入って自分の仕事にとりかかった。農夫が荷馬車に一家を乗せてやって来た。この家族たちは十分には食べていないであろうのに、その馬は肥えてつやつやとしており、威勢のよい足どりで駆けていた。ロシアの馬には見られない姿であった。すべての情景に、能率、整頓、静粛、それにブルジョア文明の倦怠といったものが見られた。そしてこれらのものが、ブルジョア的な環境から長い間離れて暮している一旅行者の感覚には、三重の効果をもって強く迫ってくるものがあった。

　フィンランドの機関車がようやく姿を見せて、列車は私たちを乗せて出発、森の中を抜けて、前のロシア式ののろのろした列車に比べると、にわかに目がくらむような速度で走った。食堂車もあった。食べるものはそんなに豊富というわけではなかったが、出されたものはみなかなりのものであった。その席の模様も具合よくできていて、人を引きつけるものがあった。他の乗客たちも親しみ深く、率直で、明るかった。

終日、列車は美しい北部地方の野山を走り続けたが、時々森が切れて、湖や農場や牧場が現れ、牧牛が草を食《は》んでいたりした。ロシア人たちは感情を殺した、明らかに白々しい表情をして窓から外を見つめ続けていた。夕方、列車はヘルシンキに着いた。

＊　＊　＊

ポツダム会談では、たしか、外相会議の設置が決められたはずで、ドイツ、日本との戦争に加わった五大国外相がこれに出席することになった。この外相会議には、最初の仕事として、イタリア、ルーマニア、ブルガリア、ハンガリー、フィンランドの諸国と平和条約草案の起草が委託された。

最初の会合は、一九四五年九月ロンドンで開かれたが、手続き問題についての意見が一致せず、決裂してしまった。この決裂は、もともと東ヨーロッパ諸国でソビエトの圧力の下に設立されつつあった政府の性格に関して生じた深刻な意見の対立を反映したにすぎないし、また事実、この意見対立の結果としてもたらされたものでもあった。この行き詰りを打開し、平和条約案起草を促進するため、アメリカは、三大国の外相会議を提唱、ロンドンで紛糾した手続き上の問題ばかりでなく、すでに明らかになりつつあるその他の多くの難問題をもこの会議で討議することを提案した。この提案は受諾された。三国の外相――モロトフ、アーネスト・ベビン〔英外相〕、それにジェームズ・Ｆ・バーンズ〔米国務長官〕――が一九四五年十二月、モスクワで会談した。

率直に言えば、私はこの会談に対して、よきにせよ、悪《あ》しきにせよ、この前の国家首脳会談に対して抱いたと同じ無関心と懐疑の感情をもって見ていた。いずれにせよ、私は事前の計画作成には関与していなかった。このような出会いを生じさせた思想の世界は、私には無縁であり筋違いであった。私はバーンズ氏に会ったこともなかったし、また連絡もなかった。解放ヨーロッパに関するヤルタ宣言の無残な失敗を幾分でも救い、言ってみれば、東ヨーロッパのそれぞれの国での露骨なスターリン独裁を覆い隠すために民主的な手続きを装ういちじくの葉の役目をするのは、もう御免である。

私はその実態に信をおかないばかりではなかった。完全にソビエトの支配下におかれて、ソビエトのＮＫＶＤ（内務人民委員部）型の警察組織をすでに持っている国々の内閣に、一人、二人の非共産党員閣僚を加入させたからといって、本質的な何かが変化するなどとみるのがいかに馬鹿げたことであるかが私にはわかっていた。このような国々の新政権と何らかの交渉をもってしても利益があろうとはまず考えられなかった。平和条約がどうしても必要だとしても、これには三国協力の外形をとる理由などなかった。われわれにはこのような条約をそれぞれ好きなように結んだ方がましだし、条文ではできるだけ簡潔で拘束のないものにし、戦争状態の終結を相互に同意すること以外には何も触れないようなものにする方がよいと思った。

わが国の政府がソビエト支配地域で影響力の一かけらでも持っているとか、あるいはこれらの問題の国々でスターリン主義的全体主義が暴威を振るっているということはない、とかいうような印象をアメリカ世論に与えるためになされるいっさいの努力を、私は悲しんだ。

このような状況では、終戦の年の十二月に行われた国務長官のモスクワ訪問に関連して、私が職責上やらねばならなかった細かい仕事も、無意義な、やりきれない気持ちでしかやれず、私の記録もその当時の会議の事実の記録以上に何も書き加えるものはなかった。しかし国務長官来訪に関する私のこのような日記の記録でも、当時の雰囲気と印象を示すものとして、全く興味がないとはいえない。その最初のものは、国務長官到着の日のことに触れていた。

一九四五年十二月十四日　金曜日

今日は忙しい日であった。私たちは長官とその一行を待ちかまえていた。吹雪が吹き荒れていた。早朝、ソビエト気象台に電話で問い合わせてみると、天候状態はまず見込みがなく、飛行機の飛来は困難との回答であった。十二時ころ、長官の乗機が十一時ベルリンを出発したとの報告が入った。この報告は、外務省の下級官からのものであった。赤軍と空港当局は、それについて何も知らないと言った。一時三十分、昼食に出かけようとしていると、ブルックス・アトキンソンが入って来て、たったいま、イギリス大使館で聞いた話として、飛行機はまたベルリンに引き返した旨同大使館に通報があったということだった。それは多分に事実だろうと考え、私は帰宅して、のんびり昼食をすませた。

大使館に帰ってみると、館員の一人が狼狽《ろうばい》している外務省の係官と電話で話し合っている最中で、外務省側は、長官の乗機がちょうどいま飛来して来て、陸軍の中央飛行場にいつでも着陸できる態勢にあると、悲鳴をあげているところであった。そこで私は、ハリマン大使の所在をたずねた。みんなの話では、大使は、長官が着く予定と聞いていたモスクワから南方二十マイルもある飛行場に、すでに出向いているとのことであった。私はホレス・スミスの手をひっつかんで車に飛び乗り、中央陸軍飛行場に向けて急行した。吹雪は吼《ほ》え続けていた。平地はただ白一色で、空も雪も区別がつかなかった。そんな中を突っ走ってゆけるものではなかった。しかし一台の無線拡声器をのせたトラックが、私たちの乗り入れを導いてくれた。すでにたくさんの車が来ていた。私たちは飛行場の端にあった小さなビルに乗りつけた。二、三人の新聞記者がやって来て、一緒になった。

しばらくすると、エンジンの響きが聞こえてきて、外へ出て見ると、四発の飛行機がビルの屋根の上を越えてゆくのが見えた。私たちは飛行場に駆けつけた。吹雪はやんでいて、視界はいまやよくなっていた。デカノソフ外務次官*が外務省の属官や多数のＮＫＶＤを伴って、出迎えに来ていた。誰が立てたのか、ソビエトとアメリカの国旗を掲げた鉄柱が立てられていた。

＊　ソビエト外務次官の一人。ベリヤの片腕の一人で、秘密警察畑から直接外交畑に引き抜かれた。ベリヤの死とともに、一九五三年処刑された。

飛行機は無事着陸したとみえて、やがて濃霧の中からその姿を現し、飛行場を滑走し続けてくるりと一回りしたかと思うと、私たちの前で停まった。雪の中をタラップが取りつけられ、公式レセプションということになった。長官は薄い外套に、オーバーシューズもつけずに、深い雪の中に立って、まず歓迎に答える第一声を放ってから、マイクを通じてあいさつの言葉を述べたが、風はこの一団をめぐって吹き荒れていた。それが終わると、私は長官を第一番目の車に導いて、ベン・コーエンと軍事補佐官とともにスパソ・ハウス（アメリカ大使公邸）に直行した。そこで大使令嬢ケシーがみんなに飲み物とスープを出してもてなし、話し相手をしながら、大使が無駄骨に終わった出迎え先から帰るのを待った。それから私は大使館に帰り、書類の取り片づけをした。

本省からの電報で、明年三月、関税の相互引き下げを実施するための会議にソビエト政府を招請せよと訓令してきたことに対し、心底怒りを覚えながら、この夜は説得力のある電文一本をしたためた。なぜそんなことをしなければいけないか、と。

一九四五年十二月十九日　水曜日

今日午後の会議に出席するよう、大使から言われた。不幸にも本会議は二つの分科会になってしまい、いずれも五分ないし十分間の短いものであった。

ベビンは、会議の進行全体にすっかり嫌気がさしているようだった。自分が好きでもない立場におかれてすっかり困っていることが、彼の顔付きからもすぐに窺《うかが》われた。第一、彼はモスクワに来たくもなかったし、この会議からは何の収穫もあげられないことを知っていた。ソビエト側は、ベビンの立場を知っていて、それから搾れる利益は最後の一滴まで搾ろうとかかっていた。

バーンズについては、ベビンは、彼をただの小生意気で信頼のおけないアイルランド人としか見ておらず、港湾労働者として、労働界の指導者としての長年の経験から知っているアイルランド人そのままだと思っていた。ベビンがよく見抜いていたように、バーンズは、終始イギリス人の感情を無視し、英米関係などどこ吹く風、といった態度を示していた。今度の会議についても、彼はその全構想を自分の頭の中で練り上げ、ソビエト側にはその話を持ちかけながら、イギリスには事前に一言もなく、この会議を開くべきだということさえ一言も注意しなかった。それればかりか彼は、エスリッジ報告書のコピーをイギリス大使館には与えないでいて、ソビエト側には与えて、イギリス側をすっかり怒らせてしまった。エスリッジ*がモスクワに滞在中資料を提供したのは、イギリス大使館だったのだし、彼がモスクワに来たのも、イギリス側のイニシアチブによるものであったのにである。

＊ Mark Ethridge　アメリカの「ルイスビル・クーリエ・ジャーナル」紙の発行者で、バーンズによって、特別使節としてルーマニア、ブルガリア、ギリシャに派遣され、これらの諸国の政治情勢について独自の評価を行った。

さらに、バーンズは原子力に関してソビエトに提出するある文書をたずさえてモスクワにやって来ていたのだが、この文書は、原子力製造の秘密保持に協力をともにしてきた他の諸国（イギリス、カナダ）のいずれにも明らかにされていなかったし、しかもアトリーがワシントンを訪問し、大統領と会談してまだ六週間もたっていなかったのだ。ベビンが、まだイギリス、カナダ両国政府にも提示されていない文書をソビエトに提出したことに抗議したことに対し、バーンズは、この文書をロンドンに送ってイギリス政府の承認を得るのに二日間、すなわち今日水曜日まで待とうと答えた。

ベビンは、それまでの間はソビエトに文書を提出しないとの保証を得たものと思った。全くのところ、その他の了解などどうでもよかったのだ。ところが、火曜日の夜、イギリスには一言のあいさつもなく、バーンズはその文書をソビエトに送ってしまった。ベビンは、この一件は露骨な裏切りの一例であるとしか考えられないとし、激怒した。

会議を主宰するモロトフは、テーブルにおおいかぶさるようにしてすわり、ロシアタバコを口にひっかけるようにしてくわえ、他の外相を見比べるように見る眼は、満足と自信に輝いていた。鋭く、容赦のない、辛辣《しんらつ》なソビエト外交の前に、他の二人の外相の意見が互いにくい違っており、共通の不安にとらわれていることを素早く見抜いているように見えた。モロトフは、まるでポーカーの名手が、すでにロイヤル・フラッシュの手を持っていて、彼の敵手に最後のコールをかけようとしている構えに見えた。彼だけが会議の進行の一分一分をはっきり楽しんでいた。

私はバーンズのすぐ後ろにすわっていたので、彼をよく見ることができなかった。彼は行き当たりばったりの、何らはっきりした一定の計画も持たず交渉に臨み、限定された目的も制約もなしに交渉を行っていた。彼は何よりも自分の機敏さと沈着さと先手の利をとる機略を自負していた。今度の会議で、ソビエトとの交渉に臨む彼の弱点は、彼の主目的が、何らかの形の協定さえ手にすればよいのであって、どんな内容の協定かについては大して関心を持っていなかった点にあった。この協定の背後に存在する現実といえば、たとえば朝鮮人、ルーマニア人、イラン人などに関連するものだったが、彼はそれについて何も知らず、深い関心をもっていなかった。彼にとっては、協定が国内に及ぼす政治的効果の面でこそ必要なのである。ソビエト側はこのことをよく知っている。このような表面的な成功を手に入れることができさえすれば、バーンズが実質的な大きな代償を支払ってくれることをソビエト側は知っているのであろう。

会議が終わり、マシューズと一緒に歩いて帰宅。彼は夕食の時までつき合ってくれた。フランク・ロバーツ*と妻君が夕食に加わった。話がはずんだ揚げ句に、マシューズがロバーツや私から聞かされたことですっかりしょげ返った様子なので、気の毒になって、かえって彼を元気づけねばならないほどであった。ソビエト連邦の現実を新参者に教えるには常に二つのプロセスがある。第一は現実そのものを明らかにしてやること、第二はショックに新参者が堪えられるように手助けしてやることである。

＊ Sir Frank Roberts　この当時、モスクワのイギリス大使館に私と同じ身分で在勤していた。のち、イギリスのモスクワ大使、さらにパリ、ボン大使にもなった。外交官としてめざましい経験と才腕の持ち主であったばかりか、私には誠実な同僚、すぐれた友人でもあった。

一九四五年十二月二十一日　金曜日

今朝、ブルガリア公使と話をした。公使は〔ブルガリアの〕選挙に参加しなかった反対派をこきおろして、奴らは自分の方からブルガリアの政治参加を見離しているようなものだと言った。どうやら我慢ができなくなって、私は、われわれが問題にしたいのは、議会の代表とか手続きとかいうものではなく、その国で個々の市民の生命と自由に対して最も無慈悲な形で容赦なく進められてきた政治的圧迫の体制をどうすべきか、ということだと言ってやった。このようなテロと脅迫の空気の中では、真の民主主義が生まれるはずがないというのがわれわれの信条である。公使はこれにには度胆を抜かれたようで、それからはぐっと率直なものの言い方になって、共産党員はほんの少数派であると言い、平和締結とロシア軍隊を国外に出て行かせることに人々は狙いをしぼっていると言った。

ロバーツとカドガン、それに他の二、三人――みんなイギリス代表部の連中だが――と昼食をともにした。チップ（チャールズ・ボーレン）も同席していたが、カドガンが、ソビエト政府との取引の仕方についての私たちの話を聞いて目を白黒させている様子に、チップも私も驚いてしまった。

一九四五年十二月二十二日　土曜日

今夜は静かなウイークエンドをのんびり過ごそうとしていたところへ、ページがやって来て、大使が長官のためにハンガリーの経済情勢に関する覚書をまとめてほしいと言っている、と用向きを伝えた。そこで大使館に出かけ、ホレス・スミスとともに、午前三時までかかって覚書をまとめた。

一九四五年十二月二十三日　日曜日

朝、大使館に行って、覚書を書きあげた。それが終わってスパソ・ハウスにおもむき、モロトフ、ベビンを主賓とした男性だけの昼食会に出席。ツァラプキンと席を隣合わせた。この男はどちらかといえば人間味のある方だった。この昼食会の間、ベビンはアメリカ人相手に盛んに冗談口をたたいて笑わせていたが、ロシア人に対しては時たまむっつりと一、二言いうだけで、ろくに相手にもならず、ロシア側を煙に巻いたかっこうになった。イギリス国王のために乾杯の音頭がとられた時、ベビンはユーモアたっぷりに「そして他のすべての港湾労働者のために」とつけ加えた。ベビンはあとで、自分の言ったこの言葉について説明をしてくれた。

ハリマンが外相会議の成功を祝って杯を挙げた時、ベビンは賛意を表し、さらに「そして望むらくは、われわれが帰国後、どうかこれをおくらにしまい込んでしまわないようにに」とつけ加えた。

モロトフは、昼食会が終わるとすぐに引き上げて行った。それからあと、午後はみんなにまた忙しい仕事が待っていた。夜もずっと仕事で過ごした。つけ加えれば、ハンガリーの経済情勢に関する覚書は、結局使われないままに終わってしまった。

この夜は、ロシア側が来訪した外国の外務大臣たちのために、ボリショイ劇場でゾルシュカ（シンデレラ）の特別上演を主催した。このことを私は午後も遅くまで知らなかった。そこで私と妻のアンネリスも出席しなければならないと思い、大使館に割り当てられた切符の最後の二枚をもって劇場へ出かけると、すでに満員の状況で、外国の外務大臣の入来を待つ貴賓席には、スポットライトが当てられていて、モロトフとその側近たちが、その外側のホールでじりじりしながら待ちかまえていた。

いつものことだが、大カーテンが下ろされると、劇場は息づまるようにむし暑くて、人々はてんでにプログラムでバタバタと扇いでいた。オーケストラの団員は、みな所定の席について、国歌の演奏を始めるのを待っていた。私は大使補佐官と個人秘書の一人と同じボックスに入っていた。それから十五分間ばかり待たされて、私は秘書に笑いながら、どうも国務長官は来るのを忘れてしまったらしいと言うと、「そんなことはありません。みなさんが大使館の長官の部屋にすわり込んで一杯やりながら話し込んでいて、誰もそれを切り上げようと言わないのです」と答えた。

私はすぐにボックスを飛び出し、階段をかけおりて支配人室に行き、電話を探した。

電話は使用中だった。仕方なく、人で一杯のその部屋で電話のあくのを待った。電話があいたので、大使館のダイヤルを回そうとするところへ、ピカピカの青い通常服を着た、見るからに秘密警察だとわかる一人の男が入って来たかと思うと、私の方に近づいて来て、微笑を浮かべながら、「みなさんはいまお出かけになりました」と告げた。ボックスに戻っていると、なるほど、五分もしないうちに、ソビエト政府部員多数をはじめ、数千の観客に三十分も待ちぼうけを食わした当のバーンズ氏が、姿を現したのである。

出し物は、文字通り第一級のできばえであった。私がこれまで観たもののうちでも最上の舞台の一つであった。そのわりには、あまり観衆の感興を引かなかった。おそらく、スターリンが、貴賓席には姿を見せていないが、この劇場のどこかにいるのだろう。そのため、外交団を除いた一般観衆の中にたくさんの秘密警察が交っていて、彼らは、あまり度のすぎた熱狂ぶりをみせては、本職を忘れていると見られそうだとして、自制していたのであろう。

＊　＊　＊

一九四六年二月半ば、私は風邪から発熱し、歯痛などを併発、ついには服用したサルファ剤の副作用にやられてしまった。大使はこの時も不在であった。実のところ、大使には他に栄転の話が出ている時であった。従って万事にわたって私が采配《さいはい》を振らねばならなかった。これだけの病気を抱え込んで病床に呻吟《しんぎん》していながら、私は毎日の電報の受領をはじめ、その他の大使館事務を必要に応じていちいち病室に持ってこさせて、できるだけの責任を持ってテキパキ処理しなければならなかった。

このような苦しみに遭っている最中のある日、送られてきたのが、私たちに新たな絶望——ソビエト政府にではなく、わが国政府に対する——に突き落とした文書であった。それは、ソビエトが世界銀行および国際通貨基金への加入を渋っていることを伝えるものであった。この文書は、財務省の意図で送られてきたもののようであった。ワシントンのどこを探しても、財務省以外にソビエトとの戦後の協力をそれほど念入りに、真っ正直に、しつこく（ほとんどがむしゃら、といえるほどに）希望しているところは他になかった、ということは記憶されていいはずだった。それがついにいま、モスクワには、世界銀行にも国際通貨基金にも加入の意思がないことが明らかになっては、夢は打ち破られ、ホワイトハウスを素通りして表明されていた財務省の当惑と苦悶の叫びを、国務省が何気ない調子で、大使館にまで伝えてよこしたわけであった。ソビエト政府側のこのような行動は、どう説明できるのか？　その背後に何があるのか？

この文書のことを考えれば考えるほど、これが〝あれ〟であることがますますはっきりしてきた。一年半もの長い間、私は人々の袖《そで》をひっぱりながら、私たちモスクワ大使館に勤務しているものたちが毎日直面していた現象、そしてわが国政府と国民が、戦後世界の諸問題に首尾よく対処してゆける機会をつかもうとするならば、是非とも理解してもらわねばならない現象の本質を知ってもらおうと努めてきたのであった。ところが、ワシントンの官辺筋に関する限り、全くのところ、石にものを言うも同然であった。国務省のロシア担当デスクはそれをわかってくれていた。しかしそれも全体として私たち同様、どうにもできない状態になって、それ以上は、何の反応も示さなくなってしまった。

それがいま、突然に私の見解を求めてきたのであった。言ってみれば、そのこと自身はつまらないことではあった。しかし、その質問の意味するものはつまらないことではなかった。世界銀行や国際通貨基金などに関するソビエトの見解を、二、三の通りいっぺんの文書で解説するだけで、このような質問を簡単に片付けようとするのは、決して上策とはいえなかった。それでは真実の一片さえも示すことにならなかった。今度こそ真実のすべてが示されるべき時であった。彼らはそれを求めているのだ。いまこそ、彼らはその真実を知るだろう。

私はペンをとって（ペンをとるとはいってもこの場合は、私が長い間迷惑をかけてきた有能な秘書ドロシー・ヘスマン嬢のことを比喩的にいったものだ。彼女はその後さらに十五年間にわたり、このような面倒な仕事をたびたび受け持ってくれた）、かれこれ八千語からなる電文を書き上げた。全文は、十八世紀のプロテスタントの説教文書のようにきっかり五つの独立の部分にわかれていた（もし五部に分割して送るならば、各部が別々の電文として発信できるから、それほどびっくりするほどの長電ではないと私は考えていた)。五つの部分は、それぞれ次のような内容のものだった。

(1)　ソビエトの戦後の情勢の基本的特質
(2)　その情勢の背景
(3)　公式の政府政策面に現れたその情勢の反映
(4)　非公式な政策面、すなわち〝前衛〟組織およびあらゆる種類の補助組織を通じて実施される、政策面に現れたその情勢の反映
(5)　アメリカの政策にとって、これらのすべてが意味するもの

この恐るべき面倒な電文の送信を合理化するために、私は、国務省の質問は「きわめて複雑、微妙、かつわれわれの思考形態にとっては奇異であり、またわれわれの国際環境の分析上きわめて重要な問題を含んでおり、私には、その回答を単純な、短い電文に圧縮しては、問題を過度に単純化してしまう危険を犯すことになる……とてもそれはできない」と言い訳をした。

この電文のテキストは、本書付録に再録してあるので、ここではその要約も示さないことにしよう。現在それを読み返してみると、まことに興味が深い。それを読んでみると、その大部分はまるで下院委員会か、ドーターズ・オブ・ザ・アメリカン・レボリューション(訳注　アメリカ独立戦争に参加した市民の子孫の愛国的な女性団体、一八九〇年創設された)か

ら発行された共産主義者の陰謀の危険を市民に訴えた入門書の一つにそっくりである。その点についても説明を必要とするのであるが、ここではそれも省略する。

この手数のかかった苦心の結晶が、ワシントンで巻き起こした効果は、それこそセンセーショナルとしかいいようのないものであった。それは私の経歴と生涯を根底からくつがえしてしまうようなものであった。私がこれまでに書いた論文で、打ち鳴らした警鐘はほとんど何の反響もなかったのに、今度の文書はまともに鐘を打ち鳴らし、その共鳴音はいつまでも続き、何か月たっても静まろうとはしなかった。

ワシントンの官辺筋には、送られてきたいかなる電文でも受け入れようという気になる時がたまにはあるのだが、今回はちょうどその瞬間だったのだ。およそワシントンの官辺筋がその種の電文を受け入れるか入れないかを決めるのは、フロイトのいうところの、潜在意識の中に複雑に存在しているその時々の主観的な感情の流れに左右されているといえる。

この電文が、ワシントンの情報伝達システムの奥深い胃袋に吸い込まれた後で、それがどうなったかは何も知らない。わずかに言えることは、その評判がにわかに高くなったということであった。大統領もそれを読んだらしい。海軍長官ジェームズ・フォレスタルは、それをコピーして、軍の高官たちの、数千とはいわないまでも数百のものに必読を命じた。国務省は、電報ルートの乱用について文句を言うどころか、称賛の言葉を送って寄こした。

一九四六年のワシントン誕生日に、モスクワから電報で送られたこの論文が、ワシントンで受け入れられるとともに、私の官界での孤独は事実上終止符を打たれた——少なくとも二年ないし三年の期間はそうであった。私は名声をものにした。私の声はいまや大きく広がった。

六か月前なら、この文書もおそらく国務省では顔をしかめられて、闇に葬られてしまうのが落ちであったろう。六か月後だったら、それはもうよけいな論議、いわば坊主に説教的の扱いを受けていたかもしれない。この文書に述べられている現実は、ほぼ十年間は本質的に変わりなく存在していたものだし、またこれからさき五年以上は引き続いて存在するかもしれないものであるのに、そのような扱いを受けていたのであった。

以上のことから教えられることは、ワシントンが世界についての見解の決定を迫られるときが来た場合、外的現実の目に見える本質よりも、ワシントンの官僚体制に、外的現実のあれこれの特質を認識する主観的な受け入れ態勢ができているかどうかの方が、もっと重要だということである。

これはある程度当然のことで、避けられないことでもあろう。しかしそこに問題がある。それは、その後の数年間私を悩まし続けた問題であるが、そのような体質の政府が、果たして、円熟した、調和のとれた、分別のある外交政策を遂行する能力があると自惚《うぬぼ》れていてよいものかどうかという問題である。年とともに私の答えは否定的にならざるをえなくなってきている。

戦時中と戦争直後のモスクワ勤務の記録を書き終えるにあたり、なお一つ不吉な前兆ともいえることがらを書き残しているのに気がついた。それは私のモスクワ在勤の最後の数か月に、地平線上に現れた一片の雲、文字通り人の掌よりは確かに大きなものであったが、当時の私にはそれほど大きいとは思えなかった一片の雲であった。

スターリン支配のロシアと、それがアメリカの政治に与える問題に関する考え方を本書が取り上げるに当たり、核兵器については全く考慮されていないことに読者は気づくはずである。一九四五年の最後の数か月と一九四六年春にモスクワに在勤していた私たちは、もちろん核兵器の存在を知っていたし、それが日本で使用されたことも知っていた。しかしこのことを知っていたとしても、わが国とソビエト連邦との関係についての私の考えに特別の影響を与えたという記憶はない。その時もそれから後も、ソビエト連邦に対するわが国の関係にこの種の兵器が積極的な役割を持つとは考えられなかった。

その後私がしたためたものの中に、この問題にいくらかでも触れた文書がただ一つだけあった。その内容は、厳密には否定的なもので、核兵器が、それまでわが国の他の政策の発想と同じように、スターリン体制のご機嫌とりのために利用されはしまいかとの危惧《きぐ》の念を反映していた。原文通りにここに引用しよう。これはたいへん微妙な問題であって、高度な批判の余地があるので、完全な形で引用したい。

この一文は、ワシントン当局に宛てられたもので、一九四五年九月三十日の日付になっている。それがどんな反応を呼んだか、私は知らない。当時ワシントンの少なくとも一部の人々は、私の意見に対する反響として、われわれの善意のしるしとして、この新兵器とその製法に関する完全な知識をモスクワに与えて自由裁量にまかせてはどうか、と考えるものもあったのを私は知っていた。いずれにせよ、私が書いたのは次のような一文である。

ロシア問題についての十一年余の経験に照らしてみて、私がためらいもなく、はっきりと言えることは、もしロシアが、わが国がそれと気づかず、また奇襲されればわが国が無防備におかれるような方法で、原子力利用法、あるいはその他のどえらい遠大な破壊力などを開発することになれば、わが国の安全はきわめて危険なものになるということである。

ソビエト政権の歴史を見ても、現在ロシアで権力を握っている人々、あるいは近い将来権力を握る機会を持っている人々が、それを行使すれば、世界における彼らの権力的地位を実質的に改善できると考えた時、その破壊力をわが国に対して行使するのを一瞬でもためらうだろう、などと太鼓判を押せる保証は何一つない。ほんとうに何一つそんな保証はないのだ。

そのような破壊力行使の知識を、ソビエト政府が、自らの科学的発明の努力か、スパイ行為か、善意と信頼のしるしとして与えられた知識によるか、いずれの方法で得たにせよ、以上の事態には変わりはない。ソビエト指導者が、感謝、あるいは人道上の立場からのためらいで自己抑制するだろうと考えるのは、わが国の将来にとって致命的な重大性をもつ問題について示されている、圧倒的な反証を無視するものである。

ソビエト政府に対し、ソビエト連邦でのその行使の制限に関する適切な保障なしに、合衆国の防衛に致命的重大性を持つ何らかの知識を洩《も》らすことは、わが国民にとって致命的重大性を持つ利益を、むざむざと損なうものであるというのが、私の深い信念である。国務省におかれては、この見解を公式記録の事実として認め、政府の責任あるサークルで行われる、この問題に関する検討の際には、これに考慮が払われるよう配慮されることを望むものである。

この一文を読み返してみて、ほんの部分的、間接的ではあるが、それがワシントンの官辺筋はじめ、その他の賢明かつ先見の明のある人々の見解とは対立するように見えかねない点があることに気づくのである。それがほんのわずかな知識の切れ端やその反映の産物にすぎないことを、私はよく知っている。それは、当時入手できた情報に対する正直で真剣な反応以上のものではなかった。その当時の私が、現在私が知っていることを知っていたら、きっとそんなものを書く気にはならなかったに違いない。とくに、私が思いがけず取り組んでいた問題が、どんなに深刻で恐るべきものであったか、この問題が、当時回答を求められるはずだと私が考えていたどんな問題よりも、哲学的反応の尺度がはるかに深いものであったか、またわれわれすべてのものが、この問題の回答を見出すまでの間に横たわる無準備状態の限界が、どんなに恐ろしいものかを私がもし知っていたら、私の心は重く沈んでいたであろう。スターリン主義権力に対する戦時中のわが国の対応策の、幼稚としかいいようのない拙劣さに、私の心は沈んだが、それよりももっと深く沈んだであろう。

第十二章　ナショナル・ウォー・カレッジ

　モスクワから発信した長文の電文が、意外なほどすばらしい成功を収めて、私の人生は一変してしまった。いまや私の名はワシントン中に知られるようになった。世間の人々も、私がいままでの経歴とは異なった地位に推挙されていると見るようになっていた。一九四六年四月、私はワシントンに帰り、新設されたナショナル・ウォー・カレッジの*〝外国事情担当副指揮官〟に任命された。このカレッジは各軍関係の各種の中期教育施設のうちの最上位のものと考えられており、その年の秋には開校され、第一回の将校学生を入学させる予定となっていた。私の身分は、事実上三人の副指揮官のうちの一人ということになっていた。私の特別任務は、総合軍事・政治教育課程のうち、政治関係部門の計画、指導にあった。

＊訳注　National War College　わが国ではこれに類するものがないので、適当な訳名がない。しいていえば、「総力戦研修所」とでもする外はない。本書では原語通りナショナル・ウォー・カレッジとしておく。

私たちがワシントンに着いたのは五月の下旬であった。六月、七月の大部分はカレッジの教科課程《カリキュラム》の編成に費やされた。七月終わりから八月初めにかけて、私は国務省の依頼で、中西部から西部海岸——具体的に言えばシカゴ、ミルウォーキー、シアトル、ポートランド、サンフランシスコ地方、それにロサンゼルス——への講演旅行に出かけた。

これは私の公開講演としては最初の大きな経験であった（これで最後かと思ったらとんでもないことであった）。私は以前、ドイツのバート・ナウハイムの抑留所に収容されていたころ、仲間の被抑留者たちのためにロシア史の講義をしたことがあった。あちこちの海外勤務地でのプライベートな会合で、一、二度ぐらいは覚束《おぼつか》ない話をしたこともあった。しかしいまだかつてこのような規模の講演に引っぱり出されたことはなかった。

この講演にはいっさい原稿類を用意せず、少しばかりの書きなぐったノートや、記憶、即興的な発想だけに頼って曲がりなりにもこの講演をやり遂げたが、これは私にとって画期的な経験であった。この時のノートをなくしてしまったので、何をしゃべったかは、はっきり覚えていない。中味はともあれ、内容がしっかりまとまっていることよりも、話し方が熱心で、のびのびと気取りのないのが目立ったに相違ない。その講演がどんな教訓を与えたかは別として、聴衆は熱心に聞き入り、感動を受けた様子だった。聴衆の反響には、時には全く驚かされることがある。

この講演旅行の二日目は、私の郷里ミルウォーキーにおける、婦人有権者同盟の昼食会の席での講演であった。席上、メーンテーブルについていた一人の牧師さんが、私の講演の続いている間じゅう、そわそわと笑いながら私を見つめていたが、会が終わると、近づいてきて握手を求め、謎《なぞ》めいた口調でこう言った。「ねえ、あなたは天職を取り違えましたね」と。

私の話を理解する姿勢や能力では、聴衆にもいろいろな違いがあった。最も話をわかってくれたのは、実業家の男だけのグループであった。彼らは懐疑的で、批判的精神が旺盛であったが、その反面また、冷静で思慮深く、競争相手と張り合いはするが、その相手をどうしてもやっつけてやるとか、そうしたいとかは考えなかった。いわば、弁証法的思弁派に属する人々であった。

一番の難物は、学界の連中であった。学界の連中が、私の述べようとしたことに対して敵意を持ったという意味ではなく、むしろ彼らが不意をつかれて、取り乱したからであった。

私はこれらの点について、講演旅行が終わって後、この企画を立てた国務省の関係者の一人に出した報告書の中で、意見を述べておいた。その中で私は次のように書いている。

聴衆の中にいるこれらの学者たちには、知的俗物根性、気取り、嫉視《しっし》、抑圧、それに自由派、保守派を問わず、大学学部内に浸透する習性のある用心深い集派本能といったものがまといついていて離れない。……しかもなおこれに、他に二つのものが加わって、ことをむずかしくしている。その一つは国務省に対する偏見であった。いま一つは、言ってみれば、地域的劣等感とでもいえるもので、たとえば、国務省を含めた東部は高慢、尊大で、西部海岸地方の学界でもてはやされている知恵と洞察力《どうさつりょく》を無視しがちだ、というようなものだった。……それはいわばノイローゼのようなものであって、何ごとにつけ東部が中心になっているという反感、太平洋地域を大西洋地域と同じくらい重要であると考えようとする願望――実際、同じくらい重要であると認めていた――があったのである。

これがロシア問題を話し合う場合に、とくに注目すべき役割を果たした。というのは、私の講演を聞いたものの多くは、ロシアとの〝協力〟が発展するようになれば、彼らの西部海岸地方の活気と重要性を増大することにつながる、と考えていたのである。彼らは、わが国の西部海岸地方とシベリアとの、太平洋を越えての関係の発展に大きな希望を持っていたのであった。その計画がすっかり狂って、彼らの期待は外れてしまった。

そこで彼らは、国務省に非難の眼を注ぎがちであった。

ついでに言い添えれば、西部海岸地方の学界人の中には、たとえ共産党員でないとしても、共産党側から強い影響を受けていたはずと思われるような人々がたくさんいる、という印象を受けざるをえなかった。いずれにせよ、私は政府の治安上の関心についてはよく知っていたので、心配になった。そこで国務省に対しては次のように書いた。

私の述べた一語一句が、その日のうちに、忠実にソビエト領事のもとに報告されたことは、疑いの余地もありません。だからといって、別に重大な障害があるわけではありません。またたからといって、自分でしゃべることを改めはしませんでした。しかし、もし国務省が講師を派遣して、もっと秘密を要する内容の問題について話をする時には、その会合に誰が出席するかをチェックした方がよいと思います。

バークレー（カリフォルニア州）での講演の聴衆の中に、原子科学者が何人か加わっていたのにはとくに驚かされた。これについて私は書いた。

この人たちの持つ見解については、私はいまでもはっきりしません。彼らは、バルーク案の国際原子力管理機構を嫌々ながら承認するとともに、同時に、ソビエト科学者を何とか連れて来て原子兵器の性質について啓発してやることができればよい、といった堅い信念を棄ててはいないようでした。原子力が恐るべき破壊力を持つことを知って、その恐怖から国際協力の方向に傾くというよりも、ロシア人は自分に危険さえなければ原子力行使の方法を見出すことに躍起になるかもしれないということを、この人たちは少しでも考えてみたことがあるのだろうかと私は疑いました。彼らは、政治的には六歳の童女にも等しいほど無知でした。彼らに話をしながら私は、自分が、まるで弱々しい少年が持つ純真な理想をぶち壊しているのではないかとさえ思ったほどです。彼らは、私が述べたことの半分も信じようとはせず、この世に存在する諸悪が国務省内部に巣食っているのに、当の国務省がそれを理解しようとしないのだ、といったおめでたい信念を固持したまま退場して行ったのは、彼らにとってせめてもの幸いであった……。

いまこれを読み返してみると、まるで自分が故ジョー・マッカシー上院議員か、下院非米活動調査委員会の専任コンサルタントの仕事でもやろうとしているのかと、間違われそうである。もちろん、そんなことはなかったし、またこれはわが国における共産主義に対する私一人の反応ではなかったことを明らかにするために、次の一文もここに引用しておこう。これは、それから六か月後にバージニア大学で行った講演のノートに記録されていたものである。

とくにわが国でいま流布しているように思われる、ヒステリックな反共主義を私は悲しむものである。それは真の進歩的な社会主義理論であるものと、社会主義のスローガンを盗用し悪用しているある外国の政治機関の勢力争いのための論法との見分けがつかないのである。私自身、もちろん、共産党員とは全く縁がない。しかし、ソビエト共産主義の理論（実践ではなく、あくまでも理論上の話であることに留意されたい）には、真に将来の理念に価すると思われるある種の要素が存在することも認めるものである。毒も薬もいっしょくたに棄てる——たらいのお湯と一緒に赤ん坊を棄てる——馬鹿はいない。そんなことをすれば、われわれは歴史の流れに逆行することになるだろう。

……繰り返して言いたい。ロシアと共産主義のこの全問題に対し、われわれはもっと冷静に、もっとたくましく、もっと大人になり、自信をもって接する必要がある、ということを。

* * *

一九四六年夏、国内各地を巡回して行った私の講演内容については、文書となった記録はなに一つないことは、私の言う通りである。しかしこの講演旅行から帰った直後に行った講演にはある種の記録——誰かがとってくれた速記の記録——がある。この時は、国務省職員の大きな集会に、私とルーエリン・トンプソン（彼もモスクワ勤務を終えて最近帰国したばかりだった）とが招かれて講演をした。日付は一九四六年九月十七日であった。この時も私は、原稿なしでしゃべったのだが、この時しゃべったことの速記録は、私がそのころの、講演旅行で各地の聴衆に話してきたことの、格好の要約となっているものと思っている。

私の講演は、まず、私たちがモスクワで接した政治的人間の二重性格を強調することから始まった。こうした政治的人間の一つの面は、私たちにも同感できるし、ある程度は感心させられるものがあった。ところがもう一つの面は、そうはいかなかった。その積極面では、「原理への偉大な献身があった。そこでは、思想に関するある種のスパルタ的清教徒的《ピューリタン》厳粛さが、われわれから学び、思想と理念をわれわれと共に分かち合うために、西側世界について知ろうとする真の熱望と結びついているのであった」。これは異常な敏感性、自尊心、そしてロシアの後進性についての屈辱感とも混合していることは確かであった。しかしこれらは十分に理解し合えることであった。

ところが、政治的人間の他の面は、「とても真実とは信じられないような」悪意に満ちたものであった。それは何か隠された意図があるものと見る他なかった。はっきりしていたことは、われわれとしてはただ、これらの性格の両面を同時に考慮に入れ、双方をともに目標とした政策を持たねばならないことであった。言ってみれば、「一方の面を力づけてやり、敵に回さないようにすると同時に、もう一つの面の力をくじき、信用を落とすことができるような」政策を持たねばならないことであった。

その手強い面には、優越した軍事力と政治力をもって対抗するほか手がなかった。

彼ら（ソビエト指導者）と議論し、理屈を言い合い、彼らに「見たまえ、こうだからこうなるのだ」などと言って説得し、動かすことができるとは思われない。そんなことができるはずがないのだ。私は一時間もかかってやってみたのだ……われわれの政策をどんな時でも正しく腹蔵なく、さらけ出して言うべきではない、などと言おうとしているのではない……われわれは彼らに近づいていって、すぐさま、真っ直ぐに言うべきだと思う。だが、その時に彼らが振り返って「なるほど、私はこれまでそのことを考えたことがなかった。われわれはもとにたち帰って、われわれの政策を変えてみようと思う」などというかもしれない、などと考えているわけでは決してない……彼らはそんな生やさしい連中ではないのだ。

これは何も、彼らが他者の言おうとすることを聞いたり理解したりしなかった、ということではないことを断っておきたい。彼らはただそういう言葉に無感覚になっていただけであった。

狂信者には、何を話しても、彼は心の奥で、「この男はひどく誤った前提からものを言っている。この男は私を知的に誘惑しようとしている。この男の誘惑に打ち勝つのが私の任務だ」としか考えはしない。

ソビエト指導者たちの振る舞いを変えさせられるのは、次のようなものだ、と思う。

自分の側に非協力的な意図があれば決して利益とはならず、逆に不利益をもたらすが、反対に、われわれに対してもっと親切な政策をとれば自分にとっても利益になる——そういうことをはっきりさせるような論理で、辛抱強く納得させるほかはないだろう。国連の原則やわれわれの政策に反対すれば必ず困難と不利益が生じることを悟らせ、また互いに協力する機会と道が常に存在するような立場に彼らを誘い込んでおくならば、あるいは、このような状況を持ちこたえて、冷静に構え、終始乱れず、挑発的にではなくいんぎんかつ穏やかなやり方で、常にわれわれの力と不動の姿勢を保持しながら、決して騒ぎ立てず、脅かさず、それでいて、彼らが最終的に決心をした時のためにいつでもドアを開けておくならば——彼らは到底それ以上持ちこたえることはできまい——あるいはその論理が彼らの政府内に浸透して変化を引き起こさずにはおかないだろう、と私自身は確信している。

私は聴衆に対し、この計算された楽観主義は、鉄のカーテンが早く破られる、ここに居合わせたみんなの生きているうちに現実に破られると私が見ているといっているのではないことを、警告しておくべきだと考えた。鉄のカーテンがかけられたのも、私の考えによれば次のようなことだ。

ロシアの基本的な後進性、その特異性、東洋への親近性、西方世界に対する愛憎の複雑なコンプレックス、西方世界が優越しており、何かでうまくしてやられはしまいかといった不安等々から来ていたのである。そして同時に、ロシア人には、ロシア人なりに……貧困と悲惨さの背後に、われわれに教えることのできる何ものかを持っているという基本的信念からきていたのである。従って彼らは、その鉄のカーテンを失いたくないと思っているのだ。

だからカーテンはまだ残っていた。しかしわれわれが適正な処置さえとれば、合理的な期間内にある状況を作り上げることができよう。合理的な期間内というのは、歴史的な期間——五ないし十年——のことで、そのころには、万事がもっと正常に、もっと平穏になり、人々は、いまわれわれが悩まされているような困難に追われることもなくなっている、という意味では、今日よりも、彼らとの関係ははるかに快適になっているだろう。

つまり、ソビエトの指導者は、歴史のこの時点においてわれわれと対決しようとは望んでいなかったのだ——そのことは確かだった。われわれは依然として世界世論の圧倒的支持を受けていた。これはわれわれを決定的に有利にしていた。そしてこの優位性は、もしわれわれが賢明で挑発的態度を慎みさえすれば、今後長期間にわたって彼らを軍事的、政治的に、封じ込めることをも可能にするはずである。

私がここで〝封じ込む〟という言葉を強調したのには、はっきりした理由があってのことである。この言葉を初めて使ったのは、私が政府内の政策決定の地位に招かれる数か月前のことで、マーシャル元帥が国務長官になる前、また私がワシントンの政策決定機関に属する誰かと親しくなるより前のことであった点を、読者は注目されるだろう。

ウォー・カレッジでの数か月は、とくに楽しいものであった。私の一家は、ワシントン東南部のフォート・マクネア岬の西側に並んでいた将官クラス住宅の一つに住んでいた(アイゼンハワー元帥の親切な口利きの賜物であったことを覚えている)。一列に並んだ住宅の裏の窓からは、ワシントン運河とポトマック川のキラキラと輝く水面が見渡せた。陸軍のありがたい温情主義から、住宅はよく管理されるし、輸送機関は提供されるし、その他親切な個人的サービスなども至れり尽くせりで、まことにありがたく、頼もしかった。

それればかりか、私たちは今度はじめて私の一家のペンシルベニアの農場に手の届く距離内に住むことになった。そのころ、私の体調も絶好調で、精力があふれていたし、畑仕事や日曜大工には熱心に精を出した。週末になると、私たちは農場に出かけたし、金曜日の午後には、美しい北メリーランドの田舎を楽しく歩きまわったりした。メリーランドはペンシルベニア州と隣合っていて、南ペンシルベニアの田舎にそっくりだったのだ。

田舎は、私にとって情緒的にもきわめて特殊な意味を持つものになっていた。夏にはきちんと耕作され、青々と豊かに繁茂する。冬には静かに巣ごもりし、辛抱強く待っている。ただ、いまとなっては、アメリカ人は自分の大陸の美しさと健康を冒瀆《ぼうとく》するのが好きなのか、無暗に半都市化されてかなりいためつけられてしまっている。

農場では、いつでもすることが数限りなくあった（そのくせ、その大半は手をつけないままになっていた）。土曜日は、それこそいろいろな〝企て〟を中心に、汗みどろの労働のうちに過ぎてしまった。泊まりがけの客人たちも、私たちに劣らず熱心に手助けしてくれた。もっとも、どちらもはかばかしい効果はあがらなかったが――。

日曜日の朝になると、今度は厄介なあと片づけ、掃除、そして次の一週間のために、元通りのわびしいたたずまいに戻しておく。それから、日曜日の午後の激しい交通ラッシュの中を車を連ねて帰らねばならない。最後に――突然に別の世界、都会が目の前に現れて、日曜新聞の束が山のように積まれ、金曜の午後以来私たちを求めていた人々からの執拗な電話のベルが待っていた。

このような生活様式は、他の多くのアメリカ人たちが言っているように、不都合もないではない。しかし、それにはそれなりに、口では言えない楽しさと満足もないではなかった。ワシントンにいた数年間、そのような生活を続けながら、健康はきわめて上々であった。何かの理由で、週末の農場行きを怠ると、私は病気になった。私たちの行く田舎の、親切でよく面倒をみてくれた隣人たちと接していると、日常の仕事についての有益な、温かい助言の尽きない泉を見出すことがあった。そればかりか、人生と人生の問題全体に処する、気のきいた、頼もしい常識の力のありがたさを知った。それは熱っぽい試練、刺激、失望の充満している官僚世界に、新しい、時には心を癒《いや》すような空気を注ぎ込むものであった。

ウォー・カレッジの指揮本部で私と一緒に勤めていたのは、指揮官のハリー・W・ヒル海軍中将、それに二人の副指揮官、アルフレッド・M・グランサー陸軍少将とトルーマン・H・ランドン空軍准将であった。

この三人の軍人は、ともに過去には輝かしい経歴の持ち主であったが、間もなく、さらに輝かしい地位に昇進してゆく人々であった。ハリー・ヒルは後に海軍大学学長となった。アル・グランサーは、ヨーロッパ駐留NATO軍の最高連合司令官をはじめとする数々の多彩な地位に昇進していったし、またテッド・ランドンは、ヨーロッパ駐留アメリカ空軍司令官となった。

この三人ほどすばらしい仲間は滅多になかった。私はこの人たちみんなを敬愛し、その交友に尽きない喜びを感じた。

ウォー・カレッジは、もともと軍事上、政治上の国家政策の諸問題について、現職者訓練を行うための上級施設として計画されたものであった。この種の施設としては初めての試みだったので、第一年度の計画表はいずれにせよ、実験的なものであった。私たちは講義の方法や内容について、いろいろなアイデアを試みてみる立場にあった。そのこと自身なかなか魅惑的といえるものであった。

しかし、私たちに許されていた可能性はそれだけにとどまらなかった。私たちの仕事を通じて、私たちは情勢変化の激しい、不安定なその冬のワシントンで取りあげられた国家政策の問題の考え方に対し、以前のどのような機関もなし得なかった方法で貢献したはずである。政府の軍、官双方の高官たちばかりか、立法部門からも、お歴々が私たちの講義を聞きに来たし、時には、それらの聴講者自身が講義することもあった。

　このカレッジの設立に創意と工夫をもって力になってくれた、海軍長官ジェームズ・フォレスタルは、カレッジで何が行われているかに深い関心を抱いて、個人的にも何度か講義に出席し（私の講義にも何度か出てくれた）、あらゆる支援を惜しまなかった。その他閣僚クラスの高官、将官、上院議員なども、私たちの講義の席にすわってくれた。カレッジは、ワシントンの高官たちの一種の研究セミナーになった感があった。

　私の担当する政治指導部門では、三人の文官《シビリアン》の教授がいた。バージニア大学のハーディ・ジラード、それに二人ともエール大学教授のシャーマン・ケントとバーナード・ブロディであった。みんな鋭い思想家であり、また愉快な友人たちであった。

　学生はきっかり百人で、中佐、准将、それと同等官などを含んだ三軍の将校が主体だったが、中に十人の外国勤務の将校もいた。陸海空軍から来ている将校の大多数は、最近の輝かしい戦歴の持ち主たちであった。しかし、彼らはただそのためだけで選抜されてきたのでは決してなかった。人間ができていて、思慮深く、鋭い。ここへ入学したことを無上の喜びとし、できるだけこの機会を大切にしたいと願っているこの人たちを教えることは、喜びであった。この人たちに教えることは、また学ぶことでもあった。

アル・グランサーは、カレッジの管理を担当した。実験的な第一年の計画が、手際よく、円滑に、きわめて活気にみちたうちに進行したのも、ひとえに、彼の仮借のない管理への熱意と、意地悪いほどのたくましいユーモアの賜物であった。何もかも、私はこれ以上楽しい職業上の経験を味わったことがない。

一九四六年九月から一九四七年五月まで、ウォー・カレッジでの生活と仕事の七か月は、私にとっては、文筆と弁論の努力を世に問う機会にもなった。当時の、この狂気にも等しい精力を、私は、現在、いささか恐怖の感慨をもって思い返している。いまでは、私にも方々から依頼が来るようになった。ウォー・カレッジだけでなく、他にも方々で講義することになっていた。海軍大学、空軍大学、海軍兵学校、カーライル兵営（ここへは、毎週末、近くの私の農場から直接でかけて行き、へとへとに疲労してしまうので、農場へ連絡して、みんなに先に寝るように言ってやるのが常であった）、エール、バージニア、ウィリアムズ、それにプリンストン等の各大学でもそうだったし、東部地方の各種の民間、あるいは半民間の団体にも招かれて講演をした。

かれこれ三十五週間の間に、私は即席あるいはノートに基づく講演を、何回となく行った外に、十七本の正式の講演原稿ないし論文を、全体で約五千語にも上るものを執筆した。その一つ一つの文章が、最終の仕上げを見るまでには、少なくとも三回は書き直されている苦心作であった。

私の精力以上にもっと驚嘆しなければならないのは、私の秘書のドロシー・ヘスマンの精力家ぶりであった。彼女は、私に従ってモスクワからウォー・カレッジに移って来ていて、通信、書翰《しょかん》などをみんな処理してくれる外に、私の無限に続く文章の流れを、文句一つ言わずにタイプしてくれたのである。

ウォー・カレッジの講義科目は、とくに秋期には、国家政策の公布についての、軍事的手段と非軍事的手段の相互関係に焦点が注がれた。私が個人としてこの問題に対して、学生としても、あるいは教師としても、真剣に取り組むことになったのは、これが初めてのことであった。また合衆国政府がこの領域の調査研究を、三軍と国務省を含めた学生と教授団を包含する公式な研究機関に指令したことも、初めてのことであった。

私たちは、個人としても、機関としても、この問題にはすべて白紙の状態であったばかりか、それに取り組もうとしても、第一、私たちの思考や講義の出発点として取り上げられるものが、既成の、伝統的なアメリカ的信条《ドクトリン》の中には、事実上、見当たらなかった。

過去百年のアメリカの政治文献の中に、戦争と政治との関係を主題とするものがほとんどなかったことは、これまでのすべてのアメリカ人の国際事情に関する思考力の弱さを示すものであった。外交政策に関するアメリカ人の思想は、主として平和の問題が対象とされ、ほとんど国際法と国際経済学の枠内に終始してきた。戦争に関する思想といえば、ほとんど軍事専門家と軍事訓練機関に限定されて、もっぱら軍事上の戦略、戦術に関する技術的問題――つまり、純軍事用語で言えば、勝利の問題に絞られていた。もちろん、マハン*がいたし、彼の重要性を無視することはできなかった。しかし彼はもっぱら海軍力の問題に取り組んでいたし、彼の論文の基礎をなしていた設定は、現在では、兵器の面でも国際政治のパターンの面でも、全面的に変化してしまっている。

* 訳注　Alfred Thayer Mahan（一八四〇―一九一四年）アメリカの海軍軍人で、軍事評論家。とくに海上権力の変遷史を研究、著書『歴史に及ぼした海上権の影響』が知られている。

われわれは仕方なく、他の時代、他の世代のヨーロッパの思想家、すなわち、マキャベリ、クラウゼビッツ、ガリエニから、アラビアのローレンスにまで、おんぶしている有り様であった。わが国にはE・M・アール編纂《へんさん》にかかる立派な『近代戦略家叢書』*が刊行されており、これが参考になった。私の経験からみても、同叢書は貴重なものであった。しかしどうみても、これらの先人の思想が、原子力時代の今日、偉大なるアメリカ民主主義が求めるものに完全に答え、あるいは時を経ても役に立つものであるとは思えなかった。それらはみんな考え直されねばならないものであることは明らかであった。

* "*Makers of Modern Strategy*" Princeton University Press, 1943

一つの国家の物質力と軍事力の拡大をただ約束するだけでなく、その国家の力を国際情勢の平和と安定のための力にし、とくに原子力戦争の破滅的悲惨事を回避するための助けとなるような戦略・政治原理が、わが国には欲しいのである。戦略・政治的研究のための、この新しい政府機関の開設に私たちが勇躍して取り組んだ時、私が抱いていた希望は、このような原理の発展の本拠として、この機関が役立ちたいということであった。

それからの数年間、私たちのカレッジが果たしてどの程度にこの目的のために役立ったか、私にはわからない。一つには、各軍の高官の間の頻繁《ひんぱん》な人事交代という昔からの習慣――思考と指導性の継続にある程度は支障をきたさずにはおかない習慣――が依然行われているのと、いま一つは、教育上欠くことのできない思考力に、深さと精密さと権威を与えるはずの恒久的な調査活動が欠如していることが、以上のような目的達成のさまたげとなってきたのではないかと疑われるのである。

しかし私個人にとっては、最初の一年間、この問題に取り組むことはきわめて刺激的かつ興味深いことであった。アメリカの政策に関する私の見解の基本的な理念のいくつかが構想されたのも、実にこの時代――バックグラウンドとなる勉強をし、外部からの著名人の講演をさかんに聞き、自分の講演をするのに苦心惨憺《さんたん》の努力をしていた――のことであったのを、いまにして私は知るのである。

その基本的理念の一つは、戦争目的に関するものであった。南北戦争、米西戦争、今世紀の二回にわたる世界大戦への参戦などの前例は、わが国兵士、水兵ばかりでなく、わが国多数の国民の胸中に、戦争の通常の目的とは、敵の抵抗の能力と意思を全面的に破壊し、無条件降伏を求めるにあるとの考えを、言わず語らずのうちに植えつけてしまったのである。それ以上は言わなくてもよかった。このような勝利は、敗れた敵手に対して、全面的な服従を命令する地位に自分を置くことになり、その政治目的がたとえどんなものであっても、遮二無二《しゃにむに》、その実現の道を開くことになるのであった。

その年、ウォー・カレッジで、私がたどり着いた一番重要な判断はわが国が武力を育成し、それを行使しても、もはや役には立たないだろうということであった。そんなものは、原子力出現以前の時代でも健全なものではなかったはずだった。そのような武力の行使は、二度の世界大戦のいずれの場合にも、直接の軍事的意味では成功しても、平和の問題を、全く手のつけられないほどに紛糾させてしまった。

しかし、兵器庫には原子兵器が蓄えられている今日――わが国の兵器庫にはたったいまそれが蓄えられたばかりだし、他の国でも間もなく蓄えられるはずである――、そしてわれわれの手強い敵手がロシアのような大国であるという今日、以上のような構想は、明らかに非現実的と言わなければならない。原子兵器の存在が意味するものは、総力戦ともなれば、自殺的戦争になるか、あるいは敵手がこのような兵器を持っていない時には、戦争における人道主義のあらゆる原則などを念頭におくことも、またそれに従うこともできないような、無差別の破壊戦争になるかの、どちらかしかないということであった。

しかも、その上に、ロシアという国は、たやすくは占領できないという事実があった。ロシアを占領することは、どんなに楽観的に見積もってもわれわれの物理的可能性を越える仕事であった。また、同時にそれはわれわれの政治的、道義的可能性をも越える仕事であった。われわれは世界の別の国にいる巨大な人民を、たとえ一時的にせよ、支配するようには作られていなかった。ドイツでの経験がそのことを示している。

このことは、はるか昔の思想に回帰することの必要性を教えていると、私には思えた。総力戦の原則は、十九世紀と二十世紀の原則であった。いまこそわれわれは、十八世紀に行われていた限定戦争の思想に回帰しなければならないのではないか。従って、戦争の目標も限定されねばならなくなるだろう。兵器が使用されるとしても、それは敵手の野望をなだめるためか、あるいは敵手の意図にそむいても限定された目的だけを達成するために使用されるのであって、敵手の力とその政府を破壊せず、また敵手の武装解除など全くすべきではないのである。

われわれはタレランの「諸国民は、平和時には互いに最大の善を、そして戦争には、可能な限り最小の悪をなすべきである」という思想に回帰すべきであろう。それには、ギボンの教えた知恵を学ばねばならないだろう。ギボンは、十八世紀のヨーロッパ文明における力の要素を例に挙げて、ヨーロッパ諸国の軍隊が、控え目な、決定的でない戦闘で訓練されたという事実を挙げた。言い換えれば、軍事力による強制の策略も、将来は、政治的目的の追求には絶対的ではなく、ただ相対的な価値しかないことを人は知らねばならなくなるだろう。

ウォー・カレッジでの最初の一年間で、私がとらえた第二の思想は、他のどこでも特別に発表されていなかった考えであった。それはむしろ一つの仮定の性格を持ったもので、疑いもなく、その後の数年の多くの機会を利用して発表すべきであったのに、私はそれをしなかったのである。それは、われわれが原子兵器を、われわれに対してそれが行使されたのに対する報復として以外には、絶対に行使したり、あるいは行使することを考慮したりはしないであろうという仮定であった。

一九四七年一月二十三日、私は、合衆国商業会議所の国家防衛委員会に出席して行った講演の中で、以上の仮定を述べた。この時には、わが国の原子兵器の保持と育成の必要については疑問を提示しなかった。他国による原子兵器の生産と行使を禁止する保障を条件に、われわれの兵器庫から原子兵器を撤去する問題について有効な国際協定が作られるまで、われわれはこの分野におけるわれわれの優位を保持すべき〝好もしくない義務〟を有していると、私は考えていた。原子力攻撃からわが国民を防衛する力には、「この国の手中にある圧倒的な報復力による抑止効果」以上に強力なものはないであろう。しかし私は

以上のことを、

この国の国民は、このような兵器を世界の他の国民に対して、いわれなく、侵略的に行使することを絶対に認めはしないであろう、という確信をもって述べたのであった。

以上の二つの判断――限定戦争を認めることがどうしても必要なことと、将来の兵器として原子爆弾を行使する想定を不可能にすること――から、私は一歩進めて、平和時の要請に応じられるわが国の兵力編成を構想してみた。それは、少数の、コンパクトな、警戒部隊の維持に重点をおくものであって、予告があり次第、わが国の海岸線からはるかに離れた限定作戦地に対し、効果的な打撃を与えることができる程度の能力は持つことになっている。もちろん、これが必要なものの全部ではなかった。「もしも、明らかに大戦争の脅威が広がってきたならば、早急にわれわれの力を動員する」能力を維持しておかねばならなかった。しかしわれわれはまた、三軍の単位部隊を基礎にした機動部隊方式による〝小機動部隊〟も必要になるだろう。この部隊は予告があり次第、直ちに戦闘行動に入る能力を持つものである。

アメリカの防衛第一線は、アメリカの海岸から数千マイルも沖合にあることを記憶しておかなければならない。われわれはすでに数多くの遠隔基地を所有しており、それに人員を配置しなければならない。またわれわれは、予告があり次第、直ちに他の遠隔の島嶼《とうしょ》基地、あるいは他の大陸の半島基地を占領し確保することが必要となるかもしれない。ただし、それはなおそれ以上に軍事行動の準備が必要な期間中、それらの遠隔の基地が他国に使用されるのを排除するためである。もう一度言うが……われわれの武力の最大の価値は、抑制手段としてのその性格にある。われわれがもしこのような武力を保持しなければ、どこかの無法な連中に、われわれがすぐには手が出せないから、誰にもとがめられずに、大きな顔をして占領も居据わりもできると決め込んで、遠隔の特定の目的地を奪取しようなどと欲望を起こさせるだけであろう……。

わが国の兵力の現実の編成条件に当てはめてみると、言うまでもなく、これは海兵隊の強化、三軍相互間の協力の強化、高度の警戒態勢下における機動部隊の維持ということになる。この講演が行われた時期は、共産主義者が朝鮮半島で攻撃をしかけてきた時より三年と少しばかり前であった。緊急事態に対する備えの不十分さが、一九四七年になってもそのまま変わらず残っていて、ウォー・カレッジ、とくにその外国事情担当副指揮官と、わが国の現実の軍事装備をとり仕切ってきた議会委員会と、国防関係高官たちとの間の大きな隔たりとなって現れていたのである。

第十三章　トルーマン・ドクトリン

一九四七年が明けて間もなくだったと思うが、まだウォー・カレッジに勤めていたころ、私は当時国務次官だったディーン・アチソン氏に呼ばれて彼のオフィスに行った。彼は、ちょうど国務長官に就任したばかりのジョージ・マーシャル元帥が国務省の内にある種の企画中核体――マーシャルが陸軍省で馴染んでいた企画・作戦局のような役割を、少なくとも一部でも果たせるような――を設置したいと考えていると話してくれた。

アチソン氏の話し振りでは、ウォー・カレッジにおける任期が終われば、私がこの新設の中核体の責任者に招かれるかもしれない様子であった。しかし具体的にはそれがどのような内容のものであるのか、はっきりしたことはわからなかった。アチソン氏もマーシャル元帥からそれ以上はっきりした内容を聞いていた様子もなかった。しかしいずれにせよ、このような動きが私に関連してあることだけははっきりした。

そういうわけで、二月二十四日にアチソン氏から再度呼ばれた時にもそれほど驚きはしなかった。この時アチソン氏は、イギリス政府がギリシャに対する特別援助の放棄を決定したことによって生じた政策上の危機について語り、ギリシャ、トルコに対する援助問題を全般的に検討するために設置されようとしている特別委員会の審議に、私が参加するように要請した。

私の記憶によれば、この委員会はその日（二月二十四日）の夜、リガ、モスクワ時代からの古い友人で、当時国務省近東局長をしていたロイ・ヘンダーソンが議長となって開かれた。この夜の審議でわれわれが取り上げた問題は、イギリスの援助放棄によってわれわれの肩にかかってきた問題を全面的に受けて立つべきか、それともそれをギリシャ、トルコ自身に裁量をまかせるべきかを判断し、勧告案を作る仕事であった。ところがヘンダーソンの記憶によると（それは私のとは全く異なったものとなっていて、外交史の資料が、記録資料によらずに、記憶だけに頼ることがいかに危険であるかを教えるものである）、国務省に関する限り、この問題は原則的には、国務長官代理とヘンダーソン自身によってその前週末にはすでに決定をみており、委員会の仕事は大統領とマーシャル元帥（この時モスクワに滞在していた）に進言する行動計画の詳細な具体案を作成し、他の政府各省、議会（この計画案が発効するためにはどうしても議会の採決が必要だった）および世論に対する説得工作を講ずること、となっていた。

いずれにせよ（ヘンダーソンの記憶の方が正しかったと認めることにやぶさかではない）私は、委員会の席上、われわれはこの挑戦を受けて、要請された援助を与えるほかに手はない、と述べた。これは委員会の一致した見解であった。適切な勧告案が作成された。その夜おそく私は、アメリカ外交政策の歴史的な決定の一つによくぞ参加したものだとの思いに興奮を覚えながら帰宅した。この時、私がもしいくらかでも自分の発言の効果を過大評価していたとすれば、政策決定過程に私の実際の影響力があるなどと自惚れていたためであろう。こんなことはその後にもよく経験したことで、私の発言にびっくりしている同僚たちの表情を見ていると、ついそういう自惚れが出てくるのかもしれなかった。

ジョーゼフ・ジョーンズ氏がその好著『十五週間』*の中で、その二週間後に有名なトルーマン・ドクトリン教書が議会に送られる前の数日間に行われた様々な討議、協議、議論の整理、それに文字表現上の苦闘などを、きわめて忠実に描写している。私が国務省にでかけて行ってその教書に目を通したのは（ジョーンズ氏の著書によれば）、この教書の国務省最終案がホワイトハウスに提出される前日、たしか三月六日のことであった。

* "*The Fifteen Weeks*" New York: Harcourt, Brace and Company, 1955

一読してみて、私は、これはまずいな、と思った。とくに私が不満を覚えた言葉使いは、ヘンダーソンの筆になったものでもなかったし、国務省の外国関係局筋のものの筆でもなかった。それは、国務省広報部の申し入れで、国務・陸軍・海軍協力委員会（SWNCC）の小委員会が作成したもので、明らかに、大統領の決定を待つばかりのこの原則を、私が想像していたよりもはるかに壮大かつ大がかりなものに装う必要があると考えたに違いなかった（これについては後でまた触れる）。それについて私はヘンダーソンに異議を申し立てたような記憶がある。

ジョーンズ氏の著書によると、私はアチソン氏にも異議を申し入れたことになっている。私にはそんな記憶はないが、間違いではないだろう。いずれにせよ、私は替わりの文句を書いて出したように思う。それがどんなものであったか、記録はないが――。私の申し入れた異議がわかってもらえたかどうかは覚えていない。ともかくそれは遅すぎたのだ。この歴史的文書の作成に過去何日もかけて集団で嘗《な》めた惨憺たる苦しみを、誰一人として繰り返したくはなかったのである。

自伝作者はよく昔の思い出に思い違いを犯しがちであるが、幸いに私は、私の記録文書の中で、その当時私が考えていたように、アメリカ政府がイギリスの行動から派生した挑戦に取り組むことがなぜ望ましいかの理由を具体的に示せるばかりか、大統領教書の言葉使いになぜ不満を覚えたのかという理由をもはっきりと見出すことができる。

ウォー・カレッジの教授であった私たちは、ちょうどこのころ、学生たちの種々の研究会に提出する問題の基礎案として、ギリシャ危機の問題を取り上げていた。私たちは学生に対して、この問題に関する大統領決定の個々の構成要素を想定してみるように命じた。大統領教書が議会に提出された直後、私は二回にわたりこの問題を学生の前で非公式に検討した。第一回目は、大統領教書提出後二日目の三月十四日で、この時は、私はウォー・カレッジで作った問題そのものについて解説を行った。学生の答案が集まった後の三月二十八日に、私は問題に対する解決案を論じ、私個人としては、イギリスの行動から生じた挑戦を引き受けるのがなぜ正しいと感じるか、とその理由を説明した。私が見つけた文書というのは、この時の二つの解説講義の速記録である。

第一に、大統領決定の背景について私がどのように理解していたかと言えば、政府部内で他の多くの人々が抱いていたような結論、すなわち「この土壇場になって、ギリシャの非共産分子の土性骨を強くするために何もしてやらないならば、共産分子はたちまちにして政権奪取に成功し、すでにその兆しの見えている他のバルカン諸国でも全体主義支配権の樹立が成功するかもしれない」との結論を、受け入れていた。ただ私は、このような共産主義者による政権奪取の見通しも「それ自身、直ちに西側世界の破局的な挫折」に通じるものではないと考えていた。

ソビエトとその東ヨーロッパの協力者がギリシャを支配し、あるいはギリシャ経済を助ける責任をとるには、どちらにしてもまだまだ力不足だ。とどのつまりは、それがみんな深刻な経済危機やその他の問題として彼らの頭上に振りかかってくるのが必至で、最終的には西側の利益になるだけだ、というのが私の考えであった。しかしながら、長い目で見れば、共産主義支配が「やがてはしっかり根をおろし、ソビエト連邦の軍事的敵手の立場から見て、いつの日にかは最も不幸な戦略的結末が来ることもありうる」と思った。さらにより重要なことは、このような展開が近隣地域に及ぼすであろう反響であった。

この最後の点に関連して、私はまずトルコの問題を取り上げた。トルコの情勢は、ギリシャのそれとは基本的にも全く相違していることをまず指摘した。トルコには共産主義の深刻な浸透はなく、ゲリラ活動もなかった。トルコ人は、恐れるものは何もないのに、恐れているのだ。「もし……トルコ人が弱気にならず、国内政治をできるだけ清潔に秩序正しく保ち、また海峡問題のような厄介な問題をロシアとの二国間交渉の話し合いにゆだねることを拒否さえすれば、ロシアの圧力を、一時的で不安定な形ではあっても、受けないで過ごせるはずである」。しかし、かりに共産主義勢力によって完全に包囲されてしまえば、以上のような姿勢を維持することは一層至難のこととなると言わねばなるまい。従って、ギリシャに対する援助とともにトルコの安定を支持することも同様に重要であった。

トルコ問題に関するこうした見解が、トルコ自身に対する特別援助計画を大きく取り上げる原則とはなり得なかったことは注目すべきである。その重点が、国内の士気とか、外交姿勢の厳正さなどに置かれ、軍事上の準備態勢などにはなかったのだ。

議会に対する大統領教書の草案の中に、ギリシャとトルコに同時に援助を与える提案が示されているのをみて、私がこれはまずいなと思ったのは、このためであった。私はそれを読んで、主たる狙いは軍事援助にあったかと疑い、またトルコへの軍事援助計画を、もともとはギリシャへの政治、経済計画であると思われていたものの中に潜りこませるために、アメリカ国防当局《ペンタゴン》が有利な状況をこしらえて、それを利用しているのではないかと疑いもした。

私の見るところでは、ソビエトの脅威は、それはそれなりに認めることが大切であるが（その脅威は主として政治的なものであって、軍事的脅威ではなかった）、ギリシャに必要なものをトルコで必要ではないもの（もし必要であるとしても、それは全く異なった目的で必要なのだ）といっしょくたにして、混乱させてしまうほど馬鹿げたことはない、と思われた。

ウォー・カレッジでの講義に話を戻そう。今度はトルコから中東の問題に話が変わる。共産主義者がギリシャを手に入れれば、中東に対するその反響はどのようなものになるであろうか？　この点についても、私の結論は他の連中のものとはいささか異なっていた。

私は不安で動揺している回教諸国のインテリたちの間に、ロシアの共産主義が浸透することの重要性を過小評価するものではなかった。しかし私は、ロシア人に、全回教世界を離反させ、かつこれを支配するだけの能力があると信じることはできなかった。ロシア人のイデオロギーは回教徒の信仰と対立するばかりか、何よりもロシア人たちのやり方がよくなかった。

北部イランやクルド族の間でさえ、政治的攪乱者《かくらんしゃ》としてのロシア人の最近の行為は感心できるものではなかった。もし彼らがこの地域でもっと力を伸ばそうとするならば、「やがてはアラビアとその隣接地域のどえらく強力な政治集団とぶつかることになるであろう。これらの地域には、回教イデオロギーの火が一層まじり気なく、一層強烈な炎となって燃えており、また共産主義の政治圧力に対する抵抗は、北部、東部諸国よりもはるかに激しい性格を帯びているようである」。

従って、共産主義者がギリシャで政権をとれば、それが波及してソビエト勢力が中東に浸透するようになるのを私が恐れたのも、それほど長い期間のことではなかった。しかし一時的には、その地域の形ばかりの安定を動揺させる影響があることを認めないわけにはいかなかった。ひいては、われわれの安全という見地からも一層重要な地域である西ヨーロッパの情勢に、影響をもってくるのであった。

不安と経済危機の支配するこの時代には、センセーショナルな政治的事件が累積的な効果を発揮するのを無視することはできない。当時私がウォー・カレッジで指摘したように、人々は当然起きるべきことについての彼らの願望よりも、むしろ起きるかもしれないことについての予想によって影響されてきた。

西ヨーロッパにおける大半の人々は、共産主義支配を望んでいなかった。だからと言って、共産主義者の進出が必至と見られる時にも、彼らが手をこまぬいて、それが侵入するのにまかせるようなことはしないだろう、ということにはならない。ギリシャでの共産主義の成功を一か八かで賭けるようなことができないのは、このためであった。
西ヨーロッパでもまた、共産主義支配が無期限に続くことなどあり得なかった。しかしそれが続く間は、大きな害があるだろうと、私は次のように指摘した。

洪水もいつかは――自然の法則により――退いてゆくはずだと言っても、洪水を自分のところに迎えていいという理由にはならない。……われわれが知っている――そしてわれわれが必要としている――ヨーロッパが、短期間のロシア支配によって、すでに弱体化しているその伝統と制度に加えられた打撃から立ち直ることはないだろう、などと信じる理由はない。……共産主義勢力の波は、いつかは退いてゆくだろうが、その後の解放された地域に、アメリカの権威と影響力がたやすく入り込めるだろうなどと期待してはならない。

ついで私は、ヨーロッパを共産主義のなすがままにまかせてよいのなら、そのために生じる合衆国の安全問題は、「外形的な安全の問題だけにはとどまらなくなるだろう」と指摘して、論を進めた。

われわれがヨーロッパを放棄することは、われわれの文化と伝統の多くのものの根源を放棄することになるばかりか、今日進歩的な議会制政治が施行されている世界の中のもう一つの地域のほとんどを放棄するに等しいものであることを記憶すべきである。われわれは、文化的にも政治的にも、孤立国の立場に立とうとしているようだ。われわれの伝統と制度に確信を持ち続けるためには、われわれは今後大いに気力を振るい起こさねばならないだろう。そのためにはどれだけ気力を振り起こしてもすぎることはない。

われわれの制度の持つ力と健全さを、私が高く評価していないと憤慨する人も多いことを知っている。彼らは、アメリカのデモクラシーは、ヨーロッパが罹《かか》っている病気などを恐れないし、またヨーロッパの経験から学ぶものもない、と主張し続けている。

それが本当ならよいと思う。人間はどうかしたは<ruby>ず<rt></rt></ruby>み<ruby>で</ruby>、全体主義の悪夢にとりつかれるが、しかしそのような悪夢は、神が他国の人々にだけ下したものであって、アメリカ人はありがたいことに、その罰を免れることを許された、というのならよいのだが、と思う。不幸にして、そんなことはあり得ないことを私は知っている。結局、われわれの多くのものは、ヨーロッパ人の一親等か二親等の子孫であり、またわれわれのあるものは、それよりも身近なものである。

われわれの社会の中にも、すでに全体主義勢力が公然と活動している。これらの一連の動きからみて、彼らが新しい信頼と新しい支持者を見つけることができないなどと考えられるか？　真の危険が存在しているのは、現存しているこのような急進主義者たちの小さなグループなどではないのだ。実際には、全体主義の小さな断片が、どこかに深く、われわれの一人一人に、われわれみんなの中に、秘められているのである。

この悪魔を、普段目につかないところに隠しておけるのは、ただ信頼と安全にみちた明るい光が照らしている間だけである。もし信頼と安全が消え去った時に、その代わりに悪魔がのさばり出そうと狙っていないと、どうして言えようか。ある人々は、この国の自由を築き上げる仕事は、われわれの先人たちの手で完全かつあらゆる時代にわたって完成されたと自惚れて、自分で自分を眠らせようとするかもしれない。

私はここに、偉大なヨーロッパ人で、ドイツの詩人ゲーテの言った「自由とは、日々新しく闘いとらねばならないものである」という言葉をあげておきたい。この自由を確保するための終わりのない闘いの中で、この国がそのすべての同盟国を失ってゆくのを見るのは、私には堪えられないことだ。

ギリシャに対するわれわれの限定つきの介入の理由については、これ位にしておきたい。そこで、この行動を認めながら、なぜ私が大統領教書の言葉使いに文句をつけたかを言おう。私は何よりも、それが意味している公約の性格が大ざっぱなのに文句をつけた。この教書の核心であり、かつその後ことあるごとに引用されたのは、次の部分であった。

武装した少数分子、あるいは外部からの圧迫による征服に抵抗しつつある自由諸国民を援助するのは、合衆国の政策でなければならないと私は信じている。

われわれは自由諸国民が、彼ら自身の運命を、彼ら自身の方法で築くのを援助しなければならないと信じている。

この文章は、ほかの部分と同じく、われわれのギリシャ援助を、特定の環境を目標にした特定の決定という枠よりも、むしろ普遍的な政策の枠内に入れていた。ギリシャだけのものとして決定したわれわれの行動を、「武装した少数分子、あるいは外部からの圧迫による征服」の脅威にさえさらされれば、他のどんな国に対しても同様にとらねばならないことを、それは意味していた。

このような苦境にある国々を援助することが、いつでもわれわれの利益になるだろうとは、とても考えられなかった。それらの国々がそのような苦境にあるという事実は、われわれの行動を決定する時考慮に入れねばならない基準の一つになるというにすぎない。このような脅威が存在するという設定は、決定の過程の序の口であって、結論ではなかった。ウォー・カレッジで私が発表した構想の中に、わが国のギリシャ援助の決定を支持した三項目の特別の考察がある。

A　第一の問題は、われわれの経済的、技術的、財政的能力の限度内であることである。

B　もしわれわれがこのような行動をとらないとすれば、それによって生ずる状況は、決定的にわれわれの政治的敵手の利益になるように展開する恐れがある。

C　もしこれと反対に、われわれがそのような行動をとるならば、単にギリシャだけにとどまらず、それ以上に広く有利な結果がもたらされることが、十分に期待される理由がある。

以上のような考察が、必ずしも他のすべての地域に適用されなかったことは事実であった。たとえば、その一項目でも、中国の場合に完全に適用されたであろうか、と私は疑った。絶対に適用されなかった第一の例であった。それならなぜ、「武装した少数分子、あるいは外部からの圧迫による征服」の脅威の存在を証明することが要件のすべてであり、それがわれわれの援助決定のためのただ一つの基準であるかのような言葉を使ったのか？

現在、もしトルーマン・ドクトリン教書を再度取り上げるならば、この三項目の特別な要件の他に、脅威を受けている国民が、直接、間接の侵略に対して、自らを防衛する責任と努力の大半を断固として負担する——尻ごみして抵抗が失敗した場合の逃げ道を用意し、闘争の重荷だけはわれわれに押しつけるようなことはしない——決意と能力をさらに追加するに違いない。また私は、この教書の中で、われわれがギリシャの防衛に関心を持つのは、その国の制度が民主主義的性格を持つものだからだ、ということを繰り返し述べているのに、異議を申し入れるだろう。

われわれは、これから後には、民主主義の本質から言えば許されないような政権の多くにも、援助を与えることが必要だと考えることもあるだろうからである。だからこのようなものを大切な基準だとするのは賢明ではあるまい。このような教書の中の手ぬかりが(いまにして思えば)、それだけに当初の教書の言葉に反対する立場を強くするものである。

教書の大ざっぱな言葉使いが誤って解釈される危険があると心配していたのは、私一人ではなかった。アチソン氏自身も、国会議員たちの間から、大統領が述べたことが白紙委任状を意味しているとの印象を一掃するのに、懸命になっていた。一九四七年三月二十四日の上院外交委員会で彼が述べた証言の中で、原則としてこのような情勢にあれば、われわれが援助を与えようとしている、ということは、その他の国の場合でも、われわれの行動がギリシャの場合と常に同じであるということを意味しないと、説明した。彼はそのはじめの演説の中で、次のように述べた。

外国からの援助要請があれば、その個々のケースの状況に応じて検討されるだろう。

一つのケースについて、われわれはその当面の国が実際に援助を必要としているが、その要請がアメリカの外交政策に合致しているか、援助の要請が誠実なものであるか、また合衆国による援助がその国の問題解決に役立つかどうか、などについて検討しなければならないだろう。従って、わが政府がある他の国においてとる措置が、ギリシャ、トルコに対してとられた措置と同じか、あるいはきわめて似たものとなるとは必ずしも言えないだろう。

しかしながら、いま述べたような誤認はすっかり改められはしなかった。その後の二十年間、わが国の外交政策施行にあたって、わが政府部内にも外国政府にも、他のすべての国が、アメリカの援助を受ける資格を作るには、共産主義の脅威の存在を立証さえすればそれでよいという考えにとらわれている人々がいて、そのためにずい分悩まされ続けてきたものである。共産主義者の少数派がいない国などほとんどどこにもなくなっているのだから、このような仮定は非常識なものであった。

さらに時代が進んで、わが国の政府や世論の側でも、援助に関する選択基準の厳正さは強くなるどころか、むしろ弱くなってくる気配があった。一九六〇年代になると、共産主義の脅威が、ただ存在するというだけでも、その評価は、政府部内においてさえ、絶対的なものとなり、それが東南アジアの場合には、一九四七年には当然適用されるべきだった基準などほとんど問題にされず、アメリカの大規模な援助を要請できるものとして考えられるようになってきた。

ギリシャ・トルコ援助問題をめぐるいろいろな場面で、私は、アメリカ人は特定の問題について特定の決定をすることには先天的に嫌悪感を持っており、かつ特定の行動を意義づけて正当化するような普遍的な方式ないし原則を探し求める執拗な衝動を抱いていることを痛感させられた。われわれは明らかに差別を好まない。われわれは何か一般的な拘束力を持った基準を見出したいと考えている。その基準に対し、不服のあるものは一つ一つについて苦情を述べ、一つ一つの問題の決定は、その問題の特別のメリットによってではなく、自動的に、状況がその基準に適するか否かによって行われるのである。

同じ理由から、われわれは、限られた、自分たちだけの理由から必要と認めてきた決定にも、普遍的な意義づけをしたがる癖がある。第一次世界大戦当時、四囲の情勢がわれわれを参戦に引き入れた時、特殊な参戦の理由を掲げるだけでは、われわれには十分ではなかった。ということは、われわれの戦争努力が、世界（それ以下の規模では駄目）の「デモクラシーを守る」ための努力としての装いをとらねばならなかったのである。

第二次世界大戦の時にも、日本が真珠湾を奇襲し、日独両国政府がわれわれに宣戦を布告したというだけでは十分ではなかった。わが国が、大西洋憲章のまことに普遍的な——

そしておよそ意味のない——一般原則にわれわれの軍事努力を巻き込んでしまうまでは、満足できなかったのである。

同様な強制的な機械主義から、戦後、多くのアメリカ人は、世界を単純に共産主義世界と「自由世界」とに分けてしまい、どちらの側の国々の間にも、それぞれの特色や差異があることを認めず、ただわが国と二つの世界のこれかあれかとの関係を律する一般方式を求める傾向となってしまった。これについて私は、年間援助計画案と関連して、「共産主義」諸国、あるいは「共産主義的陰謀」に参画している諸国に対し、最恵国待遇を与え、あるいは種々の形の援助を与えるべきかどうかの問題が、議会でも定期的に論議されていることを知っている。ここで言う「共産主義」国とか「共産主義的陰謀」に参画する諸国とか、その他一般的にどんな言葉を使うにせよ、その意味しているものは、常に一つの範《はん》疇《ちゅう》の国々であって、それらの諸国全体との関係を一色に律するように行政者をしばろうとすることにあった。多くの議会関係者には、大統領や国務長官にもっと頭を使わせた方がよい、と悟っているものはほとんどいなかったのだ。

現在でも、私には、ものごとの決定を普遍化あるいは一般化しようとするアメリカ人の執拗な衝動が、どこからきているものかわからない。われわれは、行政上の判断よりも、法による支配を受けるのに適している国民であるという傾向を反映しているのではないかとも思われる。法もまた全般的な基準である。そして議会は、この基準の制定によって国内の行政判断の規制を図るものであって、その権限が外交政策についても同様に行使できれば、大いに満足するのである。日常ベースの行政上の決定を左右することができないために、多くの下院議員や上院議員は、これらの決定の行われる範囲を限定する全般的な決定を下すことが必要だと考えているらしい。

この傾向の根源が何であれ、それは不幸なことである。それは重要な国際問題に対する世人の理解を助けるどころか、むしろ混乱させている。それは政策決定の過程を妨げ、ゆがめるものである。それは問題の決定を、関連のない、あるいは部分的にしか関連のない基準で行われる結果になる。それは大国の政務の遂行を成功させる上に必要な、幅の広い判断と慎重な言葉使いを種々な面で妨げるものである。

第十四章　マーシャル・プラン

一九四七年四月二十八日、マーシャル国務長官がモスクワから帰国した。モスクワで開かれていた外相会議に出席のため、同地におもむいていたものである。長官は西ヨーロッパの苦しい状況が重大化しており、緊迫化しているのを身をもって知り、動顚《どうてん》していた。西ヨーロッパの経済復興は期待通りには進展しておらず、全面的な経済崩壊の糸口になる何ものかが目前に迫ってきているように思われたのである。

ソビエト側との会談を通じて長官は、不本意ながら、ソビエトとの協力によって、ヨーロッパ問題の解決を図ることは、もはやはかない白昼夢にしかすぎないことを知らされたのである。ソビエト指導者にとって、西ヨーロッパ諸国の経済が、共産主義者とは別の指導下で悪くなってゆくのを眺めることは、政治的にもいい気持ちであることは明らかであった。長官は、単独行動をとれば、大国間の〝協力関係〟が破られるかもしれないと恐れて、これらの諸国の経済を支援する行動をおくらせるならば、結局、共産側の術中に陥るだけであることを、悟っていた。

われわれはすでに手遅れになりすぎていた。長官は帰国したその日、ラジオを通じて全国に向けた演説で、「医者が頭をひねっている間に、患者の病状は刻々悪くなっている」と述べた。

次の日、長官は私をその執務室に呼んだ。ウォー・カレッジの方は、私がはじめ計画していた通りの年限いっぱい勤めなくてもよいから、国務省へ来て、すぐに政策企画本部をこしらえてくれ、と長官は言った。ヨーロッパはいま混乱の中にある。何か手を打たねばならない。長官が先に手を打たなければ、他の誰かがやるだろう。他の誰かといっても、とくに議会の連中たちだったら、ヨーロッパに何が必要かについて彼ら一流の考えで手を着けはじめるだろう。そうすれば、長官は受け身の立場におかれることになる。長官としては、何としても、そういう立場におかれたくない。長官は私に、要員を集めて、すぐこの問題にとりかかるよう命じるとともに、国務長官がなすべきことについての計画案を短い限られた期間内に作成するようにとのことであった（それが十日間か、二週間だったか記憶がない。ただ短い期間だったことだけは覚えている）。

それから長官は私にただ一言、「小事にこだわるな」と、いかにも長官らしい忠告を与えてくれた（これは多くの歴史家もすでに書いている通りであった）。

マーシャル・プランの思想の背景については、前に述べたジョーンズ氏の著書の中に詳細に述べられているので、ここで私が同じ問題について触れる必要はないと思う。ただ、私が関係していた面についてできるだけ詳細に述べるにとどめておきたい。

マーシャル元帥の命令を受けて、私はいささか困惑したというのが実情であった。その時点では、まだその本部は存在していなかった。それに、私自身講演の約束をかかえていた――次の二週間内に四か所の約束、そのうち三か所はワシントンから離れた場所であった。それは、キャンセルするのは面倒だったし、結局引き受けてしまったものだった。

それらの講演やその準備のほかに、私はすぐにも新国務省ビルの中に私たちの本部の事務室を決めて、その設営をしなければならなかった。新国務省ビルにはちょうど国務省の移転が始まったばかりであった。全く前ぶれもなしに、本部事務室に必要なものを私がかき集めたと言われても仕方ないところであった。

それから、新たにあわただしく選んだ本部要員たちと協力して、私は複雑きわまるヨーロッパ復興といった大問題の全貌を検討するほかなかった。しかもその時には、意見を聞きにいかないと承知しない部外のいろいろな方面の意見も打診し、長官が望んでいた計画案を作成して提出し、また政府部内の口うるさい連中のヤリ玉からこの計画案を守る方策も考えねばならなかった。こういう連中の中には、私なんかよりももっとこの種の問題の内容に精通した人たちや、これまでの内密な官僚王国の内部に、突然侵入者のように入り込んできた人間に対し、一片の慈悲も慈愛も示しそうにない人たちがいるのはやむをえないことであった。

政策企画本部は、一九四七年五月五日、正式に発足した。その設立に関する省令は、その果たすべき機能を次のように規定していた。

(1) 合衆国外交政策の目的を達成するための長期的計画を作成し、発展させ、本省の関係官がこれを考察し、承認するのに資する。
(2) 本省がその使命遂行にあたって遭遇すると思われる問題を予想する。
(3) 広範な政治・軍事問題について調査研究を行い、その報告書を作成する。
(4) 現行政策の適正度を評価するため、合衆国外交政策に影響を及ぼす問題とその展開を吟味し、その上で助言的な進言を行う。
(5) 国務省内の企画作業を調整する。

予告期間がこのように短く、またこのような圧力を受けている中でも、世間に名を知られたすぐれた部外者を、その才能に応じて広くスタッフとして集めることぐらいできるはずだ、と思ってもどうにもならなかった。それに、長官はそんなものを望んではいなかった。このようなグループの見解（たとえ、それが簡潔明解な見解をまとめることができたとしての話だ。そんなものはこのようなグループには滅多に望めないことだといってよい）が大きなウエートを占めすぎて――国務長官と大統領をただ据え膳につかせるだけで、彼ら自身に判断させる余地をほとんど残すものでないからであった。

このような状況では、私たちは、私自身がその一例だが、最大の取り柄がただ一応名が知られていて、利用価値もあるというだけの人々を集めることになるのは明らかであった。利用価値さえ問題でなければ、私が中心になって集めたグループと能力の少しも劣らない別のグループを、その当時の国務省内の高官の中から選び出した人々でいくつでも作ることができたのであった。アメリカの政策の運命がわれわれの肩にかかっていたと言われかねないほどに、その当時には、アメリカの政策の運命は、国務省の知名な高官や外交官たちの能力に事実上依存していたのである。

私の協力仲間は、大急ぎでかき集められた人たちではあったが、幸いにも、例外なくみな有能で、立派で、知性的で、冷静な人たちばかりであった。彼らは国務省側ともすっかり馴染んで、省内の下級官僚が秘蔵している知恵や専門技術をいろいろ引っ張り出したり、議論をすれば、遠慮会釈もなく私をやっつけ、私の頭から陳腐で単純すぎる観念を叩き出し、私をして、これまで一度も経験したこともないような深刻な知的苦悶に追い込んだものであった。

その顔ぶれをあげると、まずジョーゼフ・E・ジョンソン。彼は以前ウィリアムズ大学で教鞭をとっていた。のちにカーネギー国際平和財団の会長となった。チャールズ・ハトウェル（チック）・ボーンスチール三世。彼は陸軍大佐（のちに韓国派遣米軍司令官）で、国務省次官付の特別補佐官を命ぜられ、またヨーロッパ復興計画の発展後期には顕著な役割を果たすことになった。ジャック・ラインスタイン。有能で独創的なエコノミストで、つい最近まで占領下ドイツの経済問題と専門に取り組んでいた。ウェア・アダムズ。経験と良識豊かな国務省外交部員で、当時ワシントン勤務であった。カールトン・サビジ。以前、コーデル・ハルの助手を務めていて、その国務省在勤中と、退職後とを問わぬワシントンでの長い経験と、アメリカの世論の反応、とくに国会議員の反応というものについての彼の本能的な繊細な感覚は、私たちにとって非常に役立つものであった。

私たちの組織ができ上がったのは、ほとんど偶然としか言い様がないのに、私たちの肩には恐ろしいほどに重大な責任がのしかかっていた。私たちはみんな全力をしぼってヨーロッパ問題を調査し、わが国のヨーロッパに対する援助の可能性について検討を続けたのであった。もちろん私たちは、多方面から助言や援助を受けた。ワシントンの官辺筋で、同じ問題について苦労しているのは、何も私たちだけではなかったし、また私たちが最初でもなかった。私たちには、国務省内の経済部門担当者の貴重な意見や調査研究に接するルートがあった（当時、経済情勢担当国務次官であったウィル・クレイトンは、五月中旬にならねばヨーロッパから帰国しなかったので、ヨーロッパ復興問題について彼がまとめた貴重な覚書も、私たちの最初の計画書作成には間に合わなかった。しかし彼の意見は他の方法によって私たちに浸透したことも事実である)。

五月八日、ミシシッピ州クリーブランドで開かれたデルタ委員会の席上、ディーン・アチソンがその演説の中で称賛し評価してくれたおかげで、私たちの仕事は人々に知られるようになり、何よりも権威づけされた。アチソン氏の先見の明によって、各国が求めている援助の必要性を調査するため、数週間前に設立されたばかりの国務・陸軍・海軍三省協力委員会の特別小委員会の調査研究を、私たちは調べてみることもできた。私たちは、国務省周辺や政府の他の省庁内の有能な人士の多くと個人的な交渉に入ることもできた。このようにして、私たちは、政府のあらゆる個所で、このころ進行中であった、この問題の集中的研究と考察に必要なあらゆる要素を結集しようと努力していたのであった。

マーシャル長官に提出する報告書の最終草案作成に先立って、部内で行われた論議や協議に関する記録は、いまこの文章をしたためている私の手許にはない。しかし、企画本部が正式に設置され、この問題に私たちがいよいよ取り組みを開始した日の翌五月六日、ウォー・カレッジで私が行った、ヨーロッパ復興問題を総括的に取り上げた講演のテキストを、私は持っている。この講演の中で私が取り上げた焦点の問題の状況は、当時の他の政府発表とはいくらか異なっており、ある部分はなかなか面白い。

私は、ロシアがなぜ最近の外相会議の席上、ドイツ問題をめぐってわれわれと協定を結ぶことが彼らの利益になると考えなかったのか、というあたりから解説を始めた。

彼らには二つの思惑があったのだと、私は考えた。一つは、われわれが間もなく経済危機に見舞われて、そのため世界情勢におけるわれわれの利益と重要性は減退するに違いないと信じていたからであった。いま一つは、現在西ヨーロッパで進行中の経済不況を、われわれが単独では阻止できないし、この不況は、間もなく西ヨーロッパの共産主義分子の手によって政治的に利用されるようになる、との期待であった。彼らは次のように考えた。とくにわれわれアメリカ人は、

一国民として、指導性、創造性、政治工作の熟練度、物的資源、それに何よりも、戦争の結果衰えてしまった西ヨーロッパのこれらの地域に、物質的安定と自信と未来の希望をもたらすには、どうしても必要な国家的な自己鍛練の力を養い、これを発揮することなど、到底できまいと踏んでいたらしい。

……ロシア人は、これらの諸国の経済問題が、いまでは彼らが支配している東ヨーロッパ、中央ヨーロッパの諸地域の資源の援助なしには解決されないものと考えている。従って彼らは、しばらくの間は、彼らが利用できるような政治的取引価格を実際に口にすることができる時が来るまでは、これらの地域の資源を提供することを拒否し続けねばならないと考えている。

……別の言い方をすれば、ヨーロッパは、事実上彼らのものなのであって、ヨーロッパ自身そのことを知らないだけなのだ。彼らはすでに経済依存という、目に見えない網をヨーロッパ大陸の誇り高いこれら諸国の上に張りめぐらせているのだが、それでもこれらの諸国は自由なのだと夢見ているのだ。彼らはただ辛抱強く待ちさえすればよいのだ。そうすれば、これらの地域の我慢できなくなった経済情勢の救済をアメリカが失敗して、これらの地域の諸国が目に見えなかった網のつなを強く引かざるを得なくなって、結局ヨーロッパの西側も、すでにその東側を覆ってしまっている影の下に引き込まれる日が来るのだ、という具合に彼らは考えているのだ。

ついで私は、今度は逆に、イタリア、フランス、オーストリア、ドイツの現状について話を続けた。

イタリアでは、経済復興は多くの点で順調に進み、悪くはなかった。たしかに、この国では信用がガタ落ちして資本の流出があった。長期的な外国借款と、厳重な財政的、社会的規制の必要があった。借款の資金を探す問題は、かくべつ困難ではなかった。しかし、財政的、社会的規制の問題になると、問題は別であった。

共産党……が二百万以上の党員を擁し、議会議席の一九パーセントを押えている。

……それが労働運動の基幹点を実質的に支配している。このような強力な立場におれば、共産党は、イタリアの非共産主義的未来に信頼を打ち立てるような効果を持ついっさいの施策に対し、真っ向から干渉する力をいくらでも持てるはずだ。

フランスでも、その型は異なっていない。ただ、ここでは一つの面で情勢はいくらか良かった。

問題の諸国の中で、このフランスだけが総合的な経済計画を立てている。いわゆるモネ・プランとして知られる四か年計画がこれで、これを中心に、フランスは自国経済の再編成に努力している。……一九五〇年末までには、フランスが外部世界からのいかなる種類の援助も必要としなくなるよう計画されたプランである。

この経済計画に必要な資金措置は、国外筋からのものに関する限りは、越えがたい困難はなかった。この計画に要する資金は、約十五億ドルと見られ、その三分の一は、すでに手当ての見通しがついていた。しかし、この計画が最終的に成功するには、他のヨーロッパ諸国、とくにイタリアとドイツからの輸入を増加させることが必要であった。しかし、これらの諸国からの輸入を増大するには、何よりもこれらの諸国でも同時に復興が成し遂げられねばならなかった。モネ・プランの初期の実績は芳しいものではなかった。この計画の遂行に当たって、政治的支持が得られるかどうかに、問題はかかっていた。もし「フランス政界のすべての重要党派」が、この経済計画を成功させようと決意するならば、大きな懸念は存在しなくなるだろう。

しかし……真の問題は共産党にある。……選挙投票の二八・五パーセントを占め、労働運動を支配しているフランス共産党は、政権の内にあろうと、外にあろうと、モネ・プランの遂行に決定的な影響力を持つであろう。

フランス共産党は、経済復興の問題については慎重な態度をとらざるをえまい、と私は指摘した。彼らは、

フランスの経済復興に反対する態度を公然ととることができるはずがない。これは彼らの弱点である……。

何がわれわれにとっての教訓なのか？　それはイタリアの場合と同じだと私は考える。われわれがフランスに与えるどんな援助も、直接、間接を問わず、フランス労組でなければ、フランス政府のいずれかに関係のある何らかの計画に当てられるはずで、どちら

にゆくにしても、汚い工作のないようにしなければならない。

オーストリアについては、オーストリアの復興の問題に取り組む前に、ソビエトとの間にある種の合意が得られるかもしれないと期待して、われわれは事実上二年間待っていたことを、私は指摘した。この手続きは、われわれにはさほど助けにはならず、またオーストリアの助けにもならなかった。もちろん、それだけですむことではなかった。プラスになったこともあったはずだ。国際社会では、どんなことだってあり得るものなのだ。

しかし、ロシア人を相手にする時の一番効果的なルールとして、ロシア人なしでもうまくやってゆけるとわかったものだけが、ロシア人とうまくやってゆける、という言い方が、いかにもわが意を得たうまい言い方だ。そこで私は、われわれが（オーストリアの）ソビエト地区を除いて、西側の三地区の復興計画を直ちに開始しても、それは見当違いな努力ではあるまいと考える。わが政府がこの線に沿って十分な考慮を払っているとは、私には考えられない。むろんそれは、オーストリアだけの復興計画よりも、一層大きな問題にはなるはずだ。しかし、そうした問題は……手に負えない問題ではないだろう。資金……は五億ドル程度以下で収まるはずだ。……中央ヨーロッパで確固とした立場をとった値段が、必ず高いものになって返ってくる日が来るだろう。

これに関連して、私はドイツ問題に触れた。私としては、われわれのこれまでの占領政策を是正し、速やかにドイツ経済を強力に復興することに重点をおくべきだと考えていたが、この点では、当時のワシントンの他の立場の人々の意見とは最も鋭く相違していたと言っても差し支えなかったと思う。そのため、この問題に触れた五月六日の講演の部分を、全文引用してみたい。だが、ここで言っておきたいことは、このようなことを講演で話した時にも、私が一九四二年にドイツから引き揚げてきた時、ヨーロッパの戦後復興過程にドイツ人を働かせては、と願ったことが無益な骨折りに終わったこと、ヨーロッパ諮問委員会の痛恨の記憶、そしてドイツの四か国による行政管理を決めたポツダム会談の愚かな規定――この規定のため、われわれはまる二年間の貴重な時間を失ってしまった――などを意識していたということである。

情勢を要約してみよう。われわれはドイツとの戦争を終結に導き、一定の取り決めに基づいてドイツの無条件降伏を受け入れた。その結果われわれは、ドイツの一地区に対し単独の責任を負担させられることになったが、その一地区は、現在では経済的に自給することはできず、またその自給能力は、戦争の状況とドイツの敗戦とによって破局的なまでに破壊されていた。われわれがその責任を引き受けた時点では、われわれの占領地区の経済復興のための計画を立てることもできず、すべては国際的合意による後日の解決に委ねるほかはなかった。

しかしドイツ経済の復興に関する計画は、この国全体としてのスケールのものにせよ、あるいは地域的なものにせよ、われわれ連合国の間に何の合意もできていなかった。ドイツ経済の復興をわれわれが望んでいるのかどうかも、はっきりしていなかった。時々は、われわれはそれを望んでいるのだと思った。また時々は、それを望んでいないのだとも思った。時々は、われわれ自身の間に合意がないのだということに合意したりした。

このような状況の中で、われわれは二年間経済情勢をただ放置したままで、われわれの占領地区のための真の復興計画を立案することも差し控えて（真の復興計画というのは、この国の利益に結びついた目標の明確なものという意味である）、代わりにわれわれは、ドイツ人公職員の非ナチ化と民主化の完成を目ざした政治的計画に、占領政策の重点を切り替えたのであった。

われわれは占領地区住民が飢えに瀕《ひん》するのを好まないし、これらのドイツ人の生命をつなぐための莫大《ばくだい》な費用をわれわれ自身の納税者のポケットマネーから補充しなければならなかった。しかしわれわれは、ソビエトとの間に国際的な合意がなければ、西ヨーロッパの全経済問題を解決し、また（あるいは）これらの地域の生活を維持するためにわれわれが負っている重荷の大部分を肩代わりできるくらいに、ドイツ経済を回復させるような真剣な努力をしようとは少しも思っていなかった。
現在、われわれは西ヨーロッパの経済復興が緊急かつ第一義的に重要だとの認識を持っている。ドイツの生産力の回復は、たとえドイツの一部分だけであっても、その復興には必要である。われわれはドイツの復興を達成するのに、ロシアの同意を待ってはいられない。このために、今後西ドイツ全土で、できるだけ広範に、生産性の高いレベルを回復する集中的計画に着手することが予想されよう。今度初めて、フランスがこの問題についてわれわれと協力する気配をみせている。われわれは実際にもこの方向に向かっていくつかの措置を講じたが、その第一は、イギリスとの間に、両国占領地区の経済的統合について合意することと、さらにこの両国占領地区が、ここ二、三年内に三大国《ビッグ・スリー》の施しの対象には少なくともならないようにする計画に基づいて、それらの地区の共同開発をすることに合意したことであった。

しかしながら、この計画が、その前途をさえぎる障害を排除する機会を得るためにも、是非与えられねばならないと思われる優先権を、すでに賦与されたという確信のある証《あかし》を私は見ていない。こうした障害の多くは、ドイツで勤務していたわが国の関係者が抱いていた政治理念の中に見出されるものである。このような政治理念が、経済計画の必要に迫られていくらかでも本質的に変わってきたとは、私には信じられない。

最後に、米英両占領地区の経済統合には、イギリスと合意が成立したが、まだその時点では、計画施行のための手段について、わが国とイギリスとの間の意見が一致せず、行き詰まっているように思われた。

私は、この点で合意することに失敗したことで、ベルリンにいたわが国の関係官を責めようとは思わない。私は、誰かアメリカ人が他国人と合意に達することができなかった場合はいつでも、悪いのはアメリカ人だ、と決め込むような人々の一人では決してないつもりだ。しかしながら、この場合は、問題は焦眉《しょうび》の急を要する経済計画で、数千万の人々が生死にかかわる問題として、その成果を待ちかまえている問題であり、ヨーロッパの勢力均衡に決定的な影響を持つはずの計画なのである。

この問題について、イギリスとの間に合意が成立すれば、わが国政府は、最高の注目を集めることになる。だがもしこのような合意が、われわれの側の関係者による最大の善意と広い見識をもってしても、達成することができないとすれば、その時こそ、われわれのドイツ占領と西ヨーロッパにおける政策の将来性に関して、ある種の長期的な、きわめて不愉快な結論を引き出す潮時となるのである。

私の見解では、現在何よりも緊急を要することは、西ドイツの経済情勢の改善と生産力の復興とをこの地区におけるわれわれの政策の第一義的目的とし、これにわれわれの全占領政策中の最優先性を与えることであり、またこの原則をわが国政府の総合的な指針として採用し、すべての省庁、出先機関を、これによって拘束することである。*

＊訳注　この傍点個所は、原本では著者ケナン自身が、イタリックで書いている部分である。

もしこれが実行できるならば、われわれの前途に横たわる経済問題も解決しがたいものではないと思われる。われわれがこれまで論じてきた他のどの問題よりも、これは手強いだろうが、その数字はそれほど手に負えない次元のものでもない。しかし、もしそれが行われないならば、われわれはやはりへまをやり続けるのを避けられず、西ヨーロッパに関するソビエトの誤算を証明してやるまたとない機会は、ほとんど失われてしまうことだろう。

そう遠くない内に明らかになることだが、ヨーロッパにおける同盟諸国に慈悲深い援助を与え、ドイツにおける占領政策を今日まで包んできた戦時下の親ソビエト主義、希望的観測、イギリス嫌い、独善的な自虐意識などから起因する混乱を切り開き、最終的には建設的で、分別のある道、しかも以後六年間にわたり役に立った道をわれわれに示してくれたのは、他ならぬマーシャル・プランそのものであった。

企画本部のヨーロッパ復興計画に関する進言書の知的背景については、これくらいにしておこう。この進言書は、五月二十三日、マーシャル長官に提出された。この進言書の発想源は各方面から出されていたが、起草は主として私が担当した。私の知る限りでは、その全文がいまだ発表されたことはないはずだ。ただし、その内の最重要部分を含むかなり長い部分が、先に述べたジョーンズ氏の著書『十五週間』と、ハリー・ベイヤード・プライス氏の『マーシャル・プランとその意味するもの』*の中に引用されている。

＊ *"The Marshall Plan and Its Meaning"*, Ithaca, New York: Cornell University Press, 1955.

ヨーロッパ復興に関する包括的な計画が、実際に発動し、いくらかでも意味のある心理的効果をあげるようになるまでには、うまくいっても相当長期間を必要とするだろうと予想されたので、私たちは計画案を短期と長期とに二分することにした。短期のものとしては、西ヨーロッパ諸国の経済全般について最も緊急かつ深刻な隘路《あいろ》となっていたと思われたもの、すなわち工業用燃料の供給問題を解決するための突貫計画を進言した。

次に長期計画については、私たちは、その大部分はヨーロッパの経済、政治、社会機構に及ぼした戦争の破壊的な影響からもたらされたものであると表現した。戦争は、「物理的な構造物や精神力の恐るべき消耗」を生み出していた。私たち企画本部員たちは、こうした困難の根源が共産党の活動にあるなどとは考えていなかった。本部員たちは、

共産主義者がヨーロッパの危機につけ込んでいること、そして共産党がなおこれからも伸長することは、アメリカの安全にも重大な危険を及ぼしかねないことに気づいてい

た。しかし本部員たちは、アメリカによるヨーロッパ援助の努力がこのような共産主義との戦いに向けられるべきではなく、ヨーロッパ社会の経済的健康と精神力の復興にこそ向けられるべきであると考えている。言い換えれば、それは共産主義に対してではなく、ヨーロッパ社会をしてあらゆる全体主義運動の餌食《えじき》になりやすくしており、かつ、いまそこをロシア共産主義がつけ入りつつある経済的適応性のまずさに対する戦いを目ざさねばならない。

私たちはさらに進めて、行動と責任の点について、この問題に取り組むわが国自身の役割と直結してくるヨーロッパ諸国の役割との間に、はっきりとした分割線をおく必要を強調した。

一方では、ヨーロッパの経済復興計画と、他方では、このような復興のためのアメリカの援助計画との間に、明確な区別を立てることが必要である。

マーシャル長官が後にハーバード大学で演説した際に、ほとんど逐語的に引用した一節の文章の中で、私たちはこのような責任の分割の意味するものを、次のように説明しようとした。

西ヨーロッパを経済的に自立させる計画案を、わが政府だけで一方的に起草し、自らのイニシアチブで正式に公布することは、適切でもなければ有効でもない。これはヨーロッパ人の仕事である。正式なイニシアチブはヨーロッパがとるべきである。そしてヨーロッパ人がそれについての基本的な責任をとるべきである。わが国の役割は、ヨーロッパの計画作成を友好的に援助すること、ヨーロッパ側の要請があれば、財政その他の方法によって、この種の計画に支援を送ることでなければならない。

これに続けて、このような計画を成功させるために必要と思われる要件を列挙した。第一は、ヨーロッパ諸国が結束して、ヨーロッパ全体の復興を目ざす統合計画に合意することであった。

わが国が支援を求められているこの計画は、ヨーロッパ諸国によって合意された共同の計画でなければならない。それはフランスのモネ・プランのような個々の国家計画と結ばれると同時に、経済的理由ばかりか心理的、政治的理由からも、国際的に合意された計画でなければならない。われわれに対する要請は、友好諸国グループからの共同の要請として出されるべきものであって、分離した、個々の訴えとして出されてはならない。

最後の部分で触れている要件の根拠は、まことに当然のことだろう。これを厳しく言っておかないと、アメリカは先を争う各国の要求のすべてを、次から次へと持ち込まれ、応接のいとまもなくなるだろう。その要求はみな競合するがゆえに水増しされ、誇張されたものとなり、しかも一国の枠内で経済問題を解決しようというだけで、全ヨーロッパを基礎にしているものは一つもないということになるだろう。そんなことになれば、多くの面で、政治的には不評を買うにきまっている選択がわれわれアメリカ側に押しつけられ、ヨーロッパ各国政府は、自国の選挙民からとくに受けの良くない計画の問題点に対する非難をわれわれに転嫁してくるだろう。

しかしそんなことよりも、私たちは、互いの連絡もなくバラバラに作られた各国の計画にだけ基礎をおいたヨーロッパ復興運動など、成功するはずがないと考えていた。ヨーロッパ経済全体としての長期的な欠陥の一つは、その細分化の行き過ぎ、商業取引上の自由な競争性の欠如とくに大きな消費者市場が欠如していることだ、とも考えていた。私たちは、共同してことに当たる体制を強調し、ヨーロッパ人がヨーロッパ大陸の経済問題と取り組むに当たって、特定の国籍人としてではなく、ヨーロッパ人としてものを考えることから出発するよう強く要望したのである。

第二の要件は、アメリカ議会がどんな反応を示すか、という懸念から来た全くの警戒措置であった。

このヨーロッパ復興計画は、西ヨーロッパを自立財政の基盤に立って、ある程度の生活水準を維持できるまでに回復させるものでなければならない。このような仕事をすべて完遂すると約束しなければならない。われわれがこの計画案を支持するならば、それは近き将来われわれが支持を求められるこの種の計画の最後のものであるという、合理的な保証をこの計画は含んでいなければならない。

問題の核心から外れた一時しのぎの計画などを議会に安心して提出できるはずがないのは当然であった。ディーン・アチソンは、最近行ったデルタ演説の中で、終戦後世界各地域の経済復興のためにわれわれが力を貸してきた数々のめざましい貢献ぶりを実例を挙げて強調した。

アチソンの指摘したところによれば、アメリカはすでに外国の救援にほぼ三十億ドルを贈与していた（その大部分がヨーロッパに向けられたのは言うまでもない）。イギリスに対しては、すでに三十七億五千万ドルを直接貸与していた。わが国は国際復興開発銀行と国際通貨基金の開設の先頭に立ち、これらに自由な立場から出資した。しかしこれですべてが十分だということではなかった。議会では、万事がうまく運んで、これ以上の要求が出ないことがはっきりするまでは、いまはこれ以上の支持を与えてくれそうもなかった。のみならずわれわれは次のような条件が大切だと考えた。

(a) 現存する国際施設と資産は最大限に使用する。

(b) ヨーロッパ諸国政府が、この計画実施に当たり、それぞれの権威のすべてをあげて当たることを保証する。

(c) この計画を成功させるための費用の外に、わが国に対する償還のための措置は、いつでも、可能な時に、行われる。

ヨーロッパ復興計画が適用されるはずの地域の問題は、五月二十三日の文書の中では、ただ国連ヨーロッパ経済委員会に提出する問題の整理と関連してだけ取り上げられた。そのころは、ちょうど国際連合機構に対する期待と、それが世界情勢で果たすべき優越した役割に対する願望が最高潮に達していた時であった。ワシントンには、ソビエトと東ヨーロッパ共産圏諸国代表も参加している国連と関連のある機関とは別の経路の、ヨーロッパ復興計画などをわれわれが用意し公布するのに力を貸すのは間違いだと考えている人々が、まだたくさんいた。国連と関連のあるこの種の機関として適切なものが、現在ヨーロッパ経済委員会という形で存在していると思われていた。

この委員会は、つい最近、国連経済社会理事会によって設置されたばかりであった。この委員会はちょうどその時ジュネーブで会議を開いていた。われわれが話し合った人たちの中にも、ヨーロッパ復興計画の準備を進めるに当たって、もしわれわれが、この経済復興計画の対象とそっくり同じ責任地域を持つこのヨーロッパ経済委員会を無視したならば、世界の貿易、経済の全領域において、この経済委員会ばかりでなく、国連そのものの効力にまで打撃を与えることになるかもしれない、と懸念するものもたくさんいた。

五月六日のウォー・カレッジの講演では、私はこの問題をテーマに取り上げた。ECE（ヨーロッパ経済委員会）は、ヨーロッパの経済問題の種々の局面を処理するために設置されていたいくつかの特別委員会の統合、吸収を行いはじめていた。これらの特別委員会のいくつかには、ソビエトも参加していた。また参加していないものもあった。私は、この点に触れて次のように述べた。

もしソビエトが、今度の新しいヨーロッパ経済委員会への参加も同様に手控えていてくれたら、西ヨーロッパ全体の協力計画をこの委員会にはかって、どうにかうまく進められたかもしれなかった。ところが、おそらくそのせいか、ソビエトはすべての期待を裏切って、最後の土壇場になって二十三人からなる代表団を、一言の声明もなく登場させたのであった。……いずれにせよ、ソビエトが参加した以上は、そのことを計算に入れねばならない。

西ヨーロッパの経済生活を秩序づけるための提案は、すべてソビエトの細かい、疑い深い吟味を受けねばならないだろう。前途の見通しも明るい、有効な計画に西ヨーロッパの将来がかかっていることを、人々が理解するならば、たとえソビエトでも、公然とこの計画に反対投票ができるはずはないと私は信じている。しかし彼らはこの計画の管理面に食い込もうとするかもしれない。そして足もとを掘り崩し、それが自己の利益にならないものなら、完全に無効なものにしてしまうだろう。

明らかにこのような危険があったが、ＥＣＥはある時点で実現されるはずのものだと、私は初めから考えていた。だから、最善の手順は、西ヨーロッパ諸国に試験的な計画を作らせ、それをＥＣＥに提出させることだと、私には思われた。もし提出されたものをＥＣＥが受理すれば、国連がそのスポンサーを引き受け、そして今度は国連の計画案としてそれをわが国に提示し、わが国の支持を求めてくることにもなる。しかしＥＣＥがそれを受理しなかったらどうなるのか？　この点について私は、ウォー・カレッジの講演で、次のように仮定してみた。

もしソビエトが、関係のない問題を片っ端から持ち込んできてこの計画の妨害をしたり、この計画をソビエトのルール地方管理への参加問題と結びつけようとしたり、あるいは、彼らがこの計画の実施を左右できる地位に何らかの方法ですわり、自己の政治的目的のため利用しようとしたらどうなるのか？　その時、われわれはどうすべきか？

その時私が出した結論は、その後の数週間の間に、この疑問についての私の基本的方向、同時に企画本部の基本的方向を形成することになるものであった。

この場合、われわれはこのような工作に対しては、そんなことはわかっていたのだとばかり、断固として「ノー」と言えばそれでよい。そして国連の外で、諸国と個々に、あるいは数か国まとめて話し合いを進め、われわれがＥＣＥに提出したのと同じ要件を基本的に提示すればよい、と私は考えている。

これらの諸国が、もしこの要件を受け入れようとしなかったら――もしこれらの諸国内で共産党の影響力が強くて、そのために諸国がためらいをみせたら、言い換えるならば、われわれの資金が贈られた目的を達成するよう注意深く、経済的に使われることを、これらの諸国が喜ばなかったら――そうなれば、われわれが援助の金を贈った効果がなくなってしまうだろう。もし西ヨーロッパ諸国民が、このような事情でアメリカの援助を拒まねばならなくなったとすれば、それは事実上、ソビエト支配に最終的に同意したと同じ結果になる。そうなれば、われわれにできることは、これから前途に横たわる困難の責任がどこにあるかを一点の曇りもなく明確にしておく以外にはないだろう。

問題は……政治の領域で闘われようとしている。共産党がこの種の援助計画の管理上の枢要部を握らない限り、彼らはどこででも必死になって闘おうとするだろう。彼らは、アメリカの支配権《ヘゲモニー》が西ヨーロッパ諸国民の上にかかってくるのを、忌まわしい努力だと言いくるめるであろう。彼らを黙らせ、従わせるたった一つの方法は……世論……文化水準の高い世論、西ヨーロッパが災厄から救われるためには、これが唯一の方法であることを理解している世論である。

この見解は、五月二十三日の企画本部進言書の中に取り入れられていた。企画本部としては、何よりもまず、ECEがイニシアチブをとって、東ヨーロッパ諸国に、「持ち出された条件の受諾を渋って参加を拒否するか、あるいは彼らの経済上の独善的な指導方針の放棄に同意するか」のいずれかを選ばせるようにするのが一番よいと考えていた。*

＊　実際にも、ECEをヨーロッパ復興計画のセンターとして利用したいと希望していたわれわれは、ウィル・クレイトンがヨーロッパから帰国して、ECE第一回会議でのソビエト代

表の行動について報告すると、深刻な挫折《ざせつ》感を味わった。

企画本部進言は、ヨーロッパ復興計画の理念を前進させるためには、トルーマン・ドクトリンに関連して生じていた二つの大きな誤った印象とも見られるものを訂正する努力がなされねばならないとの願いを結びとして終わっていた。その二つの誤った印象というのは、次のようなものであった。

(a) 世界問題に取り組むアメリカの態度は、共産主義の圧力に対する防衛反応であり、また他の諸国の健全な経済状態を復興しようとする努力は、この反応の副産物にすぎず、たとえ共産主義の脅威がなくても、われわれが関心を持たねばならないような性質のものではない。

(b) トルーマン・ドクトリンは、共産主義者が成功を収める気配をみせている世界の地域に対して、経済的、軍事的援助を与える白紙委任手形である。アメリカが援助の手をさしのべるのは、本質的には文字通りの政治経済学の問題であり、予想される成果が、アメリカの資源と努力の支出に十分に引き合う場合にだけ、この種の援助が考慮されるであろう。

ついで私たちは、われわれが限定された介入を行うのが至当だとされていたギリシャ情勢の特殊性——さきに三月二十八日、私がウォー・カレッジで発表したものとほとんどそっくりなもの——に触れ、「その他の地域でも、われわれは同様な基準を適用すべきである」ことを明らかにすべきだと考えていた。

以上が、マーシャル長官に対する政策企画本部の進言内容であった。その写しは、アチソン国務次官、ウィル・クレイトン、国務省顧問ベン（ベンジャミン・V）・コーエン、当時国務長官特別補佐官を務めていたチップ・ボーレンらにも配られたはずであった。翌朝、マーシャル長官は自分の部屋に会議を招集し、これには以上にあげた人々の外に国務省の他の多くの高官らが出席した。長官は出席者の間を歩きまわりながら、この進言書についての意見を求めた。

それらの意見の内には、非難めいたものもいくつかあった。とくに、ヨーロッパ人自身で効果的な計画を作成することができるはずだといった疑問も提出された。また全体としてのヨーロッパに援助を与えることにも、疑問が持ち出された。もしソビエトが援助を受けると言ったら、どうするのだ、というのであった。

すべての意見が出つくしたところで、私はそれらの批判に答えるよう求められた。私は、すでに述べてきたような線で、その役目を果たした。ヨーロッパ人は満足できる計画さえあれば、一つに結束できるはずだ。それができなければ、われわれがヨーロッパのために何をしてやろうとしても無駄ではないか、そう私は考えていた。ソビエトのことについては、われわれはただ正々堂々とやることをやるだけだ。もし彼らが好意的な気配を示せば、彼らがこの計画から利益をむさぼるだけでなく、同時にこの計画に建設的に貢献してもらわねばならないことを説いて、彼らの好意が本物であるかどうかを試すこともできる。このことを彼らが受け入れないならば、彼らは自分で出て行くことになるだろう。しかしわれわれの手でヨーロッパに分割線を引く気はない。

私の説明が終わったところで、マーシャル長官は、私たちに謝意を述べて、退去させた。しかし長官のいつものやり方で、長官自身の意見は、彼が十分に考慮を加え、最後の決定をみるまでは、一言も述べられずじまいであった。それからの数日間に私が引き続いて受けた諮問については、全く記憶がない。

長官は規律正しい人であった。彼は私たちに進言書の作成を求め、それを受けとった。彼はその進言書に関して最善の批判的な助言も受けた。今度は、彼自身にもわかっているように、彼が責任をとらねばならないのだ。ハーバード大学における演説テキストを見た時、私は、長官が最終的に決意したことを知った。この演説テキストの中に、私たちの進言書の神髄が——幾人かの他の人々の思想や提案とともに——ほとんどそのまま取り入れられていたからである。

マーシャル・プランの著作権が誰にあるかについては、各方面からの言い分があり、いろいろな判断が下されている。数多くの人々がそれぞれ有力な根拠をもっているが、中でもアチソン、クレイトン、ボーレンのグループというのが最もすぐれた人たちであった。企画本部の機能は、何よりもこれら多くの人々の知識と意見を集め、その中から、この問題解決の基礎となる原則と、その最善の手続きについての有益な進言案をまとめ上げ、国務長官に対してこの進言書の正式な責任をとることであった。私たちはこの仕事をなしとげた。最後の進言書に盛り込まれた数多くの要素は、とくにヨーロッパ諸国民は一つの共同計画を中心に結束しなければならないという主張を含めて、決して私たちの独創になるものではなかった。私たちは多くの問題についての深い洞察では、他の人々に負うことが多かった。もちろん、最終的にその価値判断を決める時には、私たち自身の見解が必要ではあった。強いて私たちの主要な貢献をあげるとすれば、次の三点であった。

(a) ヨーロッパ諸国民が計画作成のイニシアチブをとり、それについての中核的な責任をとるべきだという原則を樹立した。

(b) 援助はヨーロッパ全体に対して与えられるべきだ。もしヨーロッパ大陸が分割されねばならなくなったとすれば、それはソビエトの側がそうした形の反応を見せたのであり、こちらから仕かけたわけではない。

(c) ドイツ経済の復元に決定的な重点を置き、ドイツの復興こそヨーロッパ全体の復興の重要な基礎だという概念を導入した。

マーシャル・プランの原案作成段階で企画本部が果たした役割を判断するには、右の三点に帰せられている相対的重要性にかかってくるだろう。

歴史的に見れば、マーシャル・プランの著作権は、言うまでもなく、マーシャル元帥とトルーマン大統領にあることは明らかである。マーシャル元帥について言うならば、彼が最善の助言と考えたものを探し求め、その秩序正しい準備、作成を確実にするために、もっともよく計算された方法で、その助言を集めて採用し、彼が見つけることができた最もすぐれた批判者の前にそれを提示し、その上で、大統領、議会、アメリカの世論、そして世界全体を前において、大胆かつ雄大で、大きな危険もなしとは言えないこの政策の責任を一身に負ったのである。それが誰の進言であったとしても、自分の誤りにはその責任を回避することなど決してしなかった人であるだけに、彼にはその成功の限りない栄誉を受ける資格が十分にあった。

しかし、トルーマン大統領もまた、アメリカの公職者の中の最も経験豊かで、最も私心がなく、かつ最も名誉を重んずる人物の一人を国務長官に任命し、この人物にその信頼と広い自由裁量の余地を与え、その上で、仮にうまく点火しなかったりすれば、政府に災いと不幸をもたらし兼ねなかったような個人的な発想を支持した。その理解力と政治的勇気のゆえに、この栄誉を与えられる資格は十分にあった。

ヨーロッパ復興計画の構想を展開するに当たって、いろいろと面倒をかけたと元帥自身で感じたり、また言ったりした助言者のグループの中に、企画本部も除かれていなかったことは、うれしいことである。

二年後の一九四九年六月、マーシャル・プラン参加国の外交公館長たちが、ハーバード演説二周年を記念して、トルーマン大統領とマーシャル元帥のためにワシントンで一夜、夕食会を開いたことがあった。元帥は当時すでに引退していたが、彼のために当夜行われるであろう乾杯の辞に答える演説の原稿をまとめる作業を私に助けてほしいと言ってきた。私自身もその夕食会に招かれていた（これはマーシャル元帥の如才のない手配によるものだと思っている）。元帥は、その夜、乾杯に答えて一席のあいさつを述べたあとで、私の方を向いて、彼独特の無類な優雅さで、乾杯してくれたのである。その四日後に、私は元帥から次のような手紙を受け取った。バージニアの自邸で認《したた》めた自筆の手紙であった。

親愛なるケナン、
日曜の夜の私のスピーチの手直しを助けていただき、私事ながら貴下に深く感謝いたします。同時に私は貴下に対し、貴下が私のために時間と労苦をいとわず仕事に励み、すぐれた助言を与えてくださったことに深く感謝するものであることを、公式に申し上げたいと思います。ついでながら、今度のスピーチの原稿を作るのに貴下の手を拝借できたことは、もっとも適切なことでした。貴下は二年前の最初の演説の準備に際しても、より重要な形で、同じ仕事をやって下さったからです。

敬　具

G・C・マーシャル

＊　＊　＊

マーシャル元帥のことについて何かを述べるとすれば、この辺で触れておいた方がよいと思われる。私が元帥を知ったのは、元帥の晩年――国家に対する元帥の長い奉仕の最後の時期――であった。私は、個人的には元帥と親しくはしていなかった（個人的に親しくしていた人はほとんどいなかったように思う）が、一九四七年五月から一九四八年末までの一年八か月間、国務省で元帥の下で仕事をしていた時には、私は元帥の執務室のすぐ隣に部屋を持ち、共通のサイド・ドアを通じて自由に出入りすることも許されていた（しかしこの特権を私は決して乱用しようとはしなかった）。従って公式には、私たちの間柄はきわめて親密なものであったし、私には国務長官としての元帥の仕事ぶりを観察する機会も多かった。

ジョージ・マーシャルといえば私などがいまさら賛辞を呈する必要もないほどの人物である。私は誰にも劣らず、元帥の人となりを尊敬し、ある意味ではそれを愛しさえしていた。元帥の人となりのある面はよく知られていたが、また反面あまり知られていない面もあった。彼のゆるぎのない誠実さ、彼の終始変わらぬ慇懃《いんぎん》かつ端正な挙動、彼の厳正な義務観念、困惑、圧迫、非難に出会った時に示す沈着冷静さ——心にやましさのない人の沈着さだ——、物ごとを決定する時に示すあくまでの慎重さと良心性など、比類のないものであった。

また元帥は、ひと度受諾を決意すれば、その結末がたとえどうあろうと、その約束を固く守ってくれたし、潔癖で、けちくさい見栄や野心など一点も持たなかった。とくにマスコミなどの世論のハナ息やムードには全く無関心だったし、省内の属僚などに対しても全く公平に扱い、えこひいきはしなかった（国務省内では彼からファースト・ネームで呼び捨てられたものは一人もいなかった。ピンからキリまでのすべてのものは姓を正しく呼ばれ、肩書はいっさい抜きであった）。

私は元帥の政治的判断には必ずしも常に同意見ではなかった。また初めのころは、とくにロシア問題に関しては、必ずしも私の助言を喜んでいるとは思えなかった。時には、私がその意見にはどうしても従うことができないこともあって、元帥の意に添わない助言を与えねばならないこともあった。しかし彼は決して政治についての物知り顔をしなかった。

政治問題について持つ彼の公人としての関心は、彼自身の自発的な要求から来たものではなかった。だがこのような制約も元帥の個性を傷つけることにはならなかった。

私は、自分が元帥を困らせたのでなかったか、と思うことがある。元帥は、私のような人間には馴れていなかった。しかし元帥は、私が忠実に精一杯の仕事を彼のためにやっていることを知っていてくれて、ある程度のくつろいだ寛容さと尊敬をもって遇してくれた。

当然のことながら、彼は人を賞めるのには用心深かった。ごく簡潔な感謝の言葉が書かれている前記の手紙を別にすれば、私が元帥から頂いた賞め言葉に一番近いものといえば、一度元帥が執務室で二、三人の客を昼食に招いて、私が元帥の主人役を助けた時のことであった。元帥が酒を注ぐようにいうので、私が恐る恐る注いでさしあげると、私のしぐさを見ながら、元帥はやがて次のように言った。「ケナン、みんなは君が企画本部の名部長だと言ってくれる。私もそうだと思っている。しかし……（軍人らしく声を強めて）一体全体誰が君にウイスキーより先に氷を入れるように教えたりなんかしたのだい？」

いま一つ、元帥を誰よりも私になつかしい人にしたエピソードを思い出した。それは一九四八年の春のことであった。すでにマーシャル・プランは大成功を収めており、アメリカ政府がこの問題についていつでも喜んで話し合いに応じる気がほんとうにあることを穏やかに示す――われわれの目的はソビエト政府をやっつけることでも、閉め出すことでもないことを示す――時機が来ていることをボーレンも私もともに感じていた。

そこで私たちは、この考えに添った声明書をソビエト政府に送ってはどうかと、マーシャル元帥に進言した。この進言は取り上げられ、ウォルター・ビデル・スミス大使は、「両国間の困難な問題について十分に話し合いをし、それを緩和するための門戸はいつでも広く開かれている」といった趣旨の声明書を、アメリカ政府に代わってモロトフに手渡すよう訓令を受け、その通り実行した。

この一石は意外にもわれわれにとって最も厳しい形ではね返ってきた。モロトフは明らかにクレムリンのずる賢い親方から尻をつつかれたとみえて、われわれの声明書を高いレベルの「交渉」への招待と理解したような振りをして、ソビエトは提案を受諾すると言明し、われわれの声明書を逆手に利用しようとした。この一件は、嵐のような抗議を呼び起こし様々な思惑の口火を切ってしまった。

西ヨーロッパの友人たちも驚いて、次々と私たちに詰問状を送り――長官に個人的に言ってくるものさえいた――憤懣《ふんまん》をこめて説明を求めてきた。われわれは西ヨーロッパ諸国を袖《そで》にしてソビエトと交渉しようとしているのか？　わが政府は下手に出て、それは政府が意図したものと全く別だった、との苦しい言明をしなければならなかった。それがまた新聞の評論家や論説員たちからの非難の十字砲火にさらされた。あるものは心にもない招待状を出した政府の間抜けさを非難し、他のものは、一度招待しておきながら、その交渉を行わないぶざまさを非難した。ワシントン・ポスト紙にのったハブロックの漫画は、ハリー・トルーマンがバッターボックスに立っていると、ボールがバッターにかすりもしないでひゅうと通り抜け、アンパイヤが「ストライク・ワン」と叫んでいるシーンであった。

　私は自分でやったことがらの成り行きに青くなってしまった。まる二晩、私はフォックスホール・ビレッジの通りを歩きまわり、事態の筋道を考え抜き、どこに私たちの過失があったのかを見つけ出そうとした。三日目に、私は元帥のところへ行って、私の考察のすべてを話した。元帥は新聞の束の中に埋まっていた。

「閣下、人はその過失から教訓を学ぶべきで、過失を犯したからといって女々しく泣いたりしてはならないことを私は知っております。私はもう二日の間、私どもが犯した過失が何であったのかを探し求めてみました。しかしどう考えても、過失は見つかりませんでした。私どもは正しく、非難する方が間違っていたのだと私は思います。しかし非難の声が大きいところには、きっとどこか欠陥があるのかもしれません」

　と私は言った。元帥は次のように答えた。

「ケナン、わしらが一九四二年に北アフリカに行き、上陸作戦がうまくいった当初は、三日間ばかり、わしらは新聞からやんやと調子よくおだてられたものだ。ところが、ダルラン*との交渉が始まり、それから三週間は、わしらは世界一のぐうたら者扱いだった。君が言っているその決定事項は、私が承認したことだ。閣議でも論議し、大統領の承認を得たものなのだ。君の唯一の災難は、君がコラムニストの知恵と洞察力を持っていないことだよ。まあいい、さがってよい」

＊訳注　ジャン・ルイ・フランソア・ダルラン（一八八一－一九四二年）。フランスの提督、第二次大戦中、ドイツの傀儡《かいらい》政権ビシー政府の副首相兼外相、国防相などを歴任、一九四二年十二月、米英連合軍が北アフリカに上陸すると、ビシー政権を離れてフランス領北アフリカ高等弁務官に就任したが、同月下旬アルジェで暗殺された。

＊　＊　＊

国家の重要事項に専心没頭してはいたが、その反面、ウォー・カレッジの仕事にも、私はその学期の残りの期間中、できる範囲で手助けしようと努めた。六月十八日、カレッジの学生の前に立ってこれが最後となる講演を行い、六週間の経験に基づいて、外交関係分野に関する政府の政策立案者とはどんなものであるか、という話を試みようとした。これにはたとえ話を持ち出す必要があった。

私はペンシルベニアにかなりの農場を持っている。週末になって、諸君がこの辺りで私の姿を見ないのは（というよりも、諸君が週末にこの辺りにうろうろしていても、私の姿を見ないのは）、私が農場の世話をするために、そっちへ行っているからである。

その農場は二百三十五エーカーあって、建物もいくつか建っている。この農場のいたるところで、いつでも何かが起きているのを、私は知っている。雑草は伸びている。溝ができかけている。垣根が倒れている。ペンキがはげてきている。林が枯れかけている。虫が穴を掘り出している。静かに停止しているものは何一つない。理屈では休養の日であるべき週末の日々は気遣いとよけいな仕事の連続……の中に過ぎてしまう。

ここでは橋がこわれている。それを修理しようとしていると、こんどは隣人がやって来て、手入れをしてなかった灌木並木のことで散々苦情を聞かされる――そいつは半マイルも先の農場の反対の端にあるときている。そこへまたうちの娘がやって来て、誰かが豚の囲いの扉を開け放しにしたので、豚が外へ逃げてしまったと告げる。豚小舎へ行く途中で、猟犬が子供たちのペットである小猫を殺したのを見つける。急いで小猫を埋めてしまうと、干し草小舎の屋根がすっかり吹き飛んでいるのが目に入った。さてこれはすぐに修理しなければなるまい。誰かが浴室の窓から哀れな声で、ポンプが壊れていて、水が一滴も出ない、と叫んだ。そこへトラックが到着して、道に敷く石ころを五トンもおろしてゆく。何から先にやってよいかわからなくて、呆然と立っていると、農夫の子供が目の前に意地の悪い笑いを浮かべて黙って立っているのに気がつく。どうかしたのかと尋ねると、「牛が逃げ出して、いちご畑を食い荒らしている」と誇らしげに言うといった始末だ。

政策の立案とはどんなことをするのかについて知ってもらうには、以上のような話が一番わかりやすい。世界は大きい。少なくともその上には二百三十五エーカーが存在している。そのいたるところで、何かがいつでも起こっている。機敏でりこうな人なら、必死になって努力して、この二百三十五エーカーものうちのどれか一つについては、そこで何が起こるかを三、四か月前にちゃんと予測できる位になるかもしれない。……しかしその予測したアイデアを、彼が文書に書き上げた時には、三、四か月というのが、いつの間にか数週間に縮まっている。そのアイデアが他の人々にわかってもらえた時には数週間は数日に縮まっている。またその他の人々が、そのアイデアを行動に移した時点では、その企画立案していたものがすでに一昨日の後の祭りとなり、こんなことがなぜもっと早く分かっていなかったのか、とみんなから責められる始末になってしまう。

私はさらに続けて言った。緊急の要求が山のように押し寄せてくるのをすべて受け入れてしまってはならない——この忙しい地球の特定の地点だけを取り上げて、その地点の詳しい調査に全力を注ぐことだ。たとえば、戦後、その国の資源だけではその経済の復興をどうしても成し遂げられなかったヨーロッパの友好国の一つの苦境を調べるのもよいであろう。ところが、それをやってみると、たちまち饒舌《じょうぜつ》と論争の渦に巻き込まれてしまうことになる。

「これはそんなにむずかしいことではあるまい。その国の経済再建計画案を作って提出してくれれば、われわれがそれを支持するかどうかを決める、となぜ言えないのか？」と誰かが言う。

そこから話が発展した。ある一人が言う。「それは駄目だ。あの国の連中は疲弊していて、計画案など作れはしない。われわれが彼らのためにそれを作ってやらなくては」

別の一人が言う。「たとえ、彼らが計画を立てたって、彼らの国内経済の士気が低くて、とてもそんな計画を完遂できそうにないよ。共産主義者がその邪魔をするに相違ない」

また別の一人が言う。「邪魔するのは共産主義者ではなくて、現地の実業家の一味だよ」

すると、誰かが言う。「多分、われわれに必要なのは計画案なんかではあるまい。いままでわれわれは、彼らに十分にしてやらなかったのではあるまいか。もっとしてやれば、万事うまくいくのだろう」

別の誰かが言う。「まあ、そんなところだろう。しかしわれわれは資金がどういう具合に使われるのか、調べてみる必要があった。議会はこれ以上鼠の穴などへ資金を注ぎ込むのは御免だと言っている」

すると他のものが言う。「その通りだ。計画表が必要だ。資金をどう使うのかを詳しく調べ、全事業が今度で仕上がるのを確かめることが必要だったのだ」

これに対して他の誰かが答えた。「なるほど。しかしこんな計画表を全部われわれだけで作ろうとするのは誤りだと思う。共産主義の連中はこの時とばかり非難するだろうし、ヨーロッパの政府は知らぬ顔を決め込むだろう」

すると誰かが言う。「全くその通りだ。われわれにできることは、これらのヨーロッパ人に計画案をこしらえて出しなさい、そうすればわれわれがそれを支持するかしないかを決めるだろう、と告げることだ」

そして最後にまた誰かが言うのだ。「それは誰かが前に言ったことではないか？　もう一度やり直しだ」

以上に掲げた話は、マーシャル・プランが作成されるまでの、政府部内の論議がいかなるものであったかを、どんな説明よりも巧みに描写していると思われる。

ウォー・カレッジでの最後の講義から、以上の引用をしたのだが、この講義そのものは、決しておどけた内容のものではなかった。この講義は、ハーバード演説からまだ二週間もたたない内に行われた。ハーバード演説でマーシャル元帥が輪郭を明らかにした政策が成功するかどうかは、まだ確かめられてはいなかった。それが取り上げるはずになっていたおびただしい問題が、なおわれわれの前に横たわっていた。講義の最後の段階で私は、それらの問題の持っている危険性について説明を試みた。この講義の一節は、一九四七年、いわゆる「封じ込めの理論」が取り上げようとした問題の重要性を思い返すよすがとして、ここにもう一度挙げてみても差し支えあるまい。

われわれの置かれた立場の重大性に目をつぶることはない。われわれはヨーロッパの戦争において――戦場で――勝利者となった。それにわれわれは覚悟していた以上に大きな犠牲を払った。わが国民の生命、わが国民の労働、わが国家資源の消耗を犠牲にしたばかりでない。国際環境の安定、中でもわれわれにとって真の、そして本来の同盟国のいくつかの勇気と力をさえ、一時的にもせよ、犠牲にしたのである。

何よりもよくなかったことは、それは完全な勝利ではなかったことである。われわれアングロ・アメリカは、その存在を脅かす勢力のすべてを制圧してしまうほどにはまだ強くなかった。――少なくとも、強くあることが必要な時に強くなかった。われわれは彼らの一部と同盟してでも、彼らの他の部分を破らねばならない羽目におかれた。それだけならそれほど不運とも言えなかったかも知れない。しかしわれわれは、その同盟の本質についてわれわれ自身とわが方の諸国民を欺くことなしには、その同盟を受け入れることはできなかった。

偉大な近代デモクラシーも、微妙で、矛盾にみちた権力の諸関係をさばくことは明らかに不得手であった。諸君はいま、戦争の厳しい決着について吟味している。私に言わせてもらえば、われわれの側の最大の過失は、同盟国ソビエトの本質をはっきり見極め、わが方の諸国民に向かって戦時におけるソビエトとの提携の本質を率直に説明することを怠ったことであった。これを怠ったこと、戦後のための用意がなかったことのために、われわれは、戦争終結以来、いくつもの挫折を味わわされ、ドイツに対するせっかくの軍事的勝利をも帳消しにしてしまいそうになった。

現在、われわれアメリカ人は、世界史の上で、孤独な、脅かされている大国として立ち現れている。われわれの友好諸国は疲弊し、共同の理想のためにその力を使い果たしてしまっている。この友好諸国——われわれと言語と伝統を同じくしているこれらの国々の輪を越えた向こうに、われわれは敵意と怒りを抱いた世界と相対している。その世界の一部は、われわれの壊滅を意図している強大な政治勢力に屈服し、その手足となって働いている。その世界の他の部分は、もともと、われわれの物的な豊饒《ほうじょう》さを嫉《ねた》んでおり、われわれの国民生活の高い価値には全く無知であり、われわれが自分の運命を支配し、大国民としての責任にふさわしい能力を持っていることを疑っているのである。

そうしたければそうさせておけばよいが、この連中は少なくとも現在の段階ではわれわれの脅威にはならないだろう。その狙いはもともと国家主義的で、偏狭である。それは、世界支配の野望を抱かせるほどの人的、物的資源を擁しての国家統一など念頭にはない。しかしクレムリンの高塔の影が長くのびている。これらの国々の多くでは、大国としてのわが国の存在を歓迎しないというのであれば、どうにも仕方がないのだが、クレムリンの影がすでにのびてきている。ところが、諸国、この影がたいへん危険なのである。というのは、この国際社会の実態をよく眺めれば眺めるほど、私は、政治家の心を動かし、行動を変えさせるものは、もの事の本質ではなくて、影である、との思いを深くするからである。

以上は、ハーバード演説に答えて、ヨーロッパに重大な転換期が到来する前夜に、少なくともわれわれの中の一人の眼に映った世界のあり方を示すものであった。ヨーロッパ復興計画の立案に当たって、われわれが何よりも追放しようと心を配ったことは、危険の本体ではなくて、その影であった。次章では、いわゆるX－論文と「封じ込め理論」の解釈に関する種々の議論を取り上げるので、ここでこの問題に触れるのもよいだろう。

一九四七年五月二十三日の進言書提出をもって、企画本部の、ヨーロッパ復興問題に関する任務が終わったのではなかった。この進言書は作成を急ぎすぎたきらいがあった。私たちとしては、もっと詳細に検討したいと思った面もたくさんあった。私たちはそれから後も二か月にわたって仕事を続け、計画案の全部について仕上げを行い、それが終わってから別の、もっと長文の進言書を提出したのであるが、これは国務長官への進言書というよりも、むしろ計画の実行段階にいまでは関係している人々のための、指針と背景となるように工夫されていた。

「アメリカの立場から見たヨーロッパ復興の種々相」と題したこの進言書は、七月二十三日に完成した。その中で、私たちが前にもまして詳細に調べたのは、ヨーロッパ復興に、アメリカがこれほどまでに関心をもつ原因、計画を成功させるために必要な復興の種々の要素、この計画とアメリカとの関係を律するはずの全般的な考慮、それぞれの国々（イギリス、ドイツ、オーストリアなど）の要求、アメリカの民間企業の参加する可能性などについてであった。

この進言書は非常に長文なので、ここで縮めて引用することはむずかしい。私はその全文がいつの日にか発表されることを願っている。なぜなら、それはわが政府がこの問題に関して行った公式な理論展開の最も簡潔、それでいて最も包括的なものを示すことになると思うからである。

しかしながら、この中には私がとくに指摘しておきたい一面があった。ヨーロッパ復興の問題と世界の他の地域の経済成長の問題との間に引かれた、鋭い一線についてであった。この文書の中では次のように指摘されていた。すなわち、ヨーロッパの窮乏は、その全貌がはっきりしており、短期解決の見込みがあり、そしてアメリカにとって、また全体としての世界の復興にとっても、緊急な重要性を持つものであった。……ヨーロッパは特別の取り扱いを受けるだけの理由があったのである。ヨーロッパに与えられたこのような取り扱いが、他にも広く適用されるだろうと信じる理由はなかった。

朝鮮と日本とを除けば、他の地域の人々の窮乏は、ヨーロッパのそれとは根本的に異なっていた。ヨーロッパでは、すでにそこに存在している自助の能力を解放すればよいのであった。これなら短期計画で達成できる問題である。他の地域では、性質は全く異なって、現存するエネルギーを解放すればよいといった話ではなく、全く新しいエネルギーを創造しなければならないのであった。これは長期的計画の問題であった。そのためには新しい機関の組織が必要となってくる。それは政府に似ているが、それとは全く異なった、ある種の機構であって、それを通じて技術に関する知識がアメリカの工業界から提供され、他の地域の人々に教えられる仕組みになるものである。

この二十年間を歴史的に展望すると、ヨーロッパの窮乏とその他の地域の窮乏との差異はきわめて明らかであった。しかしそのことは、この時点では問題ではなかった。ヨーロッパ復興のためのアメリカの援助の立法化準備を進めていた期間中、そしてそれから後の数年間には、私たちマーシャル・プラン構想に取り組んできたものに、議会方面から、次には中国、中東、あるいはラテン・アメリカに対する同様な援助計画を作成、あるいは発想するよう要請されて困ったものであった。下院議員のウォルター・ジャッド（ミネソタ州選出）は、とくに同じ性格の計画を中国に対して試みることを主張し続け、のちに国民党政府の失陥は、彼の提案をわれわれが受け入れなかったのが一因であると非難した。

私たちが、二つの地域の持っている問題と状況の差異について指摘したことがら――中国に現存する工業基地はまだ原始的なものであり、政治的背景に期待がもてないこと、また外部からの財政資金を受け入れても効果的に使用するには中国側の能力にいろいろな欠陥が潜んでいることなど――のどれ一つも、ジャッド議員やその他の多くの人々の抱いていた、わが国のヨーロッパとの関係を律する原則は全世界を通じて有効でなければならないという信念を揺るがすものではなかった。地域に限定される行動に反感を抱き、全世界的なものにあこがれを持つ、天性のアメリカ人気質は、マーシャル・プランの成功をもってしても完全に克服できない――いや、反対にそのためにますます強められただけであった――ほどに強力なものであった。

第十五章　X―論文

一九四六年から四七年にかけての冬の間に書いた多くの文章の中に、講演の原稿でもなく、また新聞、雑誌に発表する原稿でもないものが一つあった。それは海軍長官ジェームズ・フォレスタルのために個人的な資料として書いたものであった。一九四六年二月二十二日の長文の電報がワシントンで取り上げられて以来、フォレスタル長官は、私の論文にはとくに個人的な深い関心を持つようになっていた。私がウォー・カレッジに推挙され、またのちにマーシャル元帥によって企画本部長に選ばれたのも、実はフォレスタル長官の力があったのではなかったかと思っている。

私がウォー・カレッジに勤めていたころ――はっきり言えば、一九四六年十二月――フォレスタル氏から一冊の文書が届けられてきた。「マルクス主義とソビエト権力」と題するもので、フォレスタル長官の側近グループの手になるものであった。長官はその文書について私の批評を求めてきたのであった。それはなかなか苦心して作られたもので、立派な内容であった。私はその内容の一部には賛成であったが、その他の個所については、私ならこう書きたいと思ったものとの違いはあった。取り上げられている問題全体が、私の経験や関心とあまりに密接につながっており、私にはそれを私以外の他人の言葉で論じる気にはとてもなれなかった。そこで私は、その文書を長官に送り返し、それに添付して、私はこの文書の批評よりも、もしお許しいただけるなら、それと同じ問題を私自身の言葉で書いてみたいと、申し送った。長官からは直ちに返事がきて、それは願ってもないことだ、ということであった。

こんないきさつから、一九四七年一月三十一日、合衆国の政策上の問題としての、ソビエトの本質を論じた論文を、個人的研究資料の形で、フォレスタル長官に送った。それは少なくとも過去二か年の間、私の頭の中に成熟してきており、私が個人的な手紙や講演などで述べてきた思想を文章化したものであった。この論文の中に出てきた「封じ込め《コンテーンメント》」の用語も、すでに述べたように、新しいものではなかった。

フォレスタル氏はこの論文を読んだ。*二月十七日付で彼は手紙を寄こし、「これはまことによくできており、私は長官にも一読を勧めるつもりだ」と言ってよこした。

＊　国務長官をさしているものと思われる。

一月の初めに、私はたまたまニューヨークの外交関係評議会で、同じ一般的な問題について非公式に講演を行った。この評議会が発行している雑誌「フォリン・アフェアズ」誌の編集長ハミルトン・フィシュ・アームストロング氏（すぐれた編集長で、この時から、はしなくもこの人物と長い、深い交際が始まることとなった）が私に、評議会で私が話した内容のものを、雑誌に掲載できるような形でまとめたものはないかと聞いてきた。私は、その時話した講演のテキストはないが、フォレスタル氏のために書いたものがあることに気づいた。そこで、三月の初めになって、フォレスタル氏に、私が先に書いたものを発表しても差し支えないかどうかを問い合わせ、氏の承諾を得た。

次に私は、この論文を国務省の非公式発表審査委員長に提出して、官庁側の許可を受ける手続きをとった。この手続きをとる時に、これが雑誌に掲載される場合には、筆者は匿《とく》名《めい》にするつもりだと説明した。委員会はのんびりと審査したが、政府の立場から見てもとくに問題になる点も、危険な個所も見つからなかったので、四月八日には、申告した通りに発表してもよろしいとの許可を与えてくれた。そこで私は、論文に署名してある私の名前を消して、代わりに匿名のしるしの「X」を書き入れ、その論文をアームストロング氏に送り、それきりで、そのことを忘れていた。それが活字になって出てくるまでには何週間かかかることを私は知ってはいた。だが、私の立場がこの数週間中に変わろうとは、またそのことが、この論文が発表されてからこの論文に加えられるはずの解釈に影響を及ぼすことになろうとは、思いも至らなかった。

六月の終わりになって、「フォリン・アフェアズ」誌七月号に、その論文が「ソビエトの行動の源泉」という題で掲載されたのを記憶している。これが発行されると、すぐに（七月八日）、ニューヨーク・タイムズ紙に、著名なワシントンのコラムニスト、アーサー・クロック氏の執筆になる一文が載って、この論文が公式な筋につながりがあることを示唆し、その点からこの論文は注目に値するものがあることを指摘された。後日、私が知ったことだが、アーサー・クロック氏は、この論文がまだフォレスタル氏の手許にあって、ただの私的文書にすぎなかったころに、たまたまフォレスタル氏から見せられたことがあったのである。鋭いジャーナリストの眼は、この論文が雑誌に載ると、すぐにそれと気づいた。そして彼は明確に結論を出していたのだ。

クロック氏の一文が載ってからは、この論文の筆者の名が知れ渡るには、長い時間を要さなかった。一部の人たちが、著者が誰だということを書き出し、それとトルーマン・ドクトリン、マーシャル・プランとを結びつけ、その意義をいろいろ臆測したりした。間もなくそれは高まる世評の渦の中心となってしまった。

ライフ誌とリーダーズ・ダイジェスト誌はそれの長い抜粋を再録した。「封じ込め《コンテーンメント》」という用語は、新聞全体の合意によって、とくに取り上げられて、一種の「理念《ドクトリン》」めいたものにまで高められ、さらに政府の外交政策と一体のものと見られるようになっていた。このようにして——私たちの目には——容易に破ることのできない、歴史家を毒するような神話の一つが作り上げられたのである。

高い断崖の上でふと誤って大きな石を落とし、谷間をすごい勢いで転落して行くのをハラハラしながら、なすすべも知らず眺めている、そのような思いで、私は、新聞が書き立てはじめたおびただしい解説記事を夢中になって読んでいた。こんなことになろうとは、夢にも思わなかった。

マーシャル元帥もまたびっくりしていた。「立案者は語らず」というのが彼の厳しい信条であった。彼がどうしても避けたいと願っていたことは、わが国の外交政策上最大の問題を標題として取り扱ったこの論文——その標題のゆえにやかましく評判になった論文——の筆者として、自分の部下である新任の企画本部長の名前が新聞などで喧伝《けんでん》されることであった。

彼は私を呼んで、その点について注意を促し、眼鏡越しに私をのぞき込みながら、返事を待った。私は問題の論文の発端からことの一部始終を話し、しかもその発表に関しては、然るべき筋の手続きも確かに終わっていることを告げた。彼はそれで安心してくれた。前にも述べたように、彼はきちょうめんな人で、責任だけは何でもきちんとしておくことを要求したし、それを何よりも大切だと思う人であった。この点であの論文がきちんと手続きを踏んでいるなら、責任は私にはなかった。二度とこの問題について、彼は触れなかったし、公式には私にそのことを持ち出すことはなかった。しかし彼がいま長官として臨んでいる国務省の奇妙な事態に眼を見張り、それから回復するには容易ではなかったことだろうと思っている。

それに関連していろいろな解釈が一度に下され、その後もそれをめぐって広い範囲で続いているわりには、この一九四七年六月に「フォリン・アフェアズ」誌に載った論文は、明らかに重大な欠点を持っていた。もしこの論文がこのような迎えられ方をするとわかっておれば、最初からもっと周到な組み立て方をし、もっと大きな構想を持ち、欠点の一部は手直ししておくこともできたはずであった。ところがそういうことができなかったのは、この論文を書いた時の私自身が、全く無欲で疑いを知らなかったためかと言えば、必ずしもそれがすべての原因ともいえなかった。いずれにせよ、世間の反応の中のあるものは、私にはとても予想のつかないものであった。

この論文の重大な欠点の一つは、東ヨーロッパ衛星圏についての説明がないこと――ソビエト勢力をこの地域との関連において論じていないこと――にあった。この論文の読者はみな、私がただロシア本国だけについて論じているとしか思わなかっただろうし、またそれが当たり前だったろう。従って、私が注意を促しているソビエト体制の脆弱《ぜいじゃく》さは、その存在がソビエト国家の国境内だけに限定されている脆弱さであり、ソビエト軍の最近の東ヨーロッパへの進駐と、これらの進駐を共産主義宣伝のために政治的に利用することによって、ソビエト指導者の権力に与えられた地理的な拡大は、私が述べている脆弱さとは関係がないものであった、としか、この論文の読者は思わなかったであろう。

たしかに、ソビエト情勢の不安さ――たとえば、人民の間の倦怠《けんたい》感と士気の低さ、党内機構の虚弱さなど――を論じる際に、もしも、ソビエト指導者が東ヨーロッパを征服した時にとった帝国主義に特有の悪辣《あくらつ》な手段を用いたことや、モスクワがこの広大な地域を永久に従属させておこうとしても、うまくゆくはずがないことなどを、私が述べておいたならば、私ははるかに強い立場に立っていたはずだ。

この点をなぜ除いたのか、現在でも私にはわからない。多分、当初フォレスタル氏に頼まれてこの論文を書く際に、フォレスタル氏が一体何を求めているのかと考えたものだし、そのこととの関係があったのではないかと思っている。衛星圏の問題にまで触れることは、全く新しいテーマに取り組むこととなって、私が展開している命題を混乱させるし、かつその論文の予定の分量を超過することとなるといった感じを持ったことを、漠然と記憶している。その理由が何であったにせよ、ソビエト指導者が東ヨーロッパを政治的に支配しようと企てた時に直面した困難を、私が過小評価したためではないことは確かであった。

第九章で述べたように、二年前のV－Eデーの当時からも、私はソビエトが東ヨーロッパでは手を伸ばし過ぎた、との見解を述べていた。その時、私は次のように書いていた。

西側の支援がなければ、ソビエトは現在それが権利を主張している領土のすべてを、しばらくの期間でも首尾よく保持し続けることができなかったであろう。……戦線はかなり後退させられていたはずである。

同様に、一九四六年二月、私がモスクワからワシントンに送った長文の電報の中でも、私は次のように指摘していた。

ソビエトの国内体制は、最近の領土拡張のために、次々と続く緊張の連続に悩まされている。かつて帝政ロシアにおいては、同じ状況が堪えきれない重荷になったことは人人の知るところである。

もし私がこれらの認識をX—論文の中に取り入れ、ソビエト勢力の国内的な脆弱性の記述に、モスクワの東ヨーロッパとの新しい交渉で生じた困難の問題を付け加えていたならば、私は、終戦直後の数年間に、スターリンのロシアが外部世界に誇示していた強圧的な体制の不変性に挑戦するもっと強い立場をとることができたはずだった。

X—論文の第二の重要な欠点——おそらく最も重要な欠点——は、私がソビエト勢力の封じ込めについて述べる際に、私が言っているのは、軍事的手段による軍事的脅威の封じ込めではなくて、政治的脅威の政治的封じ込めのことだ、という点を明確にしていないことであった。その中で使われているいくつかの表現、たとえば、「ロシアの拡大主義傾向に対する長期的で、辛抱強く、しかも断固として用心深い封じ込め」とか、「変転してやまない地理的、政治的地点に反対勢力を巧みに用心深く使用する」などの言葉は、どう見ても意味がはっきりせず、肝心の点で誤解を招きかねないものであった。

第三の大きな欠点は、いま述べたものと直接関連しているが、種々の地理上の地域間の区別を明確にしなかったこと、また私が口にしていた「封じ込め」と言うのは、私が想定していた目的を果たすために、どんな場所ででも必ず成功し、また成功する必要があるなどと思っていたものではなかったことを明確にしなかったことであった。

トルーマン・ドクトリンと関連して先に述べたように、私の頭の中では、われわれの安全に絶対重要な地域とそうでない地域との区別がはっきりついていた。トルーマン・ドクトリンに対する私の不満は、主として以上のような区別が明らかでない点に関係していた。当時とその後の数年間、私は会議や講演で、近代的な軍事力が量産できるのは、世界で五つの地域――アメリカ、イギリス、ライン流域を中心とする隣接工業地帯、ソビエト、日本――に限られるとの見解を繰り返してきた。この五つの地域のうち一つだけしか共産支配下に属していない。従って「封じ込め」の主要な仕事というのは、残りの四つの地域のどれもが共産主義の支配下に入らないように注意することだと私は指摘した。この点がどうしてX―論文の中ではっきりさせられなかったのか、やはり不思議である。だがこの点も、X―論文の中で「彼らが平和な世界の利益を侵害する気配を示しているあらゆる地点で」いつも変わることのない反対勢力を擁してソビエトと対決する必要があると述べていることで十分だと考えたものらしい。

　これらの過ちが途方もないものだったために、種々の誤解を生んだが、その中でも最も大きく、かつ不幸な誤解に対して私は責任をとらねばならない。それというのは、ウォルター・リップマン氏に抱かせた誤解であった。その誤解は一九四七年の夏の終わりから秋にかけて、彼が新聞のコラムに十二回にわたって連載した文章の中に示された（のちにこれは『冷たい戦争・アメリカ外交政策の研究』* と題する単行本として発行された）。この論文を今日読み返してみると（それに値する内容を持った書である）、その誤解はほとんど悲劇的ともいえるほど深いものであることがわかる。

＊ *"The Cold War, A Study in U. S. Foreign Policy"*, New York: Harper and Brothers, 1947.

　第一に、リップマン氏は、トルーマン・ドクトリンの諸特質を作り上げたのが私だと早合点していた。ところが私は、トルーマン・ドクトリンには最も激しく反対していたのだ。X―論文で、私がことさら不用心な、意味の曖昧な言葉遣いをし、隙《すき》を見せているのはこのためであった。リップマン氏は、私に誤謬があると思い込んで、それの手直しとして、マーシャル元帥の方針を支持し、ハーバード演説の趣旨に賛成してみせたのだが、これらこそ、言うまでもなく、私が誰よりも大きな責任を持っていたのだ。

リップマン氏は封じ込めの理念を、ただ軍事的な意味でしか解釈しなかったが、私はそんな風には考えていなかった。またこのような誤った印象に基づいて、リップマン氏は、私が私の見解はこうだと知ってもらいたかったものの代わりに、アメリカの政策の一つを展開して見せた。それはその後の数年間に私が取り上げて進めねばならなかった政策とよく似ており、そのために人々の中には、私がこのリップマン氏の論文から無意識のうちに示唆を受けたのではないかとみるものもいたくらいだった。事実、部分的にはそれから示唆を受けたかも知れない。

リップマン氏は、ヨーロッパの主要国だけを対象とすることを勧めた。ソビエトとアメリカ（イギリスも合わせて）の軍隊の、ヨーロッパからの相互撤退を実現するような政策を勧めた。また分割後の西ドイツを、反ソビエト連合の与国にしようとする企図に介在する危険性を鋭い洞察力をもって指摘した。これらの諸点はすべて、後に私が書く論文にはっきりと出てくるものなのである。リップマン氏は、そのほとんどのものを私よりもはるかに早く予見していた。私が彼を誤解させるようにしたという責任を甘んじて受けるものである。私のせめてもの慰めは、私がリップマン氏にこのようにすぐれた深い洞察力にみちた論文を書かせるきっかけを作ったことである。

しかしながら、経験とは苦痛にみちたものであった。私がリップマン氏に深い尊敬の念を抱いているだけに、それは二重の苦痛であった。いまでも覚えているが、リップマン氏のコラムが掲載され、その中に深く共感を覚える見解が多数含まれているのに、それが私に反対する立場から書かれたものであることに気づいた時、私の迷いと落胆はきわめて大きなものだった。

それから数か月後（一九四八年四月）、私は胃潰瘍《かいよう》治療のためベテスダ海軍病院に入院し、十六階の部屋で絶食の日々を送っていた。高層の病室の窓に吹きつける早春の冷たい風に気分も沈み、私はリップマン氏に宛て一通の長い手紙を書いた。彼の論文の中で、私の思想としてあげられている（私にはそう見えた）ものが全く誤解であることについて抗議を申し入れたものであった。しかし、私はその手紙をリップマン氏に送らなかった。送らなかった方がたしかによかった。この手紙はいささか悲しげで、芝居じみていて、全くそれを書いた時の精神と肉体間の相克を反映したものであった。その報いは、一、二年後に、それほど真剣なものではなかったが、手痛い形ではね返ってきた。ペンシルベニア鉄道の特別車で、リップマン氏にばったり出会い、ワシントンからニューヨークに着くまで私がいままで述べてきたのと同じ問題について長話を続け、リップマン氏をすっかり疲れさせてしまったのである。

しかし、この未発送の手紙の文面は、リップマン氏のコラムから当時私が受けた影響の形跡があって、いまでも興味深い。

言うまでもなく、その手紙は、トルーマン・ドクトリンとマーシャル・プランをめぐる混乱に私はほとほと困惑していることがまず書かれていた。トルーマン・ドクトリンの作者にされ、またマーシャル・プランが若気の過ちに対する円熟した修正として私に示されては、私は腐ってしまう外はなかった。

また、当然のことながら、リップマン氏のコラムの中で、私の見解だと決めつけられているもの、すなわち、封じ込めというのは、ソビエト国境のまわりに軍隊を駐留しておいて、ソビエトの軍事的侵略が起こるのを押えることだという見解は、私のものではないと、とうとう思い切ってはっきり表明した。ロシア人は他の地域に侵入しようと狙っており、アメリカの政策は、そのロシア人の侵略を防ぐことにある、というような考え方に、私は抗議をした。事実、私はその後十八年にわたって、他の多くの機会にもこのような抗議を行うこととなった。私は次のように主張した。

ロシア人は他国を侵略することなど望んでいない。そういうことは彼らの伝統にはない。彼らは一度だけフィンランドでそれを試みてみて、指に火傷をした。彼らはもうそのような戦争を望んでいない。何よりも彼らは、公然たる侵略に付随してくる公開の責任をとることを好まない。彼らは影武者を使って、ことを政治的に処理する方をよっぽど好んでいる。銘記してほしいことは、私が政治的という時には、それは暴力に関係はないと言っているのではない。しかしその暴力は、名目上は国内的暴力を意味し、国際的暴力ではないということである。従ってそれは、言ってみれば、警察的暴力であっても……軍事的暴力ではない。

封じ込め政策は、この種の暴力に対し、他国民が抵抗してその国内の安全を守るよう力づける努力に関するものなのである。

次いで私は、このX―論文は、ほんとうのところ――わが国の激しやすい右翼分子だけでなく、絶望にとらわれている自由派《リベラル》の人々にも当てて書かれたものだが――、次のような信念が受け入れられることを願って書かれたことを説明した。まず、ソビエト勢力の問題が、たとえ不快なものであっても、そのために戦争が不可避だということにはならないし、また戦争だけがその適切な対応策ではないこと、戦争を避けるということは、われわれが闘いに敗れるかもしれないということではないこと、また政治的抵抗が可能な中間地帯があって、そこでわれわれには合理的な成功の可能性があること、などの信念がそれであった。事実、われわれはすでにその点では着々と成功を収めつつあった。

そこで私は、得々としてすでに達成していたものを挙げて見せた（だがこれはむしろ無駄骨であった。リップマン氏はその論文のなかでマーシャル・プランの原則を認めて称賛していた）。私の書いたその部分を次に掲げるが、これはリップマン氏に対し、手直しを求めるためのものではない。それはリップマン氏の議論への回答にはなっておらず、むしろマーシャル・プランとX－論文に関して起こった議論のエピローグの一つとして掲げるものである。

マーシャル元帥が、現在の職について以来一年以上になる。昨年の春、元帥が直面していた世界の状態について、あなたに思い返していただきたいと思う。当時、ヨーロッパをいかにして救うかということは、誰にも見通しがなかった。われわれはまだ、「一つの世界」か、「二つの世界」かという、宿命的な観念の相克にとらわれていた。ヨーロッパの経済的苦境は、想像を絶するものがあり、しかも日とともに一層悪化しつつあることが明らかとなってきていた。

議会は、頭がよほど変になっていたのか、すべての海外援助は「ねずみの穴埋め工作」だと思い込んでいた。共産主義者はフランスの咽喉《のど》くびを押えようとしていた。恐怖と狼狽《ろうばい》と失意のとばりがヨーロッパ大陸の空を覆い、すべての建設的な活動を麻痺させてしまった。モロトフはモスクワの会議テーブルに冷然と構えていた。彼は、自然の成り行き通りに、獲物は熟柿《じゅくし》が落ちるように、彼の思う通りに手に入るのだから、そのためにわれわれに代価を支払う理由なんかないと考えていた。

それと現在とを比べてみよう。ヨーロッパはまだ危機を乗り越えたとはいえない。しかし熟柿はまだ一つも（モロトフの手には）落ちなかった。西側とは何か、東側とは何か、ということがわれわれにはわかっている。モスクワ自身がその不愉快な東西の枠作りをさせられたのだ。

西側では復興が急速に進展している。新しい希望が現れている。人々はよりよき未来の可能性を見出している。フランスの共産主義者の地位は激しく揺れはじめてきた。西側諸国は共通の政治言語を見出した。彼らは互いに寄りかかりあい、互いに助け合うことを悟りはじめている。彼らを中立派だと思い込んでいた人々も、いまでは彼らがわれわれの側のものだと信じはじめている。一年前には共産主義者だけが固く団結して組織をもっていた。今日では非共産主義世界が日一日とがっちりした抵抗力を集めはじめている。確かにいまイタリアには問題がさし迫っている。しかし、事実、イタリアだけにだ。一年前にはヨーロッパ全体とわれわれとに問題が大きくさし迫っていたのだ。

だが、あなたはこう言うかも知れない――これはアメリカの政策決定者がやったことではない。この奇蹟を演じたのは別のものだと。

たしかに、われわれだけがそれをやったのではない。そして私にはその功名を争うつもりは毛頭ない。しかしわれわれの苦心にも多少の誇りを持つことを許していただきたい。国際情勢については、常に論より証拠が大切である。もし過去の年間の情勢の展開が逆に動いていたなら——もしわれわれの地位が、現実に改善されている大きさだけ、逆に悪化していたなら——あなた方の中で一人でも、アメリカの政策の失敗に真っ向から非難を浴せかけないものがいただろうか。そうだとすれば、問題は、アメリカ政府にとっては常にその段階に応じて骰子《さいころ》の目を信じる外はないということになるわけだ。

＊　＊　＊

その時からすでに幾年かを経過したが、「封じ込め理論」の神話は、いまだ完全にその魔力を失っていない。数限りない機会に、私はそれについて説明を求められ、それが成功であったかどうかと問われ、中国にもそれを適用したらどうかと聞かれ、またその後の事態にもそれが依然として有効であるかどうかについて見解をただされるなど、きりがなかった。それはいろいろな人々により、いろいろな風に解釈されてきた。親ソ的な作家たちは、それをソビエト連邦に対する侵略的計画を覆い隠すものとして描いた。右翼の批評家たちはまた、その積極性の欠如を、その消極性を、それに「勝利」めいたものの約束のないことを理由に攻撃してきた。真面目な評論家たちは、それが一九四七年には非常にうまくいったが、朝鮮戦争、あるいはスターリンの死、二極対立の退潮とともに、その理論は根拠がなくなったとの立場をとるようになってきた。

こうした批判のすべてに回答することは、私にはむずかしい。私がX—論文の中で述べたことは、理念として述べたものではなかった。私が外交政策について考えるときは、残念ながら、理念などというものとして考えないことにしている。私は外交政策を原則的なものとして考えている。

X—論文を書いた時点では、私の頭の中には、戦争中および戦後間もないころ、われわれがロシアの拡張主義傾向に対して、私の目から見て、譲歩と思われるものを次々と限りなく行ってきたことがこびりついていた。これらの譲歩は、アメリカ政府とソビエト政府間で戦後の協力を促進するかもしれないとの希望と信念からなされたものであった。同時に、多くの人々が、これらの譲歩が何の役にも立たなかったこと、われわれがソビエト指導者と戦後のヨーロッパおよびアジアの秩序に関して合意を得ることができなかったことを知って、絶望にとらわれ、ひいては米ソ間の来たるべき戦争が不可避になったと結論して、恐怖に陥っていることも、私の頭の中にはこびりついていた。

X—論文で論じようとしたのは、この最後の結論についてであった。私は、合衆国内の誰にも劣らず、スターリンのロシアがわれわれに突きつけてきている問題の邪悪さを知っているつもりであった。この点に関して、私は誰からも指示を受ける必要はなかった。しかし、私にはいついかなる時にも米ソ戦争が必要だとは思われなかったし、またそれによって利益が得られるとも思われなかった。

私は、この問題を処理するもう一つのやり方があると思っていた。それは、少なくとも新しい世界の災厄を回避し、西方諸国共同体を、現在以上に悪い状況に陥れないという意味では、合理的に成功する目算のあるやり方であった。それはただ、この時点で、クレムリンに対し一方的に愚かな譲歩をするのをやめ、ほかの地域で、クレムリンが強力な政治的影響力拡大を図るのに対して抵抗を喚起させ、これを支援する方策を講じ、そしてソビエトの勢力が、国外での挫折と相応じて、国内的にも弱体化し、その野望と行動が穏和なものになるのを待つだけのことであった。ソビエトの指導者たちは、どんなに恐ろしいといっても、スーパーマンではなかった。どんな大国の支配者でも、内部的な矛盾やジレンマは内包していた。彼らに対して、けんか腰でなく、決然と勇気を持って起ち上がれ、そうすれば、時がチャンスを与えてくれる、と私は言ったのである。

これが、X—論文で言おうとしたことのすべてである。こう言いながらも、私は、一九四五年の戦争終結時の様相に直接つながった情勢がそのままいつまでも続くとは予想だにしなかった。ソビエト指導者と、戦争の結果生じてきた諸問題について合理的な話し合いができるまでになってさえいたらわれわれは必ずやこの可能性を追求し、事態をいっそう正常なものに回復するために、何をすればよいかを知ろうとするだろうというのが、私の予想であった。とくに私は、いつかはソビエトの軍事力が、東ヨーロッパから撤退する日がくるとみて、その重要性を指摘していたリップマン氏の見解には完全に同意するものであった。もっとも、当時の私は、リップマン氏のように、このような撤退には、政治的にも同じ重要性があるとは考えていなかった（この点でリップマン氏は私よりもはるかに正しかった）。

ヨーロッパの分割が恒久化する危険を、私以上に強く意識しているものはいなかった。当時考えられていた「封じ込め」の目的は、第二次大戦の軍事作戦と政治工作が作りあげた現状を恒久化することではなかった。「封じ込め」が意図したものは、われわれに困難な時機を乗り切らせ、この現状の中に介在する欠陥や危険について、ソビエト側と効果的に話し合いができるようにし、そしてそのような現状の代わりに、よりよい、より健全な状態を平和的に実現できるよう、ソビエト側と準備を進めることにあった。

さらに、もし封じ込め政策が失敗だったと、後日言われるとしても、それは封じ込め政策をもってしても、ソビエトが「平和な世界の利益」を根こそぎ侵害するのを阻止できないことがわかったという意味で、失敗したのではなかった（現実にそれは阻止してきた）。またウォルター・リップマン氏は、私がソビエト権力の態度軟化が起こるだろうと予言したのを厳しく非難したのだが、ソビエト権力の軟化が実際には起こらなかった、という意味での失敗でもなかった（実際にそれは起こった）。

失敗だったのは次の事実であった。すなわちアメリカ政府はこのような政治的脅威の本質を理解してそれを軍事的な手段とは別の方法で処理することの困難さを知り、またとくに、朝鮮戦争の意義を、悲しいことに、誤って理解したのに災いされて、有効な政治的討議を行う機会が、後日十分にあったのにもかかわらず、その機会を十分に利用せず、かえって軍事的偏見にとらわれて、当然その撤廃に心を配らねばならなかったはずの、ヨーロッパの分割を逆に凍結し、恒久化するのに懸命になったことである。だから、失敗したのは「封じ込め」ではなかった。意図していた事後工作が何にも行われなかったのであった。

私がX－論文の中で「ソビエト権力（Soviet Power）の語を使う場合には、いうまでもなく、ヨシフ・スターリンによって組織され、支配され、思想的にも牛耳られている権力の組織を意識していた。これは一枚岩の権力機構で、高度に訓練された共産党の組織網を通じて、事実上、世界のあらゆる国に浸透していた。このような状況であるから、一地方共産党の成功、あるいはどこかの共産党の発展が、クレムリンの政治圏、あるいは少なくともその支配的影響力の具体的な拡大とみなされることになるのであった。スターリンが外国の共産党員を嫉妬《しっと》深く、あるいは高圧的なやり方で支配していたので、そのころは、外国の共産党員たちは自分の意思ではなく、スターリンの意思の伝達機関としてみられるという有り様であった。彼の意思こそ、共産主義世界の権威の唯一の中核であった。それは用心深い、苛酷な、そして尊大な大御所的存在で、反対派の存在を許さなかった。

一九四八年の、チトーとモスクワとの断絶は、モスクワ支配下の共産ブロックの一枚岩の統一に生じた初めての公然たる破綻であった。長い間、それはただ一つの例として存続した。が、それは共産主義世界の他の地域の情勢には、直接的には何ら特別に影響しなかった。しかし一九五七年と六二年の間の期間に、すでに以前から隠れて進行していた中国とソビエト両国共産党間の不和が表面化し、二つの体制間の大きな闘争の形をとるようになって以来、国際共産主義運動の情勢は基本的に変化してしまった。その他の諸国の共産党、とくに東ヨーロッパの外側ではあるが、部分的には東ヨーロッパに属する諸国の共産党は、いまや二本の主柱——ベオグラードを加えれば三本になる——のどれかを選ばねばならなくなった。

このような選択の自由は、諸国の共産党に独立への大きな余地を開くことになっただけではなかった。多くの場合に、それは諸国の共産党に独立を押しつけることになったのである。共産主義の二つの大拠点は、いずれもいまでは他の共産諸国に対し完全な規制的支配を行使できるほどの地位にはいなかった。そんなことをすれば、みすみす他方の手中に彼らを追いやることになるからであった。一方、諸国共産党はそのほとんどが、どれかの一方に完全に下駄をあずけるようなことは差し控え、結局は独立の責任を自分でとるために自分で考え、自分で工作しなければならないこととなった。一九四〇年代の終わりには、どこの共産党（ユーゴスラビア共産党を例外として）も、ソビエト権力の手先という以外には考えられなかったとすれば、一九五〇年代の終わりには、このように手先と見られるようなものはどこにも（ブルガリアとチェコスロバキア共産党は別に）なかった。

このような情勢の展開は、X－論文に示されていた封じ込め理論の根底をなしていた仮定を、基本的に一変させてしまった。その論文のとっている立場からみれば、中ソ相克そのものが、想像しうる封じ込めの、単一のものとしては最大の規模のものであった。それは封じ込めの原点の理念を無効にしたばかりでなく、それが目標にしていた問題そのものを大部分は片づけてしまった。

中ソ相克以後の情勢に関連して、封じ込めの原点の理論を持ち出してきても、とくに漠然と「共産主義」全体について論ずる場合や、特定の共産主義だけを問題にするのでない場合には、全く見当違いなものになってしまう。今日では、一九四七年当時の意味でいう「共産主義」などはない。現在は、いくつかの国家体制が急進的なマルクス主義の修辞的な飾りで装われ、ある程度はマルクス主義的理念によって影響された国内政策を採用しているのがあるだけである。

従って、もし私が一九四七年に、封じ込めの「理念」の作者であったとすれば、その理念はスターリンの死や中ソ紛争の発展によって、その理論的根拠の多くが失われてしまったものである。私は現在、その理念とは何ら正当な関係を持っていないし、またあるはずのない情勢の下で、その理念を呼び返そうとするいかなる努力にも直接の責任がないことを、はっきりと断言するものである。

第十六章　日本とマッカーサー

ヨーロッパ復興計画について、企画本部が成し遂げた仕事は、すでに述べてきたように、高度に緊急性を帯びたものであった。地理上の一定地域の窮乏を救う必要からなされたものであった。その救援を果たし終わるまでは、他のことに目を転じる暇もチャンスもないほどに緊急な仕事であった。私たちが、どうやら一息つくことができるようになり、周囲を見回し、世界の中でのアメリカの地位を全体として評価することができるようになったのは、ようやく一九四七年の夏も終わろうというころであった。

こうして世界の情勢を見渡してみると、この時点におけるわれわれの最大の危険、最大の責任、そして最大の可能性をはらんだ舞台は、西ドイツと日本という二つの占領地域であることが、まざまざとわれわれの目に映ってきた。この両地域は、それぞれが東と西における最大の工業基地群の中核であった。両国の復興こそ、ヨーロッパおよび東アジアの安定回復のためにはどうしても欠くべからざるものであった。仮に何らかの形で、力の均衡が戦後世界の中に打ち立てられるべきだとすれば、この両国を共産主義の圏外に確保し、その巨大な資力を、建設的な目的のためにフルに活用できるようにすることが是非とも必要であった。

この二つの国――マッカーサー元帥が最高の指揮権をもつ日本と、西ドイツのアメリカ占領地域――では、アメリカ政府が全責任を負っていた。われわれは自らこの責任を引き受けたのであった。われわれは無条件降伏を要求し、それを自分の手に受け取った。それは独裁的な権力を要求し、受け取るに等しいことであった。われわれは旧敵国人が今後負うべき責任のすべてを、できる限り解除してやったのだ。われわれは連合諸国とともに、理論的には、これらの地域の国内開発、海外関係を自由にできる地位にあった。

われわれが国際関係を持っていた他の地域とは異なり、これら両国では、われわれが何らかの目的を達成するために、脅したり、すかしたり、あるいは口をすっぱくして説いたりしなければならないような、現地の独立政権とのにらみ合いなどはなかった。それはテーブルに出されたご馳走みたいなもので、切って食べさえすればよかった。

しかしながら、一九四七年には、国務省の立場から見ると、ある種の不安が、いつとはなしに忍び込んでいた。

第一に、この両地域は、その重要性とわれわれの統制力から見て、世界政治のチェス盤上では、われわれの側の一番重要な駒には相違なかったが、実際は国務省にいるわれわれでも動かすことができず、大統領ですら不完全な権限しかもっていないような駒であった。

この両国にいるアメリカの司令官は、実際には、高度に独立性を持った地位に就いていたのである。彼らは自分ではそれを認めなかっただろうが、事実上、自分の思い通りに振る舞っていた。戦時中は、軍事優先の立場から、国務省は政策決定の役割を事実上放棄していたが、戦後になっても軍部が依然として海外に軍隊を維持し、占領責任を担当している限りは、事態はさして変わらなかった。仮に司令官が、ワシントンに対して何らかの指揮を仰いだとしても、それは陸軍省、より具体的に言えば、その民政局に対してであったと思う。

しかし、すでに述べたヨーロッパ諮問委員会の例でもわかるように、陸軍省民政局は、国務省が相手にしなければならなかった政府機関の中でも、他と比べてより協力的だったなどといえるはずがなかった。民政局に指揮を仰ぐ場合ですら、司令官は、自分が単独で責任をかぶりたくないような、厄介で不愉快な決定を行うのに上部権威者の援護が必要だと思った時にだけ利用したにすぎない。それ以外の点では、司令官たちを陸軍省の側から動かす方が、私たち国務省の側から動かすよりもはるかに容易だということはなかったように、私は思う。

困難というのは、司令官は通常二つのシャッポ、すなわち、アメリカのシャッポと国際的なシャッポとを冠っていたという事実から由来していた。一方では、司令官はアメリカの命令を実行していた。しかし他方では、彼らは連合国間で結ばれた国際協定の実施者でもあった。一方のシャッポに関連した分野で具合が悪くなると、彼らはすぐにもう一つのシャッポの下に逃げて行った。まるでノミのようなこの機敏さ、自在さが、司令官たちに、自分の考え方に反するような圧力がワシントンから加えられてきた時に、異常なほどの抵抗力を発揮させるのであった。

この司令官たちに何をなすべきかを指示することがむずかしかったばかりか、司令官たちが実際に行っていることを知ることも容易ではなかった。ドイツではまだしも問題は少なかった。国務省はこの地に、ロバート・マーフィ大使というすばらしい経験と判断と名声を持った人物をその代表として置いていた。マーフィは、私たちと十分に連絡をとってくれていた。

ところが、日本の場合はそうはいかなかった。マッカーサーは、彼の占領責任に関する政治問題についてさえ、国務省の助言に耳を貸そうともしなかった。通信の経路は、陸軍省経由ということになっていた。東京のマッカーサー総司令部には、国務省代表もいた。しかしその部署は、総司令部の厳しい階層内ではほんの従属的なもの――外交儀典課に類したもの――でしかなかった。従って、そのような国務省代表が情報を収集し、総司令部内の上層レベルでの通常連絡を行い、国務省との間に秘密の連絡をとるといった便宜を持つようなことはできない相談であった。この欠陥も、一九四七年から五二年までの間は、この部署の長をしていた人物——有能で、日本の事情に深い識見を持った経験豊かなウィリアム・J・シーボルド氏——の個性によってある程度は埋め合わせされていた。シーボルド氏の才能は、彼が置かれていた組織の枠内においてよりも、そんな枠にはかかわりなく、大いに生かされるべきであった。

これらの司令官には、直接アメリカの世論や議会にアピールする手があったので、彼らを規制することが一層厄介なものとなっていた。司令官たちは、かつての作戦の舞台を訪れるあらゆる人々にとって、事実上、公式の主人役であった。司令官の慈悲深い承認と支援がなくては、新聞記者たちですら仕事上に必要な便宜を得ることは困難であった。著名な旅行者は、いや応なしに司令官の賓客となり、宿舎や旅行上の便宜などすべてその世話になり、多くの場合、受けた温かいもてなしに対して個人的な恩義を感じながら帰国した。司令官たちは、事実上、昔の君主に等しい役柄を楽しんでいた。彼らからありがたい承諾をもらいさえすれば、多くの門戸が開かれた。ところが、その承諾がなければ、ジャーナリスト、議会関係、政府筋を問わず、どんな新奇の賓客でも、直接の視察はできないし、占領の現実と政策に関する根拠ある判断をまとめることもできなかった。

こうして司令官たちは、他国の人民に権力を振るっている軍服を着た一部のアメリカ人に対して、多くのアメリカ人、とくにアメリカ国会議員たちが抱く奇態なほどの賛美によって支えられ、守られていた。国内にあっては、合衆国政府による行為の中に少しでも権威主義や独断の兆候が見えると激しく抗議するのが常であったアメリカ人が、アメリカの司令官が外国で、立法機関による拘束のない、文字通りの独裁権力を行使しているのを、当たり前と見るばかりか、心から賛嘆し興奮――誇りにさえ思って――さえして、腐敗し、信頼を失ったワシントンが、司令官の権限行使に干渉でもしようものなら、いつでも司令官に大々的な同情を寄せる傾向があった。

こんなことを書きながらも、私は問題の将軍たちを非難しようとしているのではない。彼らは、そのような結果になった状況に対し責任がなかった。戦後私が知っているあらゆる場合に、司令官たちは、その絶大な権力を、高度な責任とヒューマニティーに従って行使した。彼らはおおむね、慈悲深い専制政治が受けると決まっている尊敬を受けていた。私はただ次のことを指摘しておこう。

昔、イタリアを巡回したビザンチンの巡回説教者が、東ローマ帝国の将軍ベリサリウスの司令部で休息をとり、手厚いもてなしを受け、将軍がコンスタンチノープルの宮廷からの馬鹿げた無知な干渉に我慢している苦衷を聞いて、大いに同情したということだが、われわれの司令官たちもベリサリウスが受けたと同じ種類の同情を受けていたのだ。

実際のところ、いかなる大きな占領軍政府でも、すぐに独立国政府のような一面を持つようになり、それが代行するはずの政府からさえも、そのように遇されることを要求するようになるものだ。もっぱら政策実行のための機関であるはずなのが、いつのまにか自分の権利において政策を決定する中核体になってしまう。国外に大規模な軍事組織を配置し、しかもそれにその駐留地域の民政に関する広範な権力までを与えようとする場合、そのような駐留軍配置の責任をワシントンでは誰が握っているにせよ、その人に是非忘れないでもらいたいことは、その人はそのことではただアメリカの政策実行機関を設置しようとしているのではない、ということだ。それどころかその人は、アメリカの海岸線から遠く離れて所在し、世界政策のあらゆる問題について特別な展望を身につけた新しい官僚権力機構の持つ洞察力、その関心事、そしてそれが決定するものに対して、真剣に、かつ直接の責任をとらねばならないということだ。またその人は、それだけに、国際社会の進展の中でアメリカの資力を築くために、自分の支配力を用いるようなことはさしひかえねばならないことを忘れてはならない。

そこで国家政策の形成に関心を持つものの立場から、一九四七年のドイツと日本をながめた場合に覚える不安感の第一の要因が、これらの国々で現に進行しているものを抑えるワシントンの支配力が制限されていることだとすれば、第二の要因は、国際的な指令、あるいは一国の指令のいずれにせよ、発せられた指令の性格であった。

占領軍当局は、これらの指令によって形式的には支配され、またある程度は動かされてきた。これらの指令は、その大部分が戦争の最終段階で決められていたものである。それらは、多くの点で、見せかけだけの寛大さ、福音主義的自由主義、独善的な懲罰主義、親ソ的な幻影、そしてすでに周知のように、戦時中連合諸国の政策の中に浸透していた大国間協力という根拠のない願望の戦後版、そういったものへの愛着を反映したものであった。

これらのものの持っている歪《ゆが》みは、いまでこそ経験によって修正されているものの、一九四七年には、まだ指令そのものの大修正はまったく行われていなかった。当初は予想もされなかったが、いまでは広く存在を認められている新しい情勢に合致するように、指令を修正する組織的な企図もなかった。その結果、占領政策は、一部の点では最新の、より現実的な状況認識を反映していたが、それでもなお多くの点で非現実的で、見当外れな指令にがんじがらめにされていたのであり、その当時には不安定で、不満だらけな過渡期にあった。

ある意味では、これらの指令は、国際的合意の反映であって、それを改革しようとする試みは、重大な問題を引き起こすものであった。別の立場から言えば、指令を改正する権限は、理論的にはアメリカ政府にあった。しかしこの場合でも、その正式の権限は陸軍省にあったのだ。国務省はただ示唆し、意見を述べることができるだけであった。自分で行動をとる権限はなかったのだ。

ドイツの場合については、その当時、企画本部の方で再調査ないし新しい発想を求められるような状況はなかった。その頃モスクワで開かれた外相会議が失敗に帰し、ドイツ四国管理の可能性をこれまで我慢しながら信じてきた幻影はすっかり取り払われてしまった。ここへ来て初めて、事態の意味するものが理解され、イギリスとの間に、英米占領地区の経済的合同に関する協定が成立したのであるが、この協定は、一九四七年半ばにはすでに実際に施行されていたのだ。このことは、ヨーロッパ復興計画への参加によって、占領軍政府自身にも厳しい規律が課せられたのと合わせて、少なくとも近い将来、西ドイツが望ましい方向、すなわち、自国の生産力の復興、残余のヨーロッパ地域の復興に役立つ能力の開発、そして国内政治安定のための合理的手段の達成を目ざして進展して行く希望があることを示すものであった。

しかし極東の情勢は違ったものであった。中国が、いまや急速に共産主義の支配下に落ちてゆくことは間違いないことであった。これに対して、アメリカはなすすべもないようであった。情勢がこのような成り行きをたどったことを、われわれは他の誰にも劣らず悲しむものであったが、しかしこうした情勢がアメリカの打つべき手が足らなかったために起きたなどとは、絶対に考えなかった。

たしかに、アメリカ政府は、中国では過失を犯した。しかし情勢悪化の基本的な理由は、国民党政権自身の政治的弱体さの中に存在していた。この脆弱性は、私たちの見るところ、たとえアメリカの援助をこれ以上注ぎ込んでも、立ち直るどころか、かえって一層悪化させるだけだと思われた。

他方では、中国情勢の悪化は、必ずしもそれ自体、アメリカの利害にとって致命的な打撃とは見られなかった。中国は強大な工業国ではなかった。中国は遠い将来にも強大な工業国となる見通しはなかった。しかも、中国は近い将来にアジア大陸から外を窺《うかが》うほどの軍事大国になれそうもなかった。脅威に値するほどの陸海空軍力を開発する能力も持ってはいなかった。いずれにせよ、私は（ここで述べることは、私だけの意見で、私の同僚は含まれていない）、その当時、中国共産党が中国全土に長期間その支配を確立し、維持する能力があるとは、愚かにも、信じていなかった反面、もし中国共産党が中国全土制圧に成功するとしても——正確に言えば、最終的に中国共産党が成功するとしても——彼らがロシアの支配下に長く我慢していることなどはまずあるまいとも考えていた。一九四七年五月六日のウォー・カレッジでの講義で、私はこう述べた。

私はこう考えている。もし中国でロシア人が大きな顔をしているなら、それは思うつぼであって、ロシア人たちは、これまで数百年にわたって他のみんながてこずってきた問題にぶつかって、大しくじりをやらかすだろう……（中国共産党員が）まだ命がけで少数派の闘争をやっている間は……モスクワとも仲よくやってゆかねばなるまい。だが、もし彼らが多数派になり、中国領土の大きな部分を支配するようになったとすれば、そのモスクワとの関係が、現在の蔣政権とモスクワとの関係とそれほど変わるものかどうか、私にははっきりとはわからない。なぜかと言えば、中国共産党は、一層自立傾向を強くし、モスクワに対して独立路線をとる傾向が一層強くなるだろうからだ。

仮に、中国における情勢悪化がわが国の安全にとって、それだけでは堪え難い脅威になると思われないにしても、現在日本で生じているであろう情勢の重要性を大きく高めたと言ってよい。前にも述べたように、世界政治の展開の上で、潜在的な要因としては、日本は中国よりもはるかに重要であった。日本は、極東における唯一の、潜在的な軍事・産業の大基地であった。

アメリカ人は、中国がいつもアメリカの世論に働きかけようとしているらしい奇妙な幻惑に影響されて、中国の真の重要性を過大視しすぎるし、日本の価値を過小視しすぎる傾向があった。私が当時考え、そして今日なおその意見を変えていないことは、戦後のいつでもよい、もしソビエト指導者が、中国の支配と日本の支配の二つのうちどちらを選ぶかとの決断を求められたとすれば、彼らは何のためらいもなく、後者を選ぶだろう、ということだ。

われわれアメリカ人は、真に友好的な日本と名目上だけは敵対関係にある中国——このコンビからはわれわれにとって危険など生ずるはずはない——とを並べれば、申し分のない安全感を抱くことができよう。しかし、名目上は友好的な中国と真に敵意を持つ日本との組み合わせからくる危険性は、すでに太平洋戦争で試験ずみであった。もっと悪いのは、敵意を持った中国と日本の両国であろう。だが中国の大半で共産主義が勝利を収めたことは、日本に対する共産主義の圧力を高めることにつながるだろう。そして、モスクワが明らかに願っていることだが、もし日本に対するこの圧力が勝利を収めれば、その時、われわれの前にある日本は、明らかに敵意を持った日本であるわけだ。

企画本部の私たちが、一九四七年夏の終わりになって日本の情勢とその占領政策の状況に注目しはじめたのは、以上のような考慮からであった。私たちが知ったことは、最初はきわめて由々しいことのように思われた。理屈から言えば、占領目的——第一には非軍事化と賠償の取り立て——が完了し次第、その国の占領は平和条約の締結によって終結することになるのは言うまでもない。

マッカーサー元帥は、一九四七年三月十七日、日本はすでに平和条約を結ぶ用意ができていることを、自分の見解として公表していた。国務省もこれにならった。七月十一日、国務省は極東委員会（ワシントンに設置されていた連合国の日本占領政策決定機関で、マッカーサー元帥は日本の降伏条件の実施について、この機関に対し責任を負っていた）の構成メンバーである十一か国に対し、平和条約草案を準備するための予備会議を早急に開くよう申し入れた。この申し出に対し、ソビエトと国民党中国から頑強な反対が提出された。ここ当分は、マッカーサー元帥の申し出では何の進展も望めないことは明白であった。しかしこれによってわれわれはもし他のメンバー国が同意しさえすれば、われわれは平和条約の締結を終えて、恐らく日本から撤退し、日本を日本自身の意思に委ねることを認める立場に、一時はきわめて近づいていたのである。

一九四七年の夏のこのような情勢について、私が個人的に記録をとり、日本の情勢について私の学んだものとつけ合わせて考えてみようとしたのは、驚きと懸念があったからである。

もし、共産主義の圧力から日本を防衛することが、アメリカ政府の正当な関心事だと考えるならば、当時世界を風靡《ふうび》していた風潮の中に、日本を独力で放り出そうとなどと考えるのは狂気の沙汰としか言いようがなかった。日本は全く武装解除され、非軍事化されてしまっていた。樺太の南部と千島列島はソビエトに割譲され、北朝鮮はソビエト軍に占領されており、日本はソビエトの軍事拠点によって半ば包囲されていたのだ。にもかかわらず、日本の防衛についてはいかなる種類の対策もまだ占領軍当局によって講じられていなかった。またアメリカ政府および連合国政府のうちの誰一人として、平和条約は構想しても、条約締結後の日本の防衛をどうするかの問題にまで思いをいたしているものはいなかった。それればかりか、日本の中央警察組織は破壊されてしまっていた。日本は共産主義の浸透や政治的圧力に対抗する効果的な手段は何も持っていなかったのに、すでに共産主義者は占領下に強力な宣伝を展開し、もし占領が終了し、アメリカ軍が撤退しさえすれば、たちまちにその圧力は増大することが目に見えていた。このような情勢に直面しながら、その時までにマッカーサー総司令部が遂行してきた占領政策の本質は、ざっと見るだけでも、日本の社会を共産主義の政治的圧迫に抵抗できないほどに弱いものとし、共産主義者の政権奪取への道を開くことを目的にして立てられた政策の見本のようなものでしかないことがわかった。

もちろん、私たちにはこれらの判断を確かめるすべはなかった。SCAP（マッカーサー総司令部のこと）が実際に何をしたか、また何をしようとしているか、についての正確で満足な情報は、当時、政府の正規のチャンネルを使えなかったわれわれには入手困難であった。しかし表面に現れたものから判断すればこの通りであった。

このような情勢の中で、わが占領軍当局者が平和条約交渉のイニシアチブをとろうとして、重大な危険をすれすれに犯していたのではないかと思われるものがあった。ソビエトと国民党中国が同調することを拒否したのは、思いがけない救いとなった。そのために生じたデッドロックは、情勢を再検討し、日本との関係についての考察あるいは政策を全体として新しく見直す機会をもたらした。こうした作業をするのに、企画本部は適切な機関であると思われた。

事実、私たちがアメリカの政策全体の筋の通った見解といったものを作成すべきだとするなら、日本のこの問題に取り組むことを避けることはできなかった。しかしこのような研究調査を完遂するためには、私たちが陸軍省の間接的なチャンネルを通じて手に入れていたものよりも、もっとすぐれた、真実の情報を手に入れなければならなかった。だが、マッカーサー元帥個人と何らかの形で話し合い、見解を聞かない限り、この問題全体について計画をまとめ、アイデアを提出することなどできるはずがなかった。

一九四七年十月十四日に私がマッカーサー元帥に提出した最初の文書には、以上に述べたような配慮がその底に秘められていた。私は元帥に、アメリカの日本支配を早めに放棄しなければならなくなる危険があることに注意を促したものであった。私は、占領状態も、当時の情勢では、収穫逓減《ていげん》の状況に転じていることを指摘した。現在の考え方と指令をただ実施するという惰性的な努力だけでは、とても日本を、平和条約の成果を安心して期待できる状態にまで導いて行くことはできそうもなかった。平和条約の締結をめざして、さらに前進する前に、マッカーサー元帥と個人的にこの問題を徹底的に話し合い、またSCAPの現在の指令の適否を注意深く検討してみる必要があった。

この問題は、その後の数週間に、国務長官と何回か話し合った時の話題ともなった。この何回かの話し合いの結果、私自身が準備でき次第日本におもむいて、全体の問題を直接現地で検討し、困難でデリケートな政策の問題をマッカーサー元帥と具体的に話し合うこととなった。

＊　　＊　　＊

一九四八年二月の終わりに、日本に向け出発する数週間前に、私はマッカーサー元帥に宛て二通の文書を送った。一つは世界情勢について総括的に解説したものであり、もう一つは、世界情勢がアメリカの政策に与える問題について触れたものであった。この文書の要点はいま思い出しても興味深いものがある。それは、当時、少なくともアメリカの政策作成の責任の一端を担ったものの目に、世界がどんな風に映っていたかをまざまざと示すものであった。これら二つの文書の一つで、一九四七年十一月六日付の文書は、世界情勢に関して論じている。まず初めに、共産主義拡大の封じ込めが、これまでに立派に成功してきたという見解が述べられている。ソビエトによる政治的支配地域の拡大は押えられてしまった。ヨーロッパ復興計画が立派に成果をあげてゆけば、共産主義者たちが、再度ヨーロッパにおいて政治的に前進することはできないであろう。しかしこの計画を立案し支援するアメリカ側では、自国の資力を危険なまでに消費しすぎているきらいがあった。このような封じ込めの努力を単独で、あるいはほとんど単独の形で、負担し続けることは、賢明とはいえない。現地の独立した軍隊を強化し、彼らに重荷の分担をもっと多く背負ってもらい、力の均衡を回復することが必要であった。

その前進が押えられたために、共産主義者は、東ヨーロッパにおける彼らの権力を固める必要を痛感したのだと、私は考えていた。この理由から、彼らはやがてチェコスロバキアの制圧に手を出さなければならなくなった。共産主義勢力がヨーロッパ全体で前進を続けている間は、チェコ人に表面的な自由を許しておくことがソビエトの利益であった。しかし共産主義の前進が頓挫《とんざ》してしまえば、もはやこのような贅沢《ぜいたく》を許す余裕はなかった。チェコスロバキアはあまりにも大っぴらにデモクラシー勢力の東ヨーロッパへの門戸となりすぎていた。われわれは「この国のデモクラシー制度が一掃され、共産主義勢力が確立」されるのを予想すべきであった。

ソビエトは、リューベック－トリエステ間の一線をあくまでも守ろうとしている以上、文字通りの政治的手段で「しばらくの間」はその一線内の勢力を維持することができるかもしれない。しかしそれも容易なわざではないであろう。実際、時の経過とともにますます困難となってゆくに違いない。彼らが一億の人民を永久に押えつけてゆけるはずはなかった。

ドイツについて言えば、ソビエトは、共産主義によって支配できない統一ドイツよりも、ドイツの永久分割化の方を選ぶはずであった。従ってわれわれとしてもドイツの分割を次善の策としなければならなかった。しかしこのことはある段階がくれば、ドイツの西側地域を他の西ヨーロッパ諸国に受け入れられるように結びつける方法を見つけねばならないことを意味していた。

この第一の文書についてはこれくらいでやめておきたい。ただチェコスロバキアの推移については注意していただきたい。この分析は正しかった。この国の危機はその三か月半後に始まり、周知の通り、真のデモクラシーの最後の飾りが破棄されて、正真正銘の共産主義独裁が樹立されて最高潮に達した。

以上のことからすでに明らかなことは、事態がこのような展開をしたのは、実のところ、それがマーシャル・プラン構想の成功に対する防衛側の反動――これは事前に予想していたものだった――であったということだ。しかしながらアメリカの世論もわが政府官僚の人々も、このことを少しも理解していなかった。その結果、チェコスロバキアで共産主義者の弾圧が始まると、それが一般には共産主義者による新たな成功――この時までに用いられた封じ込め政策の不十分さのしるし――だと受け取られた。これは別章で述べるつもりであるが、これがNATO（北大西洋条約機構）条約締結の発端となり、冷戦全般に対する考え方が軍事的なものに変わり、それがその後の時代のワシントン官辺筋を支配することになるのであった。

第二の文書は、私が日本への出発前に書き上げて、当時の国務長官に差し出したもので、アメリカの世界政策上の問題に関する長文の分析であった。それはここに要約するには長すぎるものであるが、その一部の特徴は取り上げてみる必要がある。

まず第一に、ソビエト連邦とわれわれの関係であった。ヨーロッパ復興計画やその他の措置によって、もしもヨーロッパでの共産主義の拡大が阻止できることが明らかになれば、ソビエト指導者は、ドイツの降伏以来初めて、ドイツについて、そしてまたヨーロッパ全体について、真剣にわれわれと取引しようという気持ちになるかもしれなかった。これはアメリカの政治家の才腕にとって大きなテストとなるものであった。そこで、アメリカの政治家に、時間をかけて検討するだけの値打ちのあるものとして、次のような諸点を提示するのが私たちの仕事であるはずだった。すなわち、

(a)　ヨーロッパと中東の圧力を緩和して、ヨーロッパにある兵力を相互に撤退することで同意できるようにする。

(b)　ヨーロッパの安定期間の延長を黙認する。

以上のことを実施するためには、ある時点で、ソビエト指導者との間に、秘密の、個人的な、非公式の話し合いを行う必要があるだろう。

(この最後の点についてとくに一言しておきたい。このどちらかと言えば秘密の方式には、当時は気づかなかったが、重大な抗争の原因がひそんでいた。それは間もなく表面化するのだが、私自身と、マーシャル元帥の後任者やドイツ駐留アメリカ軍首脳部の人々を含めたわが政府部内の人々との間に、ヨーロッパ復興計画の成功に伴う事後政策をどうするかの点をめぐって、意見が一致しなかったのである)。

この長文の文書の大部分は、当時必至と見られていた、東地中海および中東におけるソ

ビエトの進出の危険について述べたものであった。われわれはギリシャにおいて穏やかな介入を試みて成功したとはいっても、まだ必ずしも確かなものではなかった。イスラエル国家の建設（私はこの時アメリカが軍事的支援をすることには強く反対した）は、アラブ諸国に対する共産主義浸透の危険を高めたように思われた。文書のこの部分で、共産主義者が、ソビエト軍隊を使わずに、政治的な浸透と破壊の方法でさらに地域拡大に成功するような重大な兆候が生じた場合に対処する問題（当時はまだ仮定的なものであったが、のちには一再ならず、切実な現実の問題として登場してくるはずであった）について、私はかなり詳しく述べた。私がたどりついた結論をいえば、このような場合に、すぐ足許の情勢を手直しするぐらいな単純な気持ちで、自国の軍隊を抗争に繰り出したりすることは賢明でない、ということであった。私はこう述べた。

アメリカの正規軍を、外国領土内の共産主義分子の動きを押える……ために使うことは、一般に、危険で、無益のものであり、利益よりもむしろ害悪の多いものであると考えるべきだ。

このような場合にできる最上のことは、地理的に必要な地域に、それぞれできる限り、平和時からわれわれの正規軍を配置しておくことだと私は考えていた。われわれの意図は、彼らが浸透と破壊の手段を使ってその勢力を拡大せんとすれば、わが国もその近接地域に軍事拠点を拡張し強化するだけのことだ、反対に、共産主義の脅威が減退すれば、アメリカ軍撤退の前提となる状況を設定するなどの反対の効果も生まれてくるのだ、ということをソビエトに明示することであった（たとえば、共産主義者がギリシャで勢力を強化することに成功していたら、われわれは、同盟国の同意さえ得られれば、他の地中海諸国に基地を建設してこれに対抗しなければならない、というのが私の考えであった）。

極東については、われわれははなはだしく手足を伸ばしすぎたというのが私の見解であった。情勢はよくなかったし、われわれには打つ手がほとんどなかった。われわれはできるだけ控え目にしなければならないようであった。われわれの威力を示す手段も、必然的に軍事的、経済的なものにならざるを得なかった。日本とフィリピンは、早晩、われわれの利益を守るのにふさわしい太平洋安全保障組織の基石になるだろう。もしこの二つの群島がわれわれと親善関係を維持してくれて、われわれが効果的にこの両国を利用できるようになっておれば、当分の間は東からわれわれの安全をゆさぶる重大な脅威はないであろう。そこで、これからの時期のわれわれの目的は、次のようなものとなるであろう。

(1)　中国での不健全な公約を解消し、その情勢に関して行動の自由と超然性の回復を図ること。

(2)　日本は、ソビエト連邦の軍事的攻撃からも、また共産主義の浸透と支配からも安全に自国を守るだろうし、また日本は、経済的にもう一度、この地域の重要勢力として復帰し、平和と安定を打ち立てるのに役立つであろうから、日本に対する政策を是非立案しておくこと。

(3) フィリピンの独立を許すこと。しかしフィリピン群島が、太平洋地域におけるアメリカの安全のための砦《とりで》となるという形でである。

こうした見解の中には、あとでもわかるように、わが国の安全保障のために、われわれが中国大陸のどこかに特別の軍事基地を要求するといった示唆は全くなかった。

* * *

この第二の文書を提出して(たしか二月二十六日だったと思う)から、私は日本に向けて出発した。私の使命は最もむずかしいものの一つであった。マーシャル元帥とマッカーサー元帥との関係は疎遠であり、私の見るところでは、温かく通じるものがなかった。

この二人の軍人は、戦争中、太平洋戦線とヨーロッパ戦線にわかれて本国からの軍の補給と支援を争い、その激しいあつれきに神経をすりへらしていたのだと、私は想像するのであった。こんな争いに、マーシャル元帥はいつでもよんどころなく巻き込まれて困っていたのである。マーシャル元帥は、マッカーサー元帥と意見を交わすような機会に個人的に巻き込まれることを避けているようだった。これに反し、マッカーサー元帥は、幾多の証拠が示すところによると、国務省に対して激しい偏見を抱いており、日本の占領行政に介入するような国務省の企図には片っ端から当たり散らし、そして国務省の高官の誰かが到着すると、国務省が何かまた企みをもって来たのかと、すぐに嗅《か》ぎつけようとした。

二つの機関――国務省とＳＣＡＰ――の関係はそれほど疎遠になり、不信感に満ちていた。そこで私の使命は、まるで敵意と猜疑《さいぎ》心で一杯の外国政府との間に通信連絡線を開設し、さらに外交関係を樹立する任務を負わされた外交使節団の使命みたいなものであった。またこの使命を果たすについても、マーシャル元帥はかかわり合いになるのを好まなかったし、国務省の極東局も今度の企図がうまくゆくとはどう見ても信じていなかったようだし、結局、私独りの責任でやる外なかった。

陸軍省には、私の仕事の見通しについて、用心するようにと注意するものもいたし、興味をそそられたものもいた。同省の一部の人々は、日本での占領行政の基礎となっている考え方や指令を改正する必要があることを痛感していた。しかしその人たちも、国務省の連中よりもさらにマッカーサーを恐れていたのであり、か弱い一文官のダビデが、どえらい軍人のゴリアテに見参に行こうとしているのを、舌なめずりして待ちかまえていたのであろうと、私は思っている。

この人たちが、自分たちにも関係があると考えたのか、軍人の同行者を一人つけてくれた。それというのも、自分たちとの間の連絡をとっておく必要からでもあった。ところが幸いなことに、この軍人はきわめて有能で、知性もあり、かつ話のわかる人物、コートランド・バン・レンスラー・スカイラ将軍（のちにヨーロッパ連合国軍最高司令官となった）であった。私は、これ以上楽しい旅の同伴者は望めないとさえ思った。そして彼がその冷静で、如才のないやり方で、私の使命達成に裏面からひとかたならぬ援助をしてくれたのではなかったかと考えている。

国務省もまた、マーシャル・グリーン氏という気心の知れた有能な助力者をこの旅行に同行させてくれた。この人は、のちインドネシア駐在大使にもなったが、以前にはジョーゼフ・グルー駐日大使の個人秘書を務めたこともあり、当時は極東局に勤務していた。彼は日本の事情に精通しており、またＳＣＡＰの中間クラスとの間に効果的な情報ルートを持っていて、私の使命達成にはこの上もなく役に立ってくれた。

マッカーサー元帥は、もちろん私が来ることを事前に通知されていた。彼は私が行くのを拒みはしなかったが、後で聞いたところによると、私が来るらしいという知らせを受けると、彼は冷淡に、無表情に、「そいつには思い切り説教してやるとするか、耳にたこができるくらい」と言ったとのことだった。

このように状況は、どう見ても恵まれたものとはいえなかったが、とにかくスカイラ将軍と私とは、一九四八年二月二十九日、シアトル空港を出発した。途中、アンカレジに着陸したほか、もう一か所、北太平洋のどこかから千四百マイルの地点にある小さなシェムヤ島のテーブル型の飛行場に、暴風の夜半、恐怖の燃料補給着陸を強行したりして、東京へは三十数時間後——正確には日曜日の朝四時——猛吹雪の中に到着した。今度もまた、航空機のヒーターがシェムヤからの二千マイルの最終行程で故障したため、私たちの身体はへとへとに参ってしまい、到着した時には、すっかり氷のように冷え切っていた。帝国ホテルに着いた時、何よりも私は眠りたかった。しかし新聞記者たちが夜明けまで間断なく起こしに来たので、眠るどころではなかった。午後一時、スカイラ将軍と私は、四十八時間ほとんど眠りをとっていない身で、マッカーサー元帥の官邸の昼食に招かれた。元帥は、夫人とともに丁重に私たちを迎えた。私たちは一緒に食事のテーブルについたが、たしか、外の同席者は元帥の副官が一人だけだったと記憶している。スカイラが元帥の一方の隣にすわり、私はもう一方の隣にすわった。

食事も終わりに近づいた時、元帥は、私に背を向け、スカイラの方ばかりを見ながら、一本の指を立ててテーブルを時々たたいて注意を促しながら、独り舞台でしゃべり始めた。その長広舌は、なんとかれこれ二時間も続いたことを、私はいまでも忘れてはいない。うんざりしながら、私は身じろぎもしないでいた。もちろん、ノートをとることもできなかったから、この談話の詳しい記録など持っていない。だがこれは、元帥がワシントンからの賓客のみんなに話すことになっている決まり文句に近いものであったらしかった。

ゴール地方を占領したシーザーの話が、収穫の多かった軍事占領の唯一の歴史的模範として引用されたのを、私は覚えている。日本人は指導とインスピレーションに渇えていた。日本人にデモクラシーとキリスト教精神を教えるのが彼の意図であった。日本人は現在、自由が何であるかを知りはじめている。日本人は決して奴隷には戻らないはずであった。共産主義者は日本ではもはや脅威ではなかった。一年前には平和条約を締結することもできたはずであった。ソビエトと中国がわれわれを困らせる目的で、平和条約をぶちこわしてしまった。いま、事態は一層困難になってきている。彼はそれを知っていた。

この談話が終わると、私たちは慇懃《いんぎん》に退出させられた。元帥の談話の適当な要約を総司令部のものに揃えさせましょうとのことであった。

翌日、そうした要約の最初のものを聞いてみた。それは役にこそ立ったが、とくにすぐれた資料となるものではなかった。それらは、新聞へは記録禁止資料《オフレコ》として話されたはずの、同じ背景解説の情報を多く含んでいると私には思われた。その多くのものは、グリーンも私もすでに知っていることがらであった。つまりは、それは十分に興味はあるが、私の使命の基本的目的を満足させるには程遠いものであった。

このまま糸口らしいものを見つけずにいれば、いい加減にあしらわれて終わってしまうだろうと気がついた私は、次の夜、ホテルの部屋に引きこもって、マッカーサー元帥に宛てた書面をしたためた。その中で私は、要約を提供してもらったことに謝意を表した上で、元帥に対して、私がある種の問題を持っており、これについて元帥と直接話し合うよう訓令されており、またその問題について、帰国するまでに直接の面談によって元帥の見解を尋ねるよう期待されてきていることを説明した。つまり、このようにして私は、できるだけ早い機会に、元帥との会見を許してもらいたいと、頼んだのであった。

要約を聞いた日の翌日の夕方、私はホテルの部屋でチャールズ・A・ウィロビー少将の訪問を受けた。ウィロビー少将は、マッカーサー元帥幕僚第二部長として、元帥の有力な幕僚の一人であった。私たちはその夜は愉快な時間を過ごし、多くのことを語り合った。少将は、ソビエト連邦に関心を抱いていた。ソビエトの復興の進展ぶりや、ソビエトの戦後外交政策の発展などに対する関心であった。少将は私に、翌日SCAPの高級将校の集まりで講演をしてくれと要請した。

この要請に私は快く応じた。私はこれらの将校たちの誰よりも、最近のソビエト連邦の発展ぶりについては詳しく知っていたから、この将校たちの知識を新しく増やしてやり、その印象をもっと明らかにしてやることができたと思う。マッカーサー元帥はこの時の集会には姿を見せなかった。しかし元帥が何かの方法で、私が話した内容をすっかり知らされていたらしいことを、後になって私は察することができた。ウィロビー少将と私とが話し合ったことも、少将の口から伝えられていたし、それに今度の講演の効果もあって、マッカーサー元帥は、私の使命の目的、占領政策に関する私の関心の内容などについて抱いていた疑惑の幾分かを解消したようであった。

それはともあれ、一両日後、私は単独でマッカーサー元帥から招かれて、夜の長い会見をすることとなった。私たち二人は、占領と平和条約に影響する事がらで、われわれの旧同盟諸国に関係ある問題をはじめとして、占領政策の主要問題のすべてについて、何一つの例外もなく、話し合った。元帥は自分の見解を自由に話したし、私にも同じように話すように言ってくれた。元帥自身は、すでに私たちの目にもそれとわかる、いくつかの危険について知らないわけではなかったし、また元帥が、私たちに劣らず、多くの占領政策の変更と修正が必要であることを感じていたことを、私は理解することができた。

元帥がとくに恐れていることは、このような変更が、いつでも、極東委員会に代表を出している同盟諸国から反対を受けるに決まっていることであった。この点について、私は元帥にいくつかの提案を行った。それは元帥には初めてのものであり、元帥は自分が考えていた障害を克服することができることをそれで知ったのである。私が指摘したのは、極東委員会の諮問機関としての機能は、ただ日本の降伏条件を実施し、推進するためにマッカーサー総司令官がとっている責任に関するものだけにとどまるということであった。このことは、元来ポツダム宣言に基づいて規定されたことであった。ところが、ポツダム宣言は、ただ日本の非軍事化と一部領土の行政権放棄を規定しているだけであった。

この規定条項はいままでは遂行されてしまった。それでマッカーサー元帥は、降伏条項に関連して生じてきた責任の部分は、遂行してしまったと言うことができるわけだ。極東委員会は、この元帥の責任に関連して助言を与えるのがその任務なのであった。現在要求されている占領政策の変更は、目的——すなわち、日本の経済復興と極東地域の安定と繁栄に建設的な寄与をするための日本の能力の回復——に関連した変更であった。この占領政策の変更が必要なのは、降伏条件の規定からきていることではなく、むしろ平和条約の交渉遅延からきたものであった。

このような不測の事態に適用される政策手段については、関係国間でも協定ができていなかった。こんな情勢の中では、合衆国政府と、在日米軍総司令官としての元帥とは、独自の判断に基づいて行動しなければならない。そうなると、元帥は極東委員会に諮問する必要はないし、あるいは極東委員会が当初降伏条件の実行に関して述べていた見解にも束縛されると考える必要はないと私は考えた。ポツダム宣言や降伏文書に明らかになっている措置を傷つけるようなことがなされない限り、同盟諸国は反対する根拠がありえなかった。

以上の論理が元帥を大いに喜ばせたようであった。元帥は膝《ひざ》をたたいてうなずいたほどであった。元帥と私とは、ついに心と心が結び合うことができたという、共通の思いを抱いて別れたのである。

この瞬間から、万事が好転した。東京の総司令部での仕事が終わったので、グリーンと私は占領地の主要な中心点のいくつかを見るために旅に出た。そのために鉄道の専用客車を提供されたし、私の知る限りでは、望みうるいっさいの情報を提供するために、あらゆる努力がなされたのである。

日本の情勢についてのこの調査から明らかになったことは、私たち企画本部のものが前年の秋に初めて事情調査に着手した時に経験した懸念が、文字通りに裏づけられたことであった。当時の日本はどの点からしても、平和条約締結とともに直ちに期待されるはずの独立の責任を立派に背負ってゆくことができる状況にはなかった。

第一に、日本の防衛のための正しい取り決めが全くできていなかった。ＳＣＡＰは、当時日本に全部で八万七千の兵員を駐留させていた。その大部分は占領地管理に配置されていた。この中から戦闘用部隊として使用できるのはせいぜい一ないし二チームにすぎなかっただろう。日本人は、もとより完全に非武装化され、だれ一人として再武装を夢みるものはいなくなっていた。

アメリカ占領軍の存在は、日本人の生活には重い負担となっていたし、また経済復興に必要なものの多くをすでに占有していた。軍事要員の他にも、われわれは三千五百人の文官スタッフを駐留させていた。アメリカ占領軍のために日本が配置しなければならなかった基地従業員は数十万を数え、この中には数万にのぼる個人的な傭人も含まれていた。しかもこれらの全従業員に必要な全経費は日本側が負担していた。

私たちが滞在している間にも、日本政府はアメリカ占領軍要員のために一万七千余の新住宅を自らの費用で建設している最中であった。ところが一方では、同時に、日本政府は爆撃で破壊された自国の都市住民のために数百万戸の住宅を供給しなければならないという、恐るべき問題にも直面していたのである。占領軍は必要経費として日本の国家予算のおよそ三分の一を消費していた。厄介な占領軍当局は、多くの点で寄生虫的存在であった。日本人に対して種々の名目で不当な強奪が行われたが、その中には占領軍要員の個人的な金儲けのためのものもないとは必ずしも言えなかったものがあったのは残念である。

このような重荷を背負いながら、独立のための準備をするのは、たとえ最良の環境に恵まれていたとしても、日本にとっては困難きわまりないことだったに相違あるまい。しかし、こればかりでなく、SCAPが指導してきた改革と、その改革を指導してきたやり方が、日本人の生活全体に当時深刻な不安感をかもし出していたのである。

農地改革は、それ自身建設的で望ましいものであったが、日本の農耕地の約三分の一を対象としたもので、日本政府にこの広大な土地を再分配のため購入させるというものであった。しかし、購入された農地のわずか七分の一だけが、当時の時点までに再売却されたにすぎなかった。結果的には、農地所有関係に大きな混乱と不安をもたらしただけであった。

工業面でも同様な状況にあった。SCAPはほとんど異常なほどの熱心さで、トラスト解体の理念を抱いていた。すでにワシントンの司法省反トラスト局に対して強力な意見具申が行われていた。最も強大な企業のいくつかを含めて、およそ二百六十の企業が「経済力の不当集中」と指定された。これらの企業の証券は、多くの場合、SCAPの指命に基づいて政府に接収され、理屈上は、再売却されることになっていた——いったい誰に再売却するのかははっきりしていなかったが。

その間、企業は不安な状態のままなお存続し、その不安な状態が経営者のイニシアチブと自信に深刻な打撃を与えずにはおかなかった。これらの措置がとられる基となったイデオロギー的な観念は、「資本主義的独占」の害悪に関するソビエトの観念と全く似ており、こうした措置そのものは、日本の将来の共産化に関心を持つものにだけ高く評価されるものであった。日本の復興に彼らがどれだけの関心を持っていたかはあまり明らかではなかった。

私が何よりも重大だと思ったことは、官界、教育界、経済界に活躍していた人士の、全面的な「追放」によって引き起こされた事態であった。追放されたのは、軍国主義の肩を持ち、あるいは初期の日本の侵略をそそのかしたと疑われた人々であった。追放は、SCAPも思い切った規模で、独断的に、個人感情を抜きにした執念深さで推し進められたが、全体主義諸国を除けば、あまり前例のないことであった。

私の滞日中に付帯審査を受けたものだけでも、すでに七十万人に上っていた。教育界だけを見ても、五十万の教師のうち、約十二万人がすでに追放され、あるいは追放される以前に辞職していた。またこの措置には明確な終止期がなかった。ＳＣＡＰは、今後、公務員の新規雇傭者はすべてＳＣＡＰの管理に従ってチェックを受けねばならないと指令し、公務員審査が無期限に施行されることを示唆した。そればかりか、この公務員審査計画は、全く複雑きわまるやり方で実施された。この実施に伴って、命令、規定、制度が驚きと混乱の中に積み上げられていった。後に政府に送った報告の中で、私は次のように書いた。

普通の日本人にとって……追放の騒ぎは全くわけのわからないものであったに相違ない。事実、ＳＣＡＰの多くの人々に、その経過、範囲、措置、目的など説明できるものがいるかどうか、疑いたい。

懲罰の心理効果は、いっさい布告、指令、計画の混乱する中で、失われてしまっていた。あらゆる職種から個人を無差別に追放するということは、全体主義的なやり口にそっくりで、われわれ自身が日本に押しつけた新憲法の市民権条項に背反するものであった。さらに、理性的に判断すれば決して軍国主義の信奉者とは見えないのに、ただ戦時中、国家のために献身的に奉仕したというだけの罪をもった多くの人々を、市民生活から追放するという結果になった。日本の社会の建設的な発展になくてはならない重要な人々が、追放された。抑えられた力は、必ずまたはね返ってきて、早いうちに緩和の策をとらないと、いつの日かに極端に忌まわしい形で爆発するであろう。

とりわけ奇怪で、不幸なことは、戦前、親米派として知られていた人々にまで、当たり前のように追放の手が伸びていることであった。とくに上層階級の日本人の間では、親米主義がかえって疑惑の的になっていた。このようにして、SCAPの政策は、日本人の生活を大きな混乱と紛糾に落とし入れ、一時は重大な不安感をさえ生み出していた。

また一方では、賠償引き渡し、なかでも日本で使用されていた工業施設を同盟諸国——中国、フィリピンなど——に引き渡したため、経済の復興はなおさら阻害されつつあった。これらの賠償引き渡しと、それがいつまで続けられるのかわからないことが、日本経済に痛手を与えていたにもかかわらず、それによって他のどの国かの経済をとくに助けている様子も見えなかった。聞くところによると、多くの機械設備が、上海やその他の極東各地の港の埠頭《ふとう》で、錆《さ》びるままに放置されていたということだ。

こんな有り様では、もし占領軍が突然引き揚げることになった暁には、明らかに共産主義の圧力には到底抵抗できない弱体をさらす他あるまい。にもかかわらず、日本人には自国の安全を自分で受けもつのに適当な手段を与える手は何も打たれていなかった。わずかに中央の管轄下にある警察力として、約三万の地方警官がいた。自治体警察は、およそ七万七千を数えていたが、これは各地方自治体の管轄下にあり、政治保安上の問題については、自治体警察相互の間、あるいは自治体警察と中央との間に適切な連絡の規定ができていなかった。だが、共産主義活動の問題が最も深刻化するのは、はっきり言って、都市であった。この警察組織は、大部分がピストルだけで武装しており、その一部では、四人でピストル一挺も装備していないものもあった。

防諜部隊はなかった。日本は島国であるのに、海事警察は設置されていなかった。そして言うまでもなく日本には、緊急事態が起きた時、これらの警察力を支援する軍隊がなかった。共産主義者が権力を奪取するのに、これほど好都合、好条件の舞台装置は滅多にあるものではない。同じこの時期に、日本の共産主義者たちは、政治活動の自由を与えられ、その力を急速に増大しつつあった。

当時、ＳＣＡＰがこのような奇怪なことをやっているのは、一つには総司令部内に共産主義者が潜入しているからだ、との噂がささやかれていた。マッカーサー元帥は、こういう非難には気づいていた。共産主義者が私たちの話し合いにも加わっていたということであった。私の見るところに間違いがないとすれば、マッカーサー元帥は、ＳＣＡＰに関係のある数千人の人々の中に共産党員が何人かまぎれ込むことなどありえないことだとは考えていなかった――むしろ逆に、そういうこともありうる、と考えていたようだ。「多分ここにはそんな連中もいただろう。陸軍省にもいる。国務省だって同じことだ。大したことじゃないよ」と元帥が言ったのが思い出されてくる。こういう連中のやるつまらないことは問題にするに足らない、と元帥は考えていた。

ＳＣＡＰの政策が、その内部の低いレベルで共産主義の影響をどの程度受けていたかという問題について私には判断する根拠などなにもなかった。もし政府機関の仕事がどの程度まで共産主義者の目的に好意を持ち、あるいはそれを反映しているように見えるか、その程度によって判断されるべきだというのであれば（私はそれ以上の不当な判断基準は思いつかない。しかしワシントンではそのようなものがしばしば適用されていたのだ）、ＳＣＡＰ総司令部などには、国務省などよりも数倍も疑わしい点があったようだ。ＳＣＡＰの連中は、彼らの親玉が軍の高官であって、文官でなかったことを後日大いに喜ばねばならなかった。さもなければ、ジョーゼフ・マッカーシー全盛のころには、議会の猜疑と告発の手が間違いなく彼らの上にも伸びていたはずであった。この忌まわしい告発を受けつけない免疫性を持っていたことが、そのころから始まろうとしていた政府関係者の魔女狩り騒動に終止符を打つきっかけとなった、と私は思っている。

ワシントンに帰ると、私は国務長官に、日本で見てきた状況をできるだけ詳細に述べ、それに対処するアメリカの政策への包括的な献策を示した報告書を提出した。

日本政府に対するＳＣＡＰの支配体制はゆるやかなものであるべきだ、と私は進言した。日本人には独立の責任をもっと大きくするように力づけてやらねばならない。これ以上改革を促す立法を押しつけてはならない。重点は、改革から経済復興に移されるべきである。

追放は緩和し、次第に減少させ、遠からぬ時期に停止すべきである。

占領軍経費を縮小するよう努力すべきだ。他の極東委員会メンバー諸国の反対があっても、賠償は漸次中止せねばならない。財産に関する苦情処理は速やかに行わねばならない。だが、われわれは平和条約を急いではならない。当分の間は、日本人が独立の重荷を背負って立つことが立派にできるようにすることが先決だと言わねばならない。平和条約交渉の時がきたら、条約は簡潔で、寛大で、懲罰的色彩のないものにしなければならない（この最後の点では、以前に国務省内に回付されていた条約案の、冗長で、堅苦しく、懲罰的色彩の強い内容とは対照的であった）。条約が締結されるまでは、われわれの戦術部隊が日本に駐留しなければならない。しかし兵員数、日本が負担する経費、日本人の生活と経済に与える悪影響などは最小限に押えねばならない。

条約締結後に、軍隊、基地、その他の軍事施設を日本に維持すべきかどうかは、将来の決定にゆだねるべきである。しかしながら、われわれは沖縄には今後も長期にわたって駐留することを決意しなければならない。それによってわれわれは、同島の住民のために経済的安定と通常の政治状態を回復する責任を完全に負わねばならない（それまでは、いつまで同島に駐留するかわからなかったので、この責任を実行することを差し控えられていた）。日本の警察を強化し、装備を改めねばならないし、強力で、能率のよい海岸警備隊と海事警察を新設しなければならない。

これらの献策は、国家長官から極東局に回付され、それについての意見と裏付けを求められた。られた。極東局は、一、二の点で些細な修正を加えただけでこの献策を受け入れた。しかし、この献策がわれわれの軍事上の利害に深く関係しているのと、この献策の実施は主としてわが軍事当局を通じて行われるべきものだったため、この報告書は、軍関係の委員が強力に参加している国家安全保障会議《ナショナル・セキュリティー・カウンシル》にも提出され、その上で大統領の決裁を受けることになった。それには時日がかかった。

この献策のすべてが、その任務にいそがしい軍のあらゆる階層で承認を得たわけではなかった。献策のいくつかは、現在施行されていた軍の政策と衝突するばかりか、現在喜ばれている個人的な特権や利益などを傷つけるものであった。にもかかわらず、この献策書は多少の遅れはあったが、国家安全保障議会によって事実上完全に承認され、大統領の裁可を得た。これに基づいて、各軍関係者から東京の占領軍総司令部に対し訓令が送られた――それはおよそ一九四八年末から四九年初めにかけてのことであった。

この改革の決定が、どのようにして、どの段階で、そしてまたどの程度に、最終的にSCAPの行動と慣行の中に具体化されたのか、私は知らない。マッカーサー元帥自身、この献策には大乗り気で、ワシントンでそれが最終的に決定されるに至るまでの審議の模様もよく知らされていたらしく、その献策を多くの点で、彼自身の大きな執行権を発揮して先手を打って実行していた。そのうちのある部分は、ワシントンではまだ審議が終わっていないというのに、疑いもなく実行に踏み切っていた。その反面、自分の完全な承認を得られない部分があれば、それを無効にしないまでも、その実施を延期するだけの力をマッカーサー元帥は持っていた。このような理由から、この改革の決定の日本における効果は、おそらく段階的なもので、多くの人々にはほとんど目につかないものであっただろう。シーボルド氏はその回顧録*の中で、この決定について何か知っていたかどうかを示すようなことを全く書いていない。一九四九年に行われたこの決定に従って生じた多くの変化についてはいろいろ書いていたのに——。ウィロビー少将の回顧録**も、以上のことについては何も気がつかなかったと書いている。極度に自己中心的になっていた占領軍司令部の目には、ワシントンが大きく映らないこともあったのかと、時には考えさせられるものがある。

* William Sebald, "*With MacArthur in Japan*", New York: Norton, 1965.
** Charles A. Willoughby, "*MacArthur 1941−1951*", New York: McGraw-Hill, 1954.

しかしながら、私がマッカーサー元帥を訪ね、会談し、最後にはワシントンから指令が発せられたこと、これらが一体となって、一九四八年末から一九四九年初めにかけて行われた占領政策の改革に大きく寄与した。そして私はこの変革をもたらした私の役割は、マーシャル・プラン以後私が政治上に果たすことができた最も有意義な、建設的な寄与であったと考えている。これをただ一つの例外として、私はこれまでこのような大きな規模と重要性を持った献策を試みたことはかつてなかった。そして、私の献策がこのように広く、ほとんど完全といえるくらいに受け入れられたこともかつてなかった。

一九四八年、私は、平和条約締結後の、アメリカ軍の日本駐留に関しては、その段階では何らの決定がなされるべきではないと献策した。それというのも、われわれは早晩、ソビエトとの間に西北太平洋地区の安全保障についてある種の広範な了解に到達できるだろう、という希望を持っていたからである。そういうことになれば、アメリカ軍の日本駐留も必要がなくなるはずだからだ。私のこの希望は、マッカーサー元帥もこの時点では同様に抱いていたものと私は思っている。またヨーロッパの場合のように、ソビエトが真っ向から軍事行動に出てくるのではないかなどと、私は疑ってはいなかった。

日本の安全にとって一番危険なことは、日本の共産主義者による陰謀、転覆、政権の奪取が行われる可能性があることであった。このような事態が大きく進展してはじめて――全くこれは大変な事態だ――ソビエト軍が何らかの補助的役割を演じることもありうるだろう。従って、日本に一番必要なことは、日本領土に外国の軍事基地を設置することではなく、日本自身に国内治安を維持する能力を養わせることであった。日本の国内情勢がそれまでに安定していさえすれば、また日本が適切な警察組織、とくに大陸からの浸透を防ぐことのできる、目先のきく、有能な海事警察力を備えることができれば、われわれは、朝鮮全体の共産化を防ぐための保障の取り決めと引き換えに、アメリカ軍の日本列島（沖縄に関しては確言はできなかった）からの事実上の撤退を、ソビエトに申し入れることができたはずであった。もちろん、平和条約交渉がさし迫ってくるまでは、この問題には最終的な姿で取り組む必要はなかった。だが、重要なことは、この問題を明るみに出しておき、真剣な国際討議の対象として取り上げる時がきたら、取引の手段として使えるようにしておくことであった。

マーシャル元帥が、一九四八年末以後も、国務長官として在職していたとしても、この構想を受け入れてくれていたかどうかは、私にはわからない。また、最終的には何がわが政府――あるいは、少なくともディーン・アチソン国務長官――に、一九四九年の夏の終わりごろ、平和条約締結の時期がきたと決意させたのか、私は覚えていない。一九四九年八月三十日の日記に、私は次のような秘めやかな観測を記している。

われわれが現時点で、（日本との）平和条約を望む第一の理由は、それがわが政府部内での内政上の困難を解決するただ一つの道だと思われているからだ、というのは皮肉なことである。

これは次のことを強く示唆したものであった。平和条約の必要が改めて強く感じられてきたのは、われわれが直面している客観的情勢の要請からではなくて、むしろわが政府が、ワシントンの官僚機構の、中でもうるさい軍関係のそれと深くからみついている厄介な占領軍機構を、政策実施の有効な代行機関として使う力がなかったからだというのである。

それはそれとして、アチソン国務長官とイギリスのベビン外相の二人は、一九四九年九月、ワシントンで会見した時、平和条約締結の努力をもう一度進めてみる時がきたことに合意したようにみえた。当時、この考えは、ワシントンの軍部筋には抵抗があったようにみえた。というのも、アメリカ軍が当時日本で持っていた施設や特権を、易々と放棄するはずがなかったからである。

この紛糾は、その年の冬の間に次のような全般的な了解が生まれて解決したようであった。すなわち、条約自体には、日本におけるアメリカ軍基地の保持を規定しないが、付属合意書によって、日本政府がそのような措置を認めることにする。またこのような措置にソビエトが同意しない場合は（大いにありうることだ）、われわれは、ソビエトを除いても、この条約と合意書に調印するのをためらうものではない、というものであった。

もちろん、これは、われわれがことを進めるに当たって望ましいやり方として私が考えたものから、基本的には離れていた。日本に駐留するアメリカ軍の将来の問題は、それがソビエトとの交渉でどの程度に取引材料になるかをはっきり見きわめがつくまでは、持ち出すことができないものであった。あとでわかるように、これが朝鮮で攻勢に出ることをソビエトに決意させた重要な動機だったかもしれない、というのが私の見解である。

しかし当時のワシントン政府筋は、あらゆる局面で軍事的攻勢に出ようとしていたソビエト政府を阻止できるかどうかという、むしろ素朴な疑問には関心を抱いていたが、それ以上に、ワシントンの行動と政策がソビエトの振る舞いに与えるかもしれない影響については鈍感で、理解できない様子であった。条約締結後も、日本にアメリカ軍の無期限駐留を行うことを含めて、われわれが日本との間に単独講和条約の締結を一方的に進めようと決意したことと、一方では、ソビエトが朝鮮で内乱を起こそうと決意したこととの間に関連があったことを、ワシントンでは私以外の誰一人として気づいたものはいなかったようであった。

対日平和条約の交渉は——たしか一九五〇年春のことだったと思うが——ジョン・フォスター・ダレスの手腕にゆだねられた。条約締結後も、アメリカ軍を無期限に日本に駐留させることは、この時までにははっきり決定されていた。この決定にダレスの力があずかっていたかどうかを私は知らない。いずれにせよ、ダレスはこの決定を忠実に守った。彼がこの問題に手をつけはじめたころ、一度だけ私は彼から意見を問われたことがあった。私は彼に、条約締結後の日本に、アメリカの基地が必要だとはまだ思わないと話した。もし日本人に適切な警察力が与えられるならば、またもし日本人が国内の共産主義者の力と十分に対抗できるだけの国内の治安と経済安定とを確保できたならば、日本列島は国際協定だけで安全に非軍事化され、中立化されるはずだと、私は考えていた。この見解は、アチソン氏の気にも入らなかったが、同様にダレス氏の気にも入らなかった。

間もなく朝鮮戦争が勃発《ぼっぱつ》した。こうした事態の進展によって、SCAPは大きな衝撃を受け、引き続いた戦闘の期間中に、われわれは日本にある陸海空軍施設を朝鮮戦争のための基地として使用しなくてはならなかった。この事実が、アメリカ軍の日本駐留こそこの地域の未来の安全にとって絶対必要事であるという見解に、いままでそれに反対だった人々をすべて転向させてしまったのである。

日本の中立化と非軍事化を基礎に、この地域の諸問題について、米ソ間に了解が成立する余地があるかもしれないという一筋の希望は、朝鮮戦争によって粉々に破砕されてしまった。その後、中国で起こる事態が、両国間にこのような了解が絶対に存在しないことを、不幸にも二重に裏づけることとなった。

第十七章　北大西洋同盟

前の二章で私は、ワシントンにおける政策決定機構に関係した一員として、自分が行った努力について述べてきたが、それらは少なくともさし当たってはまず成功した方のものであった。そこで今度は、マーシャル国務長官時代のアメリカの政策のうちでも、第一の重要計画だったものについて述べてみたい。ただしこの計画に関しては、私はとくに役立つような力を貸すこともなかったし、また初めからこの計画は、わが国としてやらねばならないと私が考えていたものとは、肝心な点で逆行したものであった。

一九四七年の暮れから四八年の初めにかけて、私が日本に向けて出発しようとしていたころ、西ヨーロッパの情勢やわが国と西ヨーロッパとの関係にはいろいろな問題が起こっていた——私はこれらのことには職務上の責任を負っていなかったし、愚かにも、また近視眼的にも、当時私はこれをさして重要視していなかった。ロンドンの四国外相理事会（一九四七年十一月二十五日から十二月十五日まで）は完全な失敗に終わった。このことは十分予期されたことだったし、私の考え方がこれによって影響されることはすこしもなかった。

ところがイギリスとフランスではそうはいかなかった。クリスマス休暇が終わるか終わらないうちにイギリス政府は、なにをイギリスの安全保障の基礎とすべきか、という問題に取り組んでいた。冷戦下の係争と対立がからむ問題については、国連が平和を維持するために効果的に行動することはできないことが、いまや明らかになったからである。

一月十三日、イギリス外相ベビンは、フランスおよびベネルックス諸国に対して、共通の防衛問題に関して話し合いたいと申し入れた旨、マーシャル元帥に通告し、わが国はどのような態度をとるかと質問してきた。わが国の回答は、一月十五日から二十日までの間に出されたはずであったが、希望をもたせるものであった。私がこの回答の作成にいくらかでも関係があったかどうか、私は思い出すことができない。回答の趣旨がジョン・フォスター・ダレス氏の考えに影響されていたように思われてならない。

彼はロンドンの外相会議に——多分超党派外交のためだったろうと思うが——マーシャル長官の顧問として出席していた。当時、ちょうど共産主義者の指導するストライキの重圧を受けていたフランス政府は、きわめて不安定な、ほとんど恐慌状態にあった。そのうえ、そのころ、アメリカの高官たちがパリでなくロンドンにいることが、フランスの落ち着きをいつも失わせていた。多分、このためであろう、ダレス氏はマーシャル長官の同意を得て、十二月四日、パリに向かった。彼の目的は、情勢を知ることと、フランスを安心させることであった。

フランスの国内危機もちょうど頂点を過ぎたところであったが、ダレス氏は、同地での体験に心を動かされ、フランスはなんらかの政治的保証を本当に必要としている、との確信を抱いてロンドンに戻った。暫定援助法案（マーシャル・プランによる第一回分）は、まだわが国の議会を通過していなかった。主体をなすヨーロッパ復興法案は、これから議会に提出されようというところであった。フランスは、その国内情勢に不安を抱いていただけでなく、イギリスがわれわれに指摘したように、ドイツの軍事力の復活に対処するための支援が、何よりも第一に、アメリカの支援が得られるという何らかの保証が与えられないかぎり、マーシャル・プランで見込まれている西ドイツ経済の復興をはかる措置を実施することに乗り気ではなかった。

いずれにせよ、ダレス氏がそれから一年後に上院での証言で述べたように、フランスは「丸裸でいるような思いだった」のだ。ダレス氏の見解によると、フランスがヨーロッパ復興計画に確信を持って、建設的に参加すべきだというならば、はっきりと軍事と政治の分野でわれわれが保証を与えることをフランスは要求するのであった。この見解はマーシャル元帥と大統領には、もっともだと思われた。それは、大統領も元帥も、ダレス氏の経験と判断に敬意を払ったためばかりでなく、マーシャル元帥がロンドンの外相会議でみずからの体験から独自に感じていた印象のためでもある。

かくて、アメリカの回答は明るい希望を持たせるようなものとなった。一月二十二日、ベビンはイギリスの下院で長い演説を行い、「西方同盟」——つまり、イギリス、フランスおよびベネルックス諸国の間で、経済的意義だけでなく、政治的および軍事的意義をも持つ同盟——の結成を呼びかけた。この提案は、パリとベネルックス諸国の首都で直ちに支持され、二月には、この提案について討議をさらに進めるための会議を開催する準備が始められた。この会議は三月の初めにブリュッセルで開始され、その結果、いわゆるブリュッセル同盟を樹立する条約が、三月十六日に調印された。

二月二十六日、私が日本に向けて出発した時には、ブリュッセルの会議はまだ始まっていなかった。私はイギリスの提案とそれに対するわが国の反応を知っていた。私にはヨーロッパ諸国の懸念がいささかばかげているように思われた。今は軍事的な防衛や準備についての話し合いを始めるべき時ではないと思えたのである。これらの諸国が何らかの保証を必要とするということは、私も同意見であったが、どのような形であれ、そのような保証は、これらの諸国を軍事的な偏見に陥らせてしまうような危険があると思った。

二月二十四日、私は、マーシャル長官に提出したわが国の政策の諸問題についての長文の分析で（第十六章参照）、西方同盟といったものを作ろうとするイギリスの努力は、支持するに値するが、われわれの態度を最終的に決めるには、なお一層の検討が必要であるとの立場をとった。私はうかつにも、火急のことではない――私が帰国するまで問題は決着をみないだろう――と思っていた。

私が出発するその日に、チェコの危機は頂点に達した。日本への途上にあった二月の末と三月の初めの数日間に、アメリカの新聞世論は、事態の真相を知って、非常に激しい衝撃を受けた。三月十一日、チェコスロバキア共和国の外相で、この国の元大統領の息子だったヤン・マサリクが殺されたか、あるいは自殺したかで、不可解な死を遂げた、というニュースに、人々が激しいショックを受けたのは当然なことであった。マサリクは西側の友人として知られていた。彼の死は、この国に起こったことの意味を、他の何よりもはっきりと劇的に表現したものであった。

アメリカの公式見解に対してはるかに大きな影響を与えたと思われる一通の電文が、三月五日、ベルリンのルーシャス・クレイ将軍から送られてきた。クレイ将軍はその電報で次のように述べていた。論理的分析の結果、ソビエトとの戦争は「少なくとも十年間」はありそうもない、とここ数年来確信してきたが、

……過去数週間、私はソビエトの態度に微妙な変化を感じ取っている。どんな変化か

ということをはっきりと示すことはできないが、今では、それが劇的な唐突さで現れるかもしれない、という感じがしている。*

＊ "*The Forrestal Diaries*", edited by Walter Millis, New York: Viking Press, 1951, 三八七ページ。

ベルリンの非常に緊張した空気のなかで、クレイ将軍のアンテナが捕捉した事柄が、実際に、その後ベルリンの封鎖をもたらしたロシアの政策の決定を暗示する最初のものであったかどうか、私は大いに疑わしいと思う。もしロシアの事情をもっと深く知っていたならば、彼はこの電報が示したような解釈の誤りを犯さなかったであろうし、もしロシアについてひとかどのことを知っている私たちのうちの誰かの判断を仰いでさえいれば、国務省は、ワシントンの他の官僚とともに、クレイ将軍の電報をもっと適切に評価することができたであろうにと、思わないではいられない。

私がこの電報を示されたのは、三月の半ばにフィリピンに着いてからであった。私はすぐにこれに対する意見を書いて送ったが、その時にはもう遅すぎた。クレイの電報とチェコの激変とを結びつけて、ワシントンは、とくに軍部と諜報機関（そこでは軍人が支配的な力を持っていた）の一味は、最も嘆かわしい方法で、すぐに出すぎた行動をとっていた。その結果、本物の戦争が始まるかもしれない、という恐慌状態が生じた。その恐慌の激しさは、三月十六日、中央情報局が、戦争は「六十日以内にはおそらく始まらないだろう」

という予想を大統領に提出する必要があると考えた、という事実からも察せられるだろう。それから二週間後に陸海軍はこの用心深い予定の期日をさらに二週間先へ繰り延べるようにと申し入れてきたが、空軍はこの繰り延べ申し入れに加わることをしぶったくらいであった。*

＊　前掲書三九五ページおよび四〇九ページ。

このような誤った解釈の影響は、ブリュッセル同盟とわが国の関係に対する政府の文官層の反応としてすぐに現れた。ブリュッセル条約が調印されたその日――三月十七日――大統領は上下両院合同会議で演説した。大統領は、はじめは、ニューヨークでのセント・パトリック・デーの式典で演説するつもりでいたのだが、彼がその回顧録で説明しているように、

……ヨーロッパの重大な事態は、非常に急速に動きつつあったので……私はまず議会を通じて国民に報告することが必要だと思った。*

＊　Harry S. Truman, "*Memoirs*", New York: Doubleday and Company, 1956.　第二巻、二四一ページ。

この演説で、大統領はさらに続けて、ブリュッセルの合意を歓迎し、それはわが国の支持を得ていると言い、彼の信念を次のように述べた。

……合衆国は、適切な手段によって、情勢が必要とする援助を自由諸国に与えるであろう。自国を守ろうとするヨーロッパの自由諸国の決意は、これらの自由諸国を守り抜くのを助けるわれわれの同様な決意によって報いられるであろう、と私は確信している。

ブリュッセル条約が締結される前にも、国務省は、ブリュッセル条約諸国の防衛努力に対するアメリカの支援を表明するために、種々な方法の検討を始めていた。

一九四八年の三月の危機を手短に要約して述べる前に、次のことを指摘しておかねばならない。ワシントン政府をこのように震撼させた二つの事件――チェコスロバキアでの共産主義権力の強化と、ロシアが、西側連合諸国をベルリンから閉め出そうとしたこと――は共に、マーシャル・プランの開始によってもたらされた当初の成功と、西ドイツに別個のドイツ政府を樹立しようとして西側が進めている準備に対する、ソビエト側の防衛的反応であった。

この二つの事件は、一九四七年の秋にフランスとイタリアが経験したばかりの、共産主義者に指導されたストライキと同じく、ヨーロッパ大陸でまだ手にしている諸々の政治的切り札を、遅すぎないうちに用いようとするモスクワの企図であった。こうした反応は、私が常に予期し、考慮に入れていたものであった。すでに私は、ドイツの降伏時にモスクワから「対独戦終結時におけるロシアの国際的地位」と題する基本的文書を書き送ったことについて述べた（第九章。本文庫版、第I巻、四一九ページ参照）。この文書の全文は付録Bとして収録した（第I巻付録、四八三ページ）。この文書に書かれている文章の一部に、もう一度注意を喚起させてもらおう。その中で私は書いた、もし西側世界が、

……東部、中部ヨーロッパのいたるところでロシアの勢力強化に役立つような、いかなる精神的、物質的支援をもロシアに与えない政治的勇気を奮い起こしていたならば、おそらくソビエトは、今日その領有を主張している全地域の支配を、継続することはまずできなかったであろう。そうすれば、ロシアの勢力の及ぶ線はいく分後方にさがっていたことだろう。* しかし、もしそんなことになっておれば、西側諸国ならびに全世界における、妨害者としてのソビエト権力の真価は、精いっぱい発揮されたことだろう。ソビエト権力の手先たちは、今日支配している地域のうちのいくつかを手放さなければならないかもしれないが、トロツキーの生き生きとした表現を借りるならば、彼らは「全ヨーロッパが身震いするぐらいに、ばたんと手荒く戸を閉めて出て行く」であろう。

＊　チェコにおける激変およびベルリン封鎖という二つの事件が起きた時、すでにモスクワは、ソビエトの威信に対するユーゴスラビアの挑戦を承知していた。東ヨーロッパにおけるソビエトの威信が及ぶ線は、すでに、事実上、「いく分後方に引き下がっていた」ことに注目すべきである。

共産党や共産主義者の一味によって、西側民主主義国を目当てに作り出された考えられる限りの難題が牙をむいて姿を現すだろう。そして世界は、サンフランシスコでモロトフが行った警告――もし会議が、ロシアの提出する条件で、ロシアに平和と安全を与えないならば、ロシアは、どこかよそにそれを求め、見出すであろう、という警告――を覚えておかねばならないであろう。

もし西側世界が、ソビエトの不機嫌そうな素振りにも確固とした態度で臨み、また、ソビエトの政治的利益に奉仕することを誓っている国内の不逞《ふてい》な少数派の、悪辣《あくらつ》な工作をも難なく処理できることを示すならば、モスクワは、その手持ち札の最後まで使い果たしてしまうことになる。西側世界を攻撃する手段は、モスクワにはもはや残されていないことになる。ロシアにとって、これ以上西側に軍事的進出をすれば、すでにその能力を超えている責任負担が、さらに増大するだけであろう。モスクワは、世界の海路あるいは空路に挑戦しうるだけの海軍力も空軍力も持っていないのだ。

一九四八年まで、すなわちこの文章が書かれてから三年間に起こった事件のどれ一つをとっても、私がこの文章でまとめた分析の正しさに対する確信を、いささかたりともゆるがすものはなかった。従って、一九四七年末と一九四八年初めにかけて、西側諸国の首都を驚きあわてさせた共産主義者の行動――フランスとイタリアにおけるストライキ、チェコの激変、およびベルリンの封鎖――のどれにも、私にとって予期しなかったもの、異常なものはなに一つ見出しえなかった。この一連の事件は、いずれも予想された牙の露出であった。また、この行動に対処するために、われわれがなぜ軍事力を増強しなければならないのか、とくになぜわが国とヨーロッパ諸国が新しい同盟関係を結ばなければならないのか、私にはわからなかった。

これらすべての点で、私は自分が正しかったと確信する。私の誤りはモスクワからの報告書で、X―論文で、また国務省での数えきれないほど多くの私的な会話でいろいろと述べたにもかかわらず、これらの見解がワシントンの役人たちにはごくわずかな、全く不十分な感銘しか与えていなかったことに気づかなかったことである。実際、軍部には全く何の感銘も与えていなかった。国務省内でも、一人か二人を除いて全く同様であった。

マーシャル元帥が、ヨーロッパ復興問題で私のした仕事を喜んでくれたことを知っているが、彼も私の仕事の理論的根拠を十分に理解してはくれなかった、と思う。もし元帥が、一九四七年秋、私が提出した意見書――ヨーロッパ復興計画への努力が成功裏に進展する場合には、共産主義者がチェコスロバキアを厳しく処罰することは避けられまいという趣旨の意見書――を読んでいたものとしても、彼は、一九四八年二月末にはこれをすっかり忘れてしまっており、大統領にもペンタゴンにも伝達してくれなかったのだろう。

そのころ数年間のワシントンにおける私の役割に関して、今なお私が最大の謎と思っていることは、一九四六年二月のモスクワ発の長い電文や、X―論文などのように、ある場合には、私の意見書にも多大の関心が向けられたのに、その他の場合には、まるで一顧だにされなかったのはなぜか、ということである。この謎を解く唯一の鍵は、ワシントンの見せる反応が、なにもわが国の国際的地位についての理論的配慮から来るものではなく、国内の政治的ムードや体制の利害といったものにより多く影響され、きわめて主観的なものだということだろう。

甘かったのは他ならぬ私であった。たまたま分析や評価を文書にしただけのものが、たとえそれが直接の上司から求められたものにせよ、それがもてはやされ、あるいは名目上受理されたものにせよ、それが、ワシントンの官辺筋の見解や反応を最終的に動かしていた広範で、派手で、自己中心的で、高度に感情的な過程にいくらかでも影響力をもっていたなどと思ったのが、甘すぎたのである。

一九四八年二月から三月にかけての極東旅行には、日本だけでなく、フィリピンと沖縄

を短時間訪問する予定も入っていた。私がワシントンに帰ったのは、三月も末になってい
た。帰国してみると、私は十二指腸潰瘍《かいよう》にやられていた。帰国したその日にベテスダ海軍病院に入れられた。かれこれ二週間後に退院すると、その足で病後の保養のためにペンシルベニアの自分の農場へ向かった。ワシントンのデスクにやっと戻ってきたのは、四月十九日のことであった。ヨーロッパの再軍備と防衛問題に対するわが国の関係の面で、それまでの数週間に起こったことのすべてを知ったのはその時であった。

この間に国務省は、ブリュッセル同盟にわが国が支持を与えることができると思われる方法を検討し続けていた。政策企画本部は、この問題にかかりきりという有り様であった。三月二十三日、本部はこの問題に関する予備的文書を提出した。

この文書は、わが国は現時点では西方同盟の加盟国となるべきではないが、究極的には加盟の余地を残しておくべきであり、その間、わが国はこの同盟に武力援助の保証を与えるべきであり、最終的には、スウェーデン、そしてゆくゆくはスイスをも含めて、ヨーロッパの他の多くの国々をこの同盟に加入させるよう試みるべきである、と勧告した。

それから一か月後の四月二十二日、国務省は、この文書について、またその他の数多くの文書についても何の疑念を抱くこともなく、大統領と国家安全保障会議にその見解を提示した。しかしその間に、国務次官ロバート・A・ラベット氏と上院における共和党の外交政策スポークスマンであるアーサー・H・バンデンバーグ上院議員との間でも、協議が

進められていたように思われる。

人柄の点ではきわめて魅力ある人物の一人であり、円熟した財政家であり、非常に洗練された有能な経営者でもあるラベット氏は、一九四七年夏、アチソン氏がその地位を去って以来国務次官を務めていた。マーシャル元帥と同様、彼は、外交政策の問題については上院の有力な議員たちと緊密な連絡を保つことの重要性を十分に知っていた。そうすることは、それはそれで賢明であり結構なことだが、往々にして、上院議員たちをして、自分たちの能力を実際以上に過信させがちであった。また、上院議員たちを教育して、より啓発された効果的な意見を持たせることができそうな場合にも、彼らの意見に迎合する結果になりがちなことを、私は知っていた。

バンデンバーグ上院議員については私はほとんど知らなかったが、ヨーロッパ復興計画に対する議会の支持を集めるために彼が最近果たしたばかりの重要な役割については知っていた。しかしそれ故に私たちは彼に大きな借りがあるといった、国務省内で広く抱かれている考え方は、私には受け容れ難いものであった。私たちは、結局、外国政府の利益を代表するものではない。私たちに比べても決して小さくはない責務をバンデンバーグ議員も負っていたはずの政府の利益を代表していたのである。もし彼がマーシャル・プランを熱心に支持していなかったとすれば、彼は怠慢という外なかったであろう。それを支持していたが故に、彼は疑いもなく尊敬に値した。それはこの計画を提案したがゆえに私たちが尊敬に値したのと同じことである。

上院議員たちは愚か者ばかりで、国務省に言いくるめられて、なにか立派なことをする気になり、そのたびに称賛の拍手を受けるのだ、といった考え方は、私には受け容れることができなかった。* こういうわけで、バンデンバーグ上院議員を私は大いに尊敬してはいたが、国務省内でその当時彼に払われていた深い敬意の理論的根拠までは私には理解できなかった。それに、ヨーロッパを突然襲った軍事的ノイローゼに対するわが国の反応の性格についての彼の見解が、必ずしもきわめて深遠で正しいものだとは思えなかった。

＊　一九四八年一月二十三日付の私のメモのなかに、その日ワシントンのあるジャーナリストに語った私の所見が次のように訳されているのを発見した。このジャーナリストは、マーシャル・プランの計画の基礎をなす戦略的現実について、私たちが国会議員たちに十分に明らかにしなかったとして、私と国務省を非難したのであった。
　私は言ってやった。自分としては、諸外国の政府に対抗して合衆国の利益を代弁することと関係があると思った職業に入ったのである。そのためにこそ私は訓練を受けたのであり、私は自分の能力の及ぶ限りをつくすつもりである。議会に対抗して合衆国政府を代表することが、私の仕事の一部だと理解したことは一度もない。私の専門は、他の国々に対抗して合衆国の利益を守ることであって、われわれ自身の代表たちに対抗して合衆国の利益を守ることではない。国務省が、合衆国の国民のための、議会に対する陳情運動者の地位におかれる

ことにはがまんできない。国民に対する議会の責任は、私たちのそれより小さくないと考えている。

私たちは議員たちの守護者でも教師でもない。私たちが自分で情報を手に入れねばならないのと同じように、彼らは自分で情報を入手しなければならない。外交政策の諸問題について判断を下す場合に、背景として必要な情報の九八%は、ニューヨーク・タイムズ紙に求めることができる。「事実を知らされていない」ために、議会はこれらの問題で聡明な行動をとることができないという言い分には、私は同意できない。

ラベット－バンデンバーグ会談から生まれたものは、のちに決議二二九号となった文書であった。この決議は、一九四八年六月十一日に、上院を通過した。一般にバンデンバーグ決議として知られている。四月十九日、私が自分のデスクにもどったとき、この決議はすでにほぼでき上がっていた。私は、五月初めにはじめてこの決議案を見たことを思い出す。

この決議案には、バンデンバーグ議員が主張していた二つの原則が盛られていた。第一の原則として、われわれが引き受ける約束は、わが国政府は、ある特定の仮定に基づく状況下で武力を発動する自動的な責任を持つものでは決してない――言い換えれば、最終決定はつねに議会の決意にまたなければならない――ということであった。

第二の原則として、それは片務的な恩恵を意味するものであってはならない――大西洋の安全保障のための取り決めに参加する諸国は、それぞれ、わが国から恩恵を受けるばかりでなく、同時に、わが国に対して恩恵を与えるよう要求されるということであった。この第二の原則はマーシャル・プラン関係の法令から借用されていた。

バンデンバーグ上院議員は、この決議と、アメリカが北大西洋防衛集団ともいうべきものに協力するために、この決議に基づいてその後に結ばれる取り決めとが、確実に承認されるためには、この二つの原則がともに必要であると考えたものと、私は理解していた。バンデンバーグ決議と、この決議を生み出すうえで国務省が果たした役割とが、私に大変みじめな思いをさせた。

ブリュッセル条約計画に参加しているヨーロッパ諸国民を力づけてやることが望ましいという考え方は、私にもよく納得できた。また、もしこれら諸国がそれを好ましいと考えるならば、ヨーロッパ諸国に片務的な政治的、軍事的保証を与え、同時に軍事援助をも与える方が望ましいということも、私には理解できた——しかし、この後者の点は、マーシャル・プランの原則、つまり、ヨーロッパ諸国が自分たちの組織を作り、わが国はこれに加入するのではなく、強力なよき友人として存在するという原則に基づく場合に限られた。もしわが国もそうしてよいと言うならば、カナダとのある種の緊密な協力関係の下でだけ、これを実施するのが望ましいと思われた。この点で私は「唖鈴《あれい》」の理念が役に立つと思った。

「唖鈴」の理念というのは、つまり、ブリュッセル条約を基盤とするヨーロッパ側のユニットと、北アメリカ側のもう一つのユニット——この場合はカナダ－合衆国——との結合体というものである。この二つのユニットは、それぞれ別個の存在で、その構成員も異なっているが、ヨーロッパ側の安全が自分たちの安全にとっても死活的に重要であることを合衆国－カナダ側が認め、また、合衆国－カナダ側が、軍事物資、兵力および共同の戦略計画の面で、ヨーロッパの参加諸国に必要な援助をすべて供与する決意をすることによって、この二つのユニットは互いに結ばれることになる。

このことは、ブリュッセル同盟に参加する道を選んだ西ヨーロッパ諸国の安全を、もしカナダにその意思があるならば、カナダと協力して、合衆国が一方的に保証することを事実上意味することになるであろう。これとても、本当に必要だとは私は思わなかった。しかしもしこれが、経済および国内政治の復興という仕事を、ヨーロッパ諸国が確信をもって進めるために必要な保証をこれらの諸国に与えることのできる唯一の方法であるならば、私には、このような取り決めをわが国が受け入れるのを認める用意はあった。

ところが、私がこのような「唖鈴」式取り決め案を国務省に提案すると、それはうまくゆくまいとの異議にぶつかった。互恵的援助というバンデンバーグ議員の原則と衝突するというのである。この言い分は、ヨーロッパ諸国を守るというわが国の約束に加えて、これら諸国もわが国を守ることを個々に約束しなければならない、ということを意味していた。このことはひいては、必然的に契約の性質を持ったもの――言い換えれば、条約というものにかかわってくるはずだ。これはわが国の歴史上前例をみない条約であり、また言うまでもないことだが、上院での最も厳しい慎重な審議を重ねた上での承認を必要とする条約になることは避けられないであろう。

このような考え方全体が私にはとても我慢できない思いであった。その理由を説明してみたい。

第一に、そのような段階で、本格的な互恵的軍事同盟が必要だとは思われなかった。当時、ロシアと西側との関係についての関心が、主として軍事的関係に集中しがちだったことは、きわめて遺憾に思われた。われわれの側は動員解除していたのに、ロシア側はそうしていなかったことを私はよく承知しており、不幸なことだとは思っていたが、だからと言ってそれが、決定的なことだとも、きわめて重大なことだとも思ってはいなかった。ロシアは、われわれに対して正規の軍事力を行使する意思など持っていなかった。それなのになぜ、西側が弱くロシア側の強い地域に、直接の関心を向けなければならなかったのか？

その後の数週間、私は同僚たちに再三再四説いた。「よろしい、ソビエトは十分に武装しており、われわれの武装は貧弱だ。だが、それがなんだというのだ。われわれは、自ら壁に囲まれた庭に入り込み、たった一人で非常に大きな牙をもった犬と一緒にいる男のようなものだ。その犬は、さし当たりは襲いかかる様子をみせていない。たしかに、われわれにできる最善のことは、われわれ相互の関係に付いて牙はなんの関係もない——どちらも牙を持っていないのだ、という了解を、相互間に定着させるようにすることだ。もし犬の方が、それは違う、といった素振りもみせなければ、われわれの方がことさら問題をひき起こして、その不均衡さに関心を呼びさますようなことをする必要が果たしてあるだろうか？」

第二に、私は、概して文書となった同盟条約などにはほとんど何の価値も信頼もおいていなかった。文書となった同盟条約が、忘れられ、無視され、的はずれのものとなってしまい、あるいはまた、事態が急迫してくると、別の隠されていた思惑から、本来の目的が歪められてしまうといった例を、私はあまりにも多く見てきた。誰もが実際に想像したり、予想したりすることのできないような将来の事態を、大まかな法律上の表現を借りて、少しでも効果的なやり方で、仮定的に規定する人間の能力というものを、私は少しも信じていなかった。必要なことは、死活にかかわる利害が果たしてどこにあるのかを、現実的に自覚することだと思われた。こうした現実的な自覚があるならば、軍事政策はおのずから正しく出てくる——それは法律上の義務も規定も必要としないはずだ。

西ヨーロッパが攻撃を受けた場合、その防衛のために合衆国を引き出すためには、同盟という形が是非とも必要なのだという声が、西ヨーロッパ側から不断に聞こえてきたが、これは私にとって、全く我慢ならないものであった。いったい彼らは、この四、五年の間にわが国がヨーロッパでやってきたことを何と心得ているのだろうか。わが国がヒトラーの魔手からヨーロッパを解放するために苦労したのは、ヨーロッパをスターリンの魔手にゆだねるためにすぎなかったとでも思っているのだろうか。マーシャル・プランとはいったい何だと考えているのだろうか。西ヨーロッパが直面している真の危険をよく知っており、この危険と闘うために、わが国ができるかぎり寛大に、かつ効果的に行動していることを彼らは理解できなかったのだろうか。現実には危険など存在しないのに、軍事的均衡について必要以上に口ばしり、軍事的敵対関係をこれみよがしに刺激したりすればいやでも現実的なものとなりかねない危険を強調して、彼らがいままでは十分に現実性があり、先の見通しも生まれてきた経済復興計画から注意をそらそうとするようなことをなぜするのか?

さらに、私の同僚たちと上院議員たちとの間の、長く複雑な討議を通じて用いられた形式的な法律至上主義や大ざっぱな言葉使いを、私はただ面白半分に軽蔑するだけだった。バンデンバーグ決議も、後に北大西洋条約と関連して上院外交委員会で聴取された千二百六十三ページにも上る証言の九割までがそうであったように、わが国の国内政治の領域では、あたかも政治的手腕であるかのごとく受けとられている無味乾燥な法律尊重主義や、もったいぶった語義論の一つの典型にすぎないとさえ思われた。その当時の私は、このようなことに我慢がならなかった。今日でも我慢がならない。有効な外交政策を策定するために、われわれが必要とするのは、行動であって——行動するという約束ではない。必要なのは決定であって——法律上の約束でも、将来の行動を一般化することでもない。

私はこのような考えをもって、マーシャル長官とラベット氏と上院議員たちとの間で行われた、バンデンバーグ決議をめぐって、またのちには条約の原文そのものをめぐってのやり取りの経過に注目し、それを追っていったのであった。しかし私が問題の成り行きに影響を及ぼすようなことはまずなかった。私が日本にいる間に政策企画本部が提出していた文書には不満であったが、自分にも部分的には責任があると感じたので、私は、ブレーキをかけるつもりで、六月にはもう一つの文書を書いて提出した。

この文書で私は、バンデンバーグ決議によって生じた事態を容認した（そうするよりほかに仕方がなかった）が、軍事援助はマーシャル・プランの原則（すなわち、ヨーロッパ諸国は、まず自身の計画を作成し、それに対して責任を負わなければならない、という原則）にのっとってはじめて供与されるべきであり、さらに今後の話し合いによって、われわれが西ヨーロッパ民衆の信念を強めるために必要であると認めないかぎり、この線に沿ったアメリカのこれ以上の政治的公約について話し合うべきではないと勧告した。しかし、言うまでもなく、すでに上院議員たちは手に負えなくなっていて、私がこのようなことを言ったところで、なんの影響を及ぼすこともできなかった。

まず何よりも、記録として残すために、私は同じ年の少し後に（一九四八年十一月二十三日）、「北大西洋条約の締結に関する諸考察」と題する文書で、マーシャル長官のために私の意見をまとめた。私は事態がこの条約締結に向かって動き出しているのをどうにもできないことと悟っていたが、なんと言っても、私はまだ長官のための政策企画本部長であったし、長官は少なくとも、北大西洋条約機構（NATO）計画全体について私の個人的見解を聞くぐらいのことはすべきだ、と私は考えていた。

私は書いた。北大西洋条約機構加盟のヨーロッパ諸国が政治の分野で直面している危険——すなわち、共産主義が政治的手段によってヨーロッパ大陸の新しい地域に広がってゆく危険——は、これらの諸国が直面している軍事的危険よりもずっと大きい。西ヨーロッパ諸国民の士気は、このような条約によって補強される必要があるが、このような特殊な手段によって士気を補強すれば、それだけに、

……諸国民が軍事問題に大きく心を奪われて、経済の復興やヨーロッパの諸問題の平和的解決策を求める必要性を等閑視する危険が伴う。

すでに広範囲の人々がこのように軍事問題に心を奪われていることに私は気づいていた。これは残念なことであった。軍事問題に心を奪われることは、主たる危険に立ち向かうこ

とではなかった。私たちはこういう状況に現実的に対処しなければならなかった。ある程度まで、私たちはこの状況を大目に見なければならなかった。というのは、そうしなければ、西ヨーロッパ諸国民の間に恐慌と不安を呼び起こし、共産主義者の術中に陥るかもしれなかったからである。しかし、西ヨーロッパに同盟や再軍備が必要だというのは、西ヨーロッパ諸国が自分たちの立場を正しく理解しないでいることから生まれた、本来主観的なものだ、ということをわれわれは留意すべきであった。西ヨーロッパ諸国民の最善の手段は、何といっても経済の復興と国内の政治的安定をめざして闘うことであった。再軍備を強力に進めることは、彼らの努力を不経済で好ましくない方向にねじ曲げることであり、経済の復興を犠牲にする危険をはらんでいるだけでなく、戦争は不可避だとの印象を助長し、それによって、最も大切な仕事から関心を他にそらせることを意味していた。

そこで私は、結論として、北大西洋沿岸諸国の間になにか正式な形で防衛関係を作ることが長期間にわたって必要であり、また現在検討されている条約は、ヨーロッパ諸国への短期的保証としていくらかの価値を持つであろうが、この条約を西ヨーロッパの支配を達成しようとするソビエトの努力に対する主たる回答とみなしたり、あるいは、その他の必要な措置に代わるべきものと考えてはならないと勧告した。この最後のくだりが、まさに下されようとしていた諸決定にとって、いかに適切であったかは、ドイツの問題に目を転じるときに、ほどなくわかるであろう。

このような条約が役に立つと期待できる主目的について、いくつかの意見を述べたが、このほか、本来、北大西洋地域に属さない国をこの条約に加入させるのはわが国の政策ではないことも私は進言した。もしこの原則が守られれば、言うまでもなく、ギリシャとトルコが除外され、また多分イタリアも除外されるであろう。ソビエトの指導者たちから、彼らの国を侵略的に包囲するものとみられるおそれのあることは避けるのが望ましい、というのがこの背後にある考え方であった。

なるほど、ギリシャとトルコの政権は反共産主義的なものであった。しかしそれを、それだけを、条約加入の基準とすることは危険な前例になると私には思われた。またこの両国の政権——とくにトルコ政府——は、民主主義と個人の自由というわれわれの理念に関する基準からみた場合、条約に加入する資格はなさそうだった。しかし実際には、ポルトガルの加入が認められたことを考えてみれば、民主主義や個人の自由が基準にされることは、まずありそうもなかった。

大西洋条約の加盟国となるための健全な基準は全くのところ地理的基準だけであった。これだけが、曖昧《あいまい》さのない、そして防衛的意義しか持たないことをはっきり示すことのできる基準であった。私は現在でも、ギリシャとトルコが加入を認められたのは、わが国、というよりもわが政府内部の一部のものに、この両国に軍事基地を持ちたいという気持ちがあったからだ、という以外にその理由がわからないし、わが国がこのような衝動に屈したのは残念なことだと思っている。

この両国の保全がわが国の安全にとっても重要性をもっていることを、申し分なく上手に、一方的に宣言することがわれわれにはできたであろうし、また、そのような枠内で、われわれが提供することがわが国の利益にかなうと思い、相手が受けとることが彼らの利益にかなうと思うのであれば、どのような軍事援助でも、わが国がこの両国に提供することができるはずであった。

だが反対に、合衆国とソビエトの間に戦争が起こった場合、合衆国を防衛する義務を負うよう両国に要求することは、両国自身のソビエトとの隣人関係を不必要に、また不運な形でそこなうだけでなく、この条約の純粋に防衛的性格を不明瞭にするものであり、その条約の呼称につけられた「北大西洋」という語を形だけのまがいものにしてしまうことであった。

ある政治的目的のために結集する国々の範囲を決めようとする際に、いつでもぶつかる最も大きな困難は、どの国を含めるべきかではなくて、つねに、どの国を除外すべきか、ということである。どの国を除外すべきかというこうした選択方法は、全く面倒なものなので、この種の性格をもった条約、言い換えれば、友好国の範囲だけを公式に規定するようなそんな条約いっさいに反対する有力な論拠になっているほどである。

当時、国務省には、とくに欧州局の紳士たちの間には、この同盟をできるだけ広げる

――言ってみれば、ソビエトの国境のできるだけ近くまで同盟国をたくさん作ることを望む傾向があった。私の記憶が正しいとすれば、この条約に加入するようスウェーデンに若干の圧力がかけられたことさえあった。こういうことは、不必要なだけでなく、きわめて望ましくないと私には思われた。そういうことをすれば、たとえばフィンランド人が中立の地位にあって独立の政治的生活を求め続けていた、そのような可能性をてきめんに傷つけてしまったであろうし、またそのような形で、ソビエト勢力の限界が実際に拡大されるという結果を容易に招くことになったであろう。

イタリアの問題は別であった。わが国がイタリアに軍隊を引き続いて駐留させることは、トリエステ問題の解決とオーストリア平和条約の締結に先立つ条件として不可欠のものであった。その当局も、またその後にも、私はそれが必要だったことを疑ったことはなかった。しかし、そのためにイタリアをわが国との軍事同盟に引き入れることが、最善の策であったかどうかは別の問題である。合衆国と西ヨーロッパ諸国との軍事同盟の問題がひとたび大きく取り上げられてくると、イタリアを除外することはむずかしくなってきた。除外すれば、イタリアの国内政治闘争のバランスの上に微妙な影響を及ぼしかねないくらいに、誤って解釈されるかもしれないからであった。従ってこの問題を扱う上で最も適当な方法は、いきなり北大西洋同盟のことから話をはじめないことであった。仮に、一九四八年なんと言っても、イタリアはブリュッセル同盟加盟国ではなかった。

から四九年にかけてのブリュッセル同盟の保障と、その加盟諸国に対し、国内の士気を高める(結局、これが問題の核心である)ために必要なものはなんでも提供することを意図した軍事援助計画とに、われわれの行動を限定していたならば、イタリアの北大西洋同盟加入問題などはじめから起こることもなかったはずだった。

大西洋条約に関する実際の交渉は、一九四八年の秋の選挙後まで延期されたように思う(そのころの数年間は、選挙が間近いとか、最近行われた選挙のために約束の日程に変更が予想されるとかいった理由で、あらゆることが延期されていたように思われた)。

いよいよ条約文を煮つめる段階になって、皮肉なことに、この私が、条約文を審議する国際「作業グループ」を議長の資格で指導するよう、ラベット氏から指名された。この作業の公式の責任はもちろんラベット氏にあった。私は彼から教えを受けていたのだ。作業の初めと終わりには、高級代表たち——時には、作業グループの人々と顔ぶれが重複することもあったが——の会議が開かれ、ラベット氏が自らその議長を務めた。この交渉作業が立派な成果をあげ得たのも、ひとえにラベット氏の功績であった。

私は自分に割り当てられた仕事を快く、かつ十分にやりとげたと思っている。しかし私はそのことでは決して満足していない。とりわけ、わが立法府の名のわからない人物たちの見解——見解とはいっても、最も簡単な形でしか紹介できず、またその理論的根拠も、私には説明しかねるし、実のところ私には納得できないような代物であった――のスポークスマンの立場におかれたことには、私は我慢ならなかった。もし上院議員たちが、この審議過程の最終的かつ絶対的な裁定者になろうというのであれば、彼ら自身でこの交渉を進めるべきであると思われた。

こんなことがあったことを私は思い出す。それは主要な顔ぶれの集まる全体会議の時であった。ヨーロッパの代表の一人が行ったある種の提案が、然るべき理由によってラベット氏の手でつぶされ、ラベット氏はその席上、この提案の内容に類似したものは、いっさい上院では承認されないことは確かだと述べた。

その反対は決定的であった。その一瞬、会議場は重苦しい静寂に支配された。だが私は、わがヨーロッパの友人が一人でもこの時に起ち上がって、「ラベット氏よ、もしあなたと国務省の同僚たちが、この問題についてアメリカの政策を責任を持って述べることができないならば、それができる人をわれわれに紹介してくれませんか」と、言ってくれることを期待しないではいられなかった。わがヨーロッパの友人たちは、ある程度の政策決定権を持っている者、その見解と評価が政策決定の過程に関与している者、従ってその人々となら合理的な話し合いや議論をしても値打ちがある、そのような誰かと交渉をする権利を持って来ていたのだと私には思われた。

第十八章　ドイツ

注意深い読者は気がつかれているであろうが、ドイツといえば、私が、一九四九年までに、数回にわたって、通算五年ないし六年間住んだことのある国であった。まず、子供のころには帝政時代のドイツに、副領事事務取扱および学生としてはワイマール時代のドイツに、そしてヒトラーのドイツには、ベルリンのアメリカ大使館の事務官として住んだことがある。ドイツは、個人的な感覚では、私にはどうしても融けこむことのできなかった国であった。

私はドイツ語を、ほとんど自分の国の言葉のようによく知っており、時にはドイツ語で考え、またドイツ語で書くこともできた。しかし話すことは全く性に合わなかった。このことは自分でもよく承知していた。私の家族と友人たちもこのことを知っていた。一九三一年、私が東洋語専門学校で最終試験を受けた時、私の合格を熱心に祈ってくれていたロシア人の友人が、学校の入り口まで見送って来て、最後の助言としてこう言ったものだ。「もし選択が許されるならば、ドイツ語でなくロシア語で話せ。ロシア語で話す時の君はいつもの君だが、ドイツ語を話す時の君には、全然取り柄がない」

しかし、知識や美意識の点では、ドイツは私に深い感銘を与えてくれた。従って、戦争中、ヒトラーの狂気の最初の犠牲者となり、彼がすべてのドイツ人の頭上に等しくもたらした悲劇によって不当に苦しんでいたドイツの人々に、私は心の底から親しみを感じていた。

戦後、ドイツ人の将来にとって、わがアメリカが負っている責任の大きさを痛感した私は、ドイツのことが片時も脳裏を離れず、対ソ政策を成功させるためには、ドイツにおいてわが国がその責務を十分に果たすことが必須《ひっす》条件であると考えた。ところが、ドイツ問題に関するわが国世論や当局者の論議が、きわめて浅薄皮相であり、かつ過度に画一化されている証左を多数見せつけられてうんざりしていた私は、同時に、この問題に関するあらゆる政策決定機関から自分が完全に離れていることにやり切れない思いがしていた。

このころになると、私はドイツ問題について若干の、どちらか基本的な見解をもつようになっていた。ドイツの体験と行動の中に一要因として現れる民族主義的現象に関するものであった。概して十九世紀ロマン派の言語民族主義が隆盛していた時代以前――ナポレオン戦争以前――の王朝時代に見られた民族の一体性を知っていた人々だけが、民族感情という情緒的な力をうまくあしらうことができたのだと思われた。それ以来、民族の一体性を知った民族とりわけドイツ民族にとっては、民族感情は、すぐに燃え上る激情の源泉であった。

一八七〇年のドイツ帝国の建設までは、ドイツ人は、隣接諸民族からみれば、ヨーロッパの他の民族と似たり寄ったりのものでしかなかった。摩擦を生じるようになったのは、そのころからドイツ人が自分たちを、共通の言語という素朴な基盤の上に統合され、その資質では古い既成の諸大国とも匹敵できる単一の民族共同体として考えるようになったためであった。一九一九年のベルサイユ会議が犯した大きな過失は、ドイツを民族国家として再構成したこと、ドイツ民族に偏狭な民族主義を越えた広い理念を与えなかったこと、同時に、物理的な力の点でそれに匹敵できる競争者をヨーロッパに作らなかったことである。

今日、われわれは再度同じ問題に直面している。今度はどうすべきか？　分割構想——この国を再び多数の小さな主権国家群に分割する構想は、もはや現実的とは思えなかった。一九四二年の段階では、私もこの構想が気に入っていた。しかし、恐ろしくかつ悲劇的であったヒトラー主義と戦争の体験によって、おそらく民族共同体といった意識が深化されたことであろうし、また、他の言語集団や民族集団が次第に統合されてゆくであろうヨーロッパで、ドイツだけを分割したままにしておくことは、十九世紀そのままの野望と強権を再現させ、新たなビスマルクや新たな一八七〇年（訳注　普仏戦争）の出現を誘発するにすぎないであろうと思うようになった。

もしドイツを分割することができないとすれば――もしドイツ民族主義の問題が、ドイツを過去に押しやることによって解決することができないとすれば――なすべき唯一のことは、ドイツとヨーロッパを共に未来に押しやることであった。つまり、統一されたドイツをそのなかに組み込むことのできる、ある種の統合された連邦制ヨーロッパを創設し、こうして希望と忠誠心の領域を拡大することであった。単純な言語的、民族的限界に止まる理想や忠誠心は、ヨーロッパの安全のためにも、ドイツ自身の安全のためにも、あまりに偏狭だったことはもうはっきりしているからだ。もしドイツが統一されねばならないとすれば、ドイツはそれよりも大きなものの一部とならなければならない。統一されたドイツは、統合されたヨーロッパを構成する一部分として、はじめて容認されるであろう。

戦時中、ベルリンに駐在していた当時、私は、ヒトラー自身が、たとえその理由は正しくなく、あるいはその意図も正しくなかったにせよ、技術的にはヨーロッパ統合の事業を現実に達成していたことに注目していた。彼はあらゆる分野で、つまり運輸、金融、原料の調達と分配、国有化財産の種々な形態の管理などの分野で、中央統轄機関を設けていた。戦後、連合国はなぜこの状態を有効に利用しようとしなかったのかと自問してみた。必要だったことは、戦争が終わった時点で、この中央管理組織をめちゃめちゃに破壊することではなく、むしろこれを接収し、その運営に当たっていたナチの職員をやめさせ、その代わりに別の者（必ずしも全部が全部非ドイツ人でなくてもよい）を任命し、その後で、新しいヨーロッパ連邦の権威を付与してやればよかったのだ。

一九四二年にドイツから帰国した時、私は国務省にこの構想を理解させようとしてみたが、成功しなかった。ソビエトは、西ドイツと西ヨーロッパの持つ経済的潜在能力を利用しようと考え、またこれらの地域での発言権を否認されることを恐れており、このような構想をいっさい受けつけようとしなかった。当時は、ワシントンには誰一人として、ソビエトと衝突することが目に見えるような計画を検討しようとするものはいなかった。反ナチ抵抗運動と亡命政府の人々は、故国に戻り、以前の状態に復することだけを願っていた。また、ルーズベルト大統領が、まだ戦争遂行中に戦後の政治的問題を話し合うようなことを嫌っていたこともよく知られていた。

そういうわけで、ドイツ問題を解決する手段としての、戦後のヨーロッパ統合構想は、当時はまったく問題にもされなかった。それどころか、敗戦ドイツの占領と軍政について、しばらくの間、四大国が協力しさえすればよく、それ以後については、ドイツをもう一度復活させ、その潜在的な物質力では近隣諸国を再び圧倒するような、まぎれもない主権国家として、国際舞台に再出発させてもよい――ただし、ドイツ民族主義という枠を越えて、ドイツ国民に高い集団的理想と野望を抱かせるようなことさえなければよい――といった考えをもって、戦後の時代が迎えられたのであった。大陸の平和という立場からみて、このような考えにどこか不安定要素があったにしても、それは、ソビエトと中国を含む諸大国間の継続的な協力で支えられる国連の権威があれば封じ込められ、無力化されると考えられていたようである。

何とも情けないことであるが、こうした全く非現実的な考えが——その非現実性がますます明白になったにもかかわらず——一九四八年に至るまで、アメリカの政策にも影響を及ぼしていたのである。その後、この考えは、われわれがヨーロッパの復興問題に深い関心をもつようになった結果、ドイツの繁栄が西ヨーロッパの繁栄にとって死活的重要性を持つという新たな認識が生まれる程度まで修正された。にもかかわらず、ドイツとヨーロッパの他の部分との関係という問題について、考えられる唯一の解決策として、ヨーロッパを統合する必要があるということについては、依然として理解するものがほとんどなかった。

一九四八年の夏ころまでは、対ドイツ政策は、日本の場合と同じように、主として陸軍省とドイツにある軍事‐占領当局の仕事になっていた。ドイツには外交関係を持ちうるような政府といったものはなかったので、私の記憶によれば、国務省には政治的な意味でのドイツ局といったものさえなく、わずかに、占領地域に関する問題について国防総省と連絡を保つための事務局のようなものがあっただけだった。ところが外相理事会が頻繁《ひんぱん》に開かれたために、国務省は、次第にドイツ問題と取り組み、ポツダム会議で正式に採択されていた政策を、批判的に吟味しなければならなくなった。やがて一九四七年の末、外相理事会が決裂するとともに、新たな事態が生じ、国務省の責任が目立って注意をひくこととなった。

ソビエトと協力してドイツをうまく統治することは望めそうもない、ということが明らかにされた結果、西側三大国は、その構想と政策の再検討を迫られることとなった。このことは、ドイツの経済復興問題と取り組むにあたって、イギリスおよびアメリカと提携することについて依然として抱かれていたフランスの不安感を取り除くうえで役立った。また、イギリスとアメリカにとっては、経済復興の責任を分担することができるような、また、初めはほんの限られたものだけにとどまるにせよ、西ドイツにおいて、ドイツ人に参加と責任の観念を取り戻す方途を提供しうるような、ある種の政治的権威を樹立するのを、もはや遅らせることはできないと教えたのであった。この方向での最初の動きは、一九四八年二月と三月にロンドンで開かれた米英仏三国会談という形で実現した。

ヨーロッパ復興計画が成り、大西洋同盟構想も最終的に仕上がり、動きだした上に、今度は西ドイツに分離政府を樹立しようとする措置がとられたことが、ソビエトの指導者たちをひどく驚かせたであろうことは疑う余地がない。全ドイツの問題についてその発言権を維持するために、ロシアがこの企図を挫折《ざせつ》させ、西側三国を交渉のテーブルに引き戻そうとやっきになったとしても、当然のことであった。

対抗策として、ベルリンの西側地区を封鎖するという形がとられた。この最初の措置は、早くも第一回の西側三国会談の直後の、一九四八年三月にとられた。次いで六月、ロンドンでの最終的な一連の協議の結果、西ドイツに分離政府を樹立するための手続きに関する協定――いわゆるロンドン計画――が公表され、さらに、その第一歩として西ドイツ独自の通貨を創設する措置がとられた段階で、ロシアがこれに対抗してとったのが、ベルリンの西側地区の封鎖を完璧《かんぺき》なものにする措置であった。もちろん、四国協定によって西側三国が使用権を持っていた、狭く限定された空路だけはこの措置から除かれてはいたが。

公式の封鎖理由は通貨問題であった。しかし現実には、この戦術を編み出したロシアの指導者たちは、これを一種のスクイズプレーと考えていた。つまり、西側諸国に避けることのできない選択――偉大なドイツの首都を共産主義者の政治的支配に委ね、そうすることによって西側諸国が西ドイツに樹立しようとしている新政権の政治的競争力をはっきり弱めてしまうか、それとも、ロンドン計画を放棄して、新たに外相理事会を開催し、ドイツに関する今後の行動にロシアの合意がえられる程度に限定することに賛成するかの選択――を迫ることをねらったものであった。外相理事会が開催されれば、ロシアは、ドイツの復興を妨害するのに都合のよい立場に、あるいは、それが不可能な場合には、少なくとも自国の利益になり、ヨーロッパの復興全般の利益とはならないようにするのに都合のよい立場に、自分を置くような取り決めを要求して頑張ることは明白であった。

封鎖を解除させるためには外相理事会を新たに開くことに同意することが必要であり、あるいは得策であると西側三国がほぼ考えるだろうということは、当初からはっきりしていた（事実、一九四九年の春に、結局、そういうことになった）。当初はこういう会議がいつ開けるかを予測するのは不可能であった。しかし、いつそうなっても不思議ではなかったのである。

従って、外相理事会が再開された場合に、そこで示すべき、アメリカの新しい交渉方針を用意することが緊急に必要となった。これまでの交渉方針がもはや役に立たないことははっきりしていた。一九四七年末に開かれた外相理事会の最後の会議においても、外相たちはまだ、ドイツとの平和条約の締結、およびドイツ人の生活を指導する責任を漸次引き継ぐべき、連合諸国の管理下におかれた全ドイツ政府の樹立について話し合っていた。ところが、一九四八年の夏の半ばになると、事態は一変してしまっていた。

すでに西ドイツでは、新ロンドン計画に基づいて、西ドイツだけの政府の政治的枠組を考え出すための制憲議会選挙の準備が進められていた。このような状況のもとで、全ドイツ問題の解決についてロシアとの話し合いを続けることがなお期待できたであろうか。ロンドン計画に基づいてすでに実施が進められている措置を混乱させるのではなかろうか。

たとえ、そうでなくとも、わが国は何を提案するのであろうか。また、新しい提案を作成するにあたって、目下継続中の封鎖によって示されるような、ベルリンの西側地区の不安定な情勢を、どの程度まで考慮に入れればよいのであろうか。こうした情勢に照らしてみるとき、ロシアとの間になんらかの広範な一般的合意に到達しなくてもかまわないほどの余裕が、実際にわが国にあったであろうか。

一九四八年七月初め、ロシアによる封鎖が完璧なものとなったすぐあとに、政策企画本部にこの問題の検討が委ねられた。国務省の代表と陸軍省の代表の援助を得て、真夏の暑い日が続くなかで、私たちはこの仕事に取り組んだ。問題が緊急の解決を必要としていただけに、封鎖によって生じた当面の諸問題に、誰も彼もそれこそ真剣に取り組んでいた。夜は夜で、私たちの幾人かは国務省の通信センターに集まり、ドイツから送られてくる最新のニュースを受け取り、わが国がとるべき次の措置について、クレイ将軍やその顧問たちと意見を交わした。ロシアの措置にどのように対抗できるのか、あるいは、一体全体、うまく対抗できるものかどうか、確信をもてる者はまだ一人もいなかった。

事態はお先まっ暗であり、危険に満ちたものだった。ロシアの軍事力によって事実上抱きすくめられた状態からベルリンを解放し、再封鎖を不可能ならしめるような新しい取り決めを引き出すには、とてつもない代償が必要なように見うけられた。政策企画本部にいた私たちの一部の者には、ベルリンそのものだけに関する取り決め――つまりベルリンと西側との交通路をソビエトの手で押えさせておくような取り決め――ぐらいで紛争を満足に解決できる可能性は少ないように思われた。この問題を解決しうる最善の策は、ベルリンの全周辺地域からロシア軍を撤退させ、ベルリンとドイツの他の部分との正常な連絡路の確立を可能とするような、ドイツ全体に関する新たな取り決めという線以外には考えられないように思われた。

では、外相理事会において、合衆国政府が提出しうるこの線に沿った提案――それ自体が手堅い内容をもち、もし他国が受諾するならば、わが国も守ることができ、また少なくとも早晩、ロシアも受諾しうるような――が、その時にあったであろうか。これこそ私たちに与えられた課題であった。予備的な調査の結果では、まとめ上げるまでには相当に時間をかけた検討が必要ではあろうが、このような提案はたしかにあるはずだと思われた。

ところで、合衆国政府はこの線に沿って進むことを、本当に望んでいたのであろうか。これは重要な原則的問題がからんでいた。全ドイツ的な、四か国による解決という問題に新たに取り組むことは、この交渉中はロンドン計画を中断し、交渉を成功させるためにはそれを断念する覚悟が必要であることを意味するであろう。他方、もしわが国が全ドイツ的な解決に達する努力を放棄して、あくまでもベルリンだけの枠内でベルリン問題の解決をしようとしたり、あるいは、ロンドン計画の仕上げと実施だけでよいという態度を見せたりすれば、ロシアはこれと対抗する政府を東ドイツに作ることとなるであろう。対決は公然たるものとなるであろう。ドイツが分裂し、それとともにヨーロッパそのものまでが分裂するようなことになれば、分裂状態は凍結され、時間の経過とともに、問題はますます解決不可能となるであろう。そればかりか、もしこのような事態になれば、ベルリン問題は文字通り恒久的に解決不可能となるだろう。

八月中旬に提出した文書で、私はこの問題について政府の上司たちの注意を促し、次に開かれる外相理事会に提出すべき今後の計画立案に先立って、一体以上のうちどちらの道を選ぶべきかを指示してくれるように要請した。だが、ついにそのような指示はなにもなかった。私の要請した点については、ただ当惑と沈黙が答えただけであった。その代わり私たちは、全ドイツ的な解決を押し進めねばならなくなった場合に、アメリカとしてどのような提案をすべきであるか、について検討を続けるようすすめられた——あるいは、少なくとも、そうすることを許された。そこで私たちは数週間討議を重ねた。その間私たちは、数多くの優れた部外者をはじめ、政府部内の優れた専門家たちの知識や判断を仰ぐことができた。

十一月十五日、私たちは研究の結果をまとめて提出した。私たちは問題の本質を見たままに記述した。私たちは、わが国が全ドイツ的な解決を押し進めようとする場合に提出すべき「計画A」と題する詳細な提案を一括して提示した。そして、この際の対案はどれを選べば一番よいか、について私たちの見解を述べた。

私たちがこの文書で繰り返し述べた問題点は、外相理事会が早晩再開された場合に、わが国は、全ドイツ政府の樹立および連合国軍隊のドイツからの撤退について検討に応ずる条件を明確にする積極的な計画を携えて会議に臨むべきか、あるいは、積極的には提案を出さず、この問題に限って、提案はいっさいロシア側にまかせておくといった全く消極的な態度をとるべきか、ということであった。

計画Aは、わが国が前者の道を選んだ場合に提出すべき一組の提案として考え出された。その要点は次のとおりであった。

まず、計画の実施を監視するための四国管理機関についての合意がなければならない。この管理機関では、個々の国の拒否権は認められないことを主張すべきである。新しい管理機関が活動を始めたら、ただちに選挙を実施し、臨時ドイツ政府を樹立する。この選挙は、四地域の全部で一様に行われる国際監視のもとに実施される。臨時政府の樹立と同時に軍政は停止され、連合国軍隊は、ドイツ国内ではあっても周辺に近い駐屯地域まで撤退する。連合国軍隊の出入路がドイツ領土内を通過しなくてすむようにするためである。駐屯地はそれぞれ、イギリス軍はハンブルクに、アメリカ軍はブレーメンに、またロシア軍はシュテッチンに近い地域――いずれも深海港湾施設の便宜がある――とする。一方、フランス地域はフランスとの国境に接し、フランス領土から直接出入りできるものとする。

こうして連合諸国の占領から解放される地域（ドイツの大部分、もちろんベルリンを含む）は、新しい臨時ドイツ政府の管轄下に入る。軍政からドイツの中央政府の樹立にいたる過渡期間に、ドイツの警察が左右をとわず、いかなる過激分子によっても悪用されるのを防止するための入念な保護措置が用意される。過渡期の手順がいずれの側からも非民主的方法であやつられたり、あるいは不当な干渉をうけたりしないように、計画の個々の部分の実施の時期と段階が調節され、ドイツの完全な非軍事化維持のための規定が設けられた。

私たちの勧告は、外相理事会が近い将来再開された場合、もし英仏両国の十分な同意を得られるならば、わが政府は計画Aの線に沿ったなんらかの提案を出すべきであるというものであった。私たちには、これに代わるべき満足できる案はみつからなかった。他の人々が希望したように、ロンドン計画を全ドイツに拡大するよう求めることだけでは、満足できる代案とはならないと思われた。

ロンドン計画では、連合国高等弁務官府といったものがドイツの政治生活を引き続き監視することになっていた。しかし、こんなことは四大国の間ではまず実行不可能であろう。また、占領軍を各地域に保持することも考えられていた。これとても、非共産主義的なドイツ政府の権威が、ソビエト軍に占領されている東部地域で有効に主張されることなど決してありえないと思われた。従って、ロンドン計画に盛り込まれていた段取りは、全ドイツ的な解決のための基礎としては、全く不適切であった。

計画Aの線に沿ったものならば、たとえロシア側が直ちに受諾できそうもないものでも(私たちも、直ちに受け入れられるとは思っていなかった)、少なくとも、ロシアがドイツの中心部からいずれは平和裏に撤退するための扉を開いておくのに役立つであろう。この線に沿った何か積極的な提案をしておかなければ、ロシアとしては、たとえ彼らが撤退したいと考える時が到来しても、撤退できると思わないかもしれない。ベルリン周辺の地域がロシアによって占領され、共産主義者の権威下にあるかぎり、ベルリンにおける西側の地位が快適なものになるはずはなく、西側地区にいる住民も西側の守備隊も、常に底知れない深淵の縁に住むことになるだろうという想定の上でこの計画は立てられたのだ、と私たちは説明した。

これらの提案は、英仏両国とも慎重、かつ内密裏に検討し、両国がこれに同調した時にはじめて、外相理事会に提示した方がよいと考えていたことを、私はここでもう一度強調しておかねばならない――というのも、私たちの見るところによれば、このことがこの勧告の最も重要な点であったからである。

もし英仏両国が、この文書が提出されてから数週間内に同調してこない場合、われわれはどうするのか、と私は何度も質問された。私はこう答えた。その場合、われわれはこの計画を無理強いすべきではない、ただ別の西側提案を考え出す指導的責任を英仏両政府に負わせればよいのだ。われわれは彼らに次のように言えばよい――これはわれわれの最善の提案なのだ。これが君たちの気に入らないならば、こんどは君たちが、ベルリン問題の解決が火急に必要なことを念頭に入れて、これに代わるべき提案を示すべきだ。主たる責任は今や君たちにあるのだ——と。

もちろん、仮に英仏両国がこの提案を受け入れたとしても、ロシアが——これは実際にも十分予想されることであったが——受け入れない場合にはどうするのか、との質問も出された。私は次のように答えた。その場合には、われわれはロンドン計画を遂行するほかはない（もちろん、ベルリン封鎖の問題を解決するための、なにか他の方策を見出すことができるものとして）が、この提案は引っこめないでそのままにしておく。こうすれば、ちょうど全ヨーロッパ関係と関連したマーシャル・プランの場合と同じく、ドイツに最終的な分裂をもたらす責任をロシアに負わせることができるはずだ。

当時われわれは、ドイツの分割を回避することに合意する用意があり、そのための条件を明示しておいたはずだし、分割の回避に原則的には反対ではないことを明らかにしておいたはずであった。従って、ドイツ分割を阻止するために大して役立ちそうもない提案をして、あらぬ誤解を招くことはいまは避けるべきである。こうしておけば、遅かれ早かれ予想される解決への扉は開かれたままにしておけるだろう。また全ドイツ的解決を企図して出されるであろうロシア側の提案がねらってくる宣伝効果に対抗できるであろう。

＊　＊　＊

一九四八年から四九年に年が改まると、マーシャル国務長官の地位はディーン・アチソン氏によって引き継がれた。私は何年も前にアチソン氏に会っており、一九四七年に彼が国務次官を辞める前には、短期間ではあったが一緒に仕事をしたこともあった。国務長官に就任する際、彼は私に、少なくとも当分の間でも政策企画本部長の地位に留まっていてほしいと要請し、私は喜んでこれを承諾した。

それ以後、アチソン氏と私との関係はいつも気持ちのよいものであった。私は彼を尊敬し、感服しており、喜んでその話し相手になり、彼の優れた知性のもつきびしい戒律に接して益するところ大であった。彼を知る人のだれもが認めていたように、彼ほどに誠実な人物は他にない――実際、合衆国には彼以上に立派な公務員はこれまでいなかった――ことを知っていた私は、当時、議会の一部の筋や新聞界の一部が彼に加えた無法な攻撃に憤りをおぼえ、この攻撃に耐えた彼の威厳と不屈の精神にはいたく感嘆させられた。そのころは、私たちの間にも、後年世上の話題にのぼることとなった、ヨーロッパ政策をめぐる論争やいざこざはまだなかった。

それでも、アチソン氏が長官の地位につくと、政策企画本部の立場と将来性にかなりの変化が生じた。彼は内心では制度よりも人間を相手にする人であった。しかもその人間を必ずしも間違いなく判断できる人ではないと、私には思われた。私の海外勤務の経験も、彼には何の関心ももたれなかったばかりか、政治的才腕などを鍛えるためにはなんの役にも立たないものだとさえ見られていたようである。

彼が私に留任するように求めたのは、政策企画本部長の地位であったが、彼にとって私は全く異質の背景と見解を持った一個人——事実、彼が自分の周囲に集めて、一緒に意見を交わし合っていた人々のうちの一人として——としてしか見えず、従ってその異質な見解に対して彼は、まるで反対派の弁護士の弁論を聞く判事のような態度をとるのであった。マーシャル長官がやっていたように、政策企画本部を、一つの制度としてこれに意見を求め、ある一定の自由限界を認めて、その限界内では自分の意見と必ずしも一致しない場合でも、企画本部の見解を尊重するだけの雅量を見せていた、そのようなやり方——とくに思想的啓示を行い、政策を調整するものとしての機能を企画本部に与え、国務省内の種々の地理別および職能別の部局が示す判断と努力を総合的にまとめさせる、というやり方——こうしたやり方には、アチソン氏は全く何の関心も示さなかったようだ。

私たちの話し合いで、私が述べねばならなかった意見に、彼は、時には喜び、時には驚いたりしており、多くの場合、関心をそそられていたのではないかと思われる。だが、私は、自分がただの宮廷道化師のように、議論を活気づける役目を押しつけられ、衝撃的なことを口走る特典を与えられ、またにぶい同僚たちの皮膚にとまった知的アブ扱いにされることはあっても、最終的な、責任ある政策決定という段になると、真面目に取り上げてもらえない自分の惨めさを痛感する場合が多かった。

＊　＊　＊

つづく一九四八年から四九年にかけての冬の間、わが政府の第一線部門は、ベルリン封鎖を挫折させる手段として空輸を開始し、これを持続することと、ロンドン計画を実施することで手一杯であった。ロンドン計画の実施にあたっては、言うまでもなく、英仏両国およびドイツ側の努力と一体にならねばならなかった。

ところが、西ドイツの政治指導者たちは、この冬、新しい西ドイツ国家の憲法を起草する仕事で多忙をきわめていた。三連合国は、西ドイツ政府の樹立とともに発効することになる新しい占領法規の作成に多忙であった。これらの手続きは入念に行われた。これに関連した交渉は困難で苦悩にみちたものであった。このような事態が進展するにつれて、着実にはずみが加わり、正統の旗色が強まっていった。人々の熱意とともに自尊心がこれにかかわるようになった。目下実現間近とみなされる事業には、個人的な関心をもつものがますます多くなっていた。月日がたつにつれて、この事業は、多くの人々の心の中で、いつの間にか取り消すことのできない既成事実となっていった。従って、より幅の広い国際協定を結ぶために、この事業を中止したり、見棄てたりするような考えは、ますます受け入れがたいものとなっていった。

アメリカの外交においてはよくあることだが、またしても、手段と考えられていたものが、いつの間にか目的そのものになっていた。政策の手段だと思われていたものが、そうではなく、政策の目標そのものとなっていた。

私たちの上司たちがこのように空輸作戦とロンドン計画の実施に心を奪われていたのと、外相理事会の次期開催についてまだロシアとの間に合意ができていなかったために、次回外相理事会で、わが国がとるべき態度に関して、政策企画本部が提起した問題は、この冬いっぱい、顧みられることすらなかった。わが国がどの道をとるかについて、いかなる正式決定も下されなかった。もちろん、実際には、ロンドン計画に対するわが国の公約が無視できないものである以上、わが国の立場は日とともに固められてきていた。

空輸が果たした成果を称える点では、私も人後に落ちるものではなかった。だが、ロンドン計画に対しては、私は興味も熱意も高めることができなかった。というのは、一つには、ロンドン計画はロシアとの交渉の基礎には全くなりえないし、ドイツとヨーロッパの分裂を早期に取り除く希望を放棄することを実際に意味するものだと思えてならなかったからであった。しかし同時に、この計画が、思想上、構想上、ドイツに駐留するわが占領軍政府が打ち出した提案であったからでもあった。この計画は占領軍当局の監督の下に実施されることになっていた。この計画によると、新しい西ドイツ政府が樹立された後にも、この占領軍政府が存続し、権威を持つことになっていた。

これは、私が身震いするほどに嫌悪した体制であった。私は戦争終結以後二度ドイツを訪れていた。そのたびに、私の同胞とその家族の大群の光景をみて、私は文字通りおそろしい気持ちになって帰ってきた。占領軍は、破壊された国の廃墟のなかで、ぜいたくな営舎生活を送っていた。彼らは過去の歴史を知らず、自分たちの周囲のいたるところに現代の悲劇の証拠がおびただしく存在することを忘れていた。

彼らは、ナチの秘密国家警察や親衛隊が放棄したばかりの邸宅を接収して住み、それらの連中と同じ特権を享受していた。彼らは、喪失と飢えと惨めさの紛れもない大海を目前にしながら、愚かな、スーパーマーケット的なぜいたくさをみせびらかし、精神的な、知的な導きを渇望する人々の前に、空虚な物質主義と文化的貧困の模範を見せつけていた。彼らはあたかも、それが彼らにとって当然の権利であるかのように、彼らとドイツの隣人との間に横たわる特権と安逸の懸隔を当たり前のことと考えていたが、この懸隔はかつて封建ドイツにおける貴族と農民との懸隔に比べても小さいものではなかった。こうした懸隔を打破することこそ、われわれが二つの世界戦争で宣言した目的だったのである。

多くのドイツ人が懲罰に値したことは明白であった。しかし彼らの非行がわれわれの善行のあかしというわけではない。ドイツの廃墟のなかに残されたものがすべて無価値で、邪悪なものというわけではない。無垢の貴重な多くのものが――うんざりするほど多くのものが——その他のものとともに失われた。誰が見ても、これは恐るべき悲劇であった。このような悲劇に直面すれば、どんな勝利者といえども控え目で、謙虚な態度をとらないではいられなくなるはずだ。破壊する必要もないと思われたものまでが多数破壊されたのも、恐らくそれが必要であったのだろうし、避けることができなかったのであろう。しかし、そうだとすれば、それはきわめて悲劇的な必要事であった。

従って、全能の神によってその代理人として選ばれたのが、ほかならぬわれわれであったことを悟るならば、われわれは自らの迷いから醒め、悲しみをたたえ、沈黙を守るべきであった。かくも多くのわれわれの同胞が、このような状況をもはばかることなく、自分たちのひとりよがり、浅薄さ、想像力の欠如をみせびらかし、肉体的享楽のみを追うのに汲々《きゅうきゅう》としているのを目にすることは、私には耐えられないことであった。私はそういうことに馴れることはできなかった。私の好きなドイツをおそった悲劇は、まさに私自身の悲劇であって、正視するに忍びなかった。私の受け取り方は度がすぎていたかもしれない。がしかし、私としては、これ以外に考えようがなく、しかも、このことが私の政治的見解に影響を与えたことは明白である。

一九四九年三月、占領下にあるドイツについての印象を新たにし、かつ政策上の諸問題についての考え方をためそうと思って、私はベルリン、フランクフルトおよびハンブルクを短期間訪れた。この旅行について日誌に書き記したものは、余りにも膨大な量になるので、ここにその全文を掲げることはできないが、その一部は、この重大な数か月間に行われた決定にかかわりをもった種々の要因や考慮がどんなものだったかを説明するのに役立つかもしれない。

三月十二日の夕方、ベルリンに——もちろん、輸送機を利用してであったが——着くと、自動車で、

……暗い、人通りのない街を通り抜けて、ハルナック・ハウス——現在はアメリカ人のクラブと迎賓館になっている——に連れてゆかれた。ベルリンの街は死んだ様に——あたかも昔の街の亡霊のようにみえた。

ハルナック・ハウスは、活気のない田舎町で夜更けまで営業している、けばけばしいキャバレーか何かのように煌々《こうこう》と照らし出されて、暗闇のなかに立っていた。それは土曜日の夜であった。ダンス音楽の騒々しい音が、その建物の窓々から、幾条もの光とともに、流れ出ていた。路上には自動車が並べて駐車されており、ドイツ人運転手の一団が、冷たい夜気のなかで、足を踏みならし、なにやらぶつぶつ言っていた。それはあたかも、昔のロシアで見られた御者の一団が、ペテルブルクやモスクワのナイトクラブの外で、主人を待っているところを描いた、嫌らしい諷刺画のようであった。

建物のなかに入ると、日暮れて間もない時刻のクラブがそうであるように、ロビーには人気がなく、見捨てられたような空気が感じられた。しかし食堂には比較的活気があった。そこには、ろうそくに灯がともされていて、土曜日の夜らしい陽気な気分がでていた。

ドイツ人のバンドが、アメリカのダンス音楽の調べを忠実に奏でていた。バンドの人たちの顔はひきつり、疲れていて、全くけだる気で、無表情であった。彼らの目の前で踊っている将校連中や占領軍政府の民間人や、その連れの御婦人方の姿が、果たしてその目に入っているのかどうか、あるいは、たとえ目に入っていたとしても、果たしてそれを気にかけているのかどうか、誰にもわからなかった。ただはっきり言えることは、彼らは、この場にも、自分が演奏している音楽にも、なんの関心も持っていないことだった。この場も音楽も、彼らにとっては、相手側から罰として強いられているものにすぎなかったのだ。なぜこんなことをしているのかを論ずる立場に彼らはいなかったのだ。

客たちは概して礼儀正しく、行儀もよかった。ただ、誕生日のパーティーをしていた一つのテーブルでは、特務曹長らしい男が人々の注意をひくために声を張り上げていた。その声が音楽と人々のざわめきをつんざいた。「メニューを見てくれ。マグロばかりだ。マグロなんかかんべんしてくれ。こんなものは犬にくれてきたんだ。いまじゃ犬だってこんなものはほしがらないぜ。いいかね、犬めが俺をみて、おやおや、またマグロか、と言うんだ」

日が暮れて、私は少し遠くまで散歩してみた。通りには何の物音も聞こえず、人影も見えず、真っ暗だった。これがダーレムの、かつては一流の住宅地域であった。個人の邸宅——爆撃を免れたものだ——が暗がりにいくつか立っているのがぼんやり見えた。これらの邸宅の一つ一つの中に、いかなる見栄が、いかなる野望が、あるいは個人の幸福と繁栄を求めるいかなるたくらみがあったかは私は知らない。それらの希望や計画がどのようなものであったにせよ、それはもはや打ち砕かれてしまっている。いまでは邸宅は静まり返り、暗く冷たく立っていた。ドイツ人が、いずれにせよ、これらの邸宅に住んでいたものだとすれば、彼らは、古代ローマの宮殿に身を寄せた異民族と同じように、これらの邸宅を仮の宿としていただけだ。そうする外に何の望みがあっただろうか。このことが、それ自体、よかったのか、悪かったのか、あるいは正当だったのか、不当だったのか、それを言うのはむずかしかった。いずれにせよ、これらの暗い建物の一つ一つには、かつては希望と創意の衝動にかり立てられていた人々の、いまは打ち砕かれた夢とまた一つの挫折の怨みが封じ込められていた。それはどう見ても、悲痛という外はない。

クラブに戻ってからも、私は眠れなかった。窓越しに、私はその夜の結末をながめていた。客たちは小さなグループになって出てくると、それぞれの自動車に乗って引き上げて行った。最後まで名残を惜しんでいた中尉も、どうやらジープに乗り込んだ。最後に、なかなか出てこない仲間たちにぶつぶつ小言を言っていたバンドマンたちが、彼らに専用のおんぼろ自動車に、信じられないほど詰め込まれて、走り去っていった。そしてその後には、背の高い、葉を落としたポプラ並木——ワイマール共和国最後の数年から、ナチ時代、戦争、爆撃を経て、ロシア軍がやって来るまでの長い年月を、じっと見つめてきた忍耐強いポプラの樹々——が、また次の一夜が明けるのを待ってじっとそびえていた。

やがて、地下鉄の朝の一番電車の古びた車輛が、ほんの数ヤード先の切り通し地点をがたがた音をたてて通過することだろう。そして、空が明るみ出して、空輪下のベルリンの上空に、灰色の、じめじめした三月の日曜日の夜明けがやってくるだろう。

翌日の昼下がり、友人がその自宅に私を招いて、当時西ベルリン市長であったエルネスト・ロイターに会わせてくれた。私たちは、ワンゼーの近くの市長の家に立ち寄り、彼を自動車に乗せ、それからダーレムの友人の家までやって来た。私はこれまで市長に会ったことはなかった。

彼は身体の大きな男で、顔をきれいにそり、目のまわりには疲労のためか青いくまができていた。彼はつい先刻ボンの制憲議会から帰ったばかりであった。

私たちは居間の窓枠に腰かけて、お茶を飲んだ。窓の向こうには、アカマツの木が、とけかかった雪の中から真っ直ぐにそびえたち、いかめしげに私たちの会話を支配していた。

ベルリンではみんな必死になって頑張っていると市長は話した。いまが一年のうちで一番苦しい時だ。生鮮食料品は底をついている。インフルエンザの季節がすぐそこへ近づいている。しかし、われわれアメリカ人が踏みとどまる決意をはっきりみせてくれさえすれば、士気を維持することができるだろう。

住宅不足は、必ずしも、西ドイツの占領地域ほど、ベルリンではひどくはなかった。ベルリンはその住宅の四〇パーセントを失ったが、その人口の二五パーセントをも失ったのだ。

われわれが、取引を有利にするのに十分な力をまず作り出してくれさえすれば、ベルリンについてロシアと取引することに、市長は異議をはさまなかった。そうするためには、われわれが西側地区での唯一の通貨として、西ドイツ・マルクを創設し、また、一日平均八千トンの空輸を維持できることを誇示しなければならないであろう。そうなって初めて、われわれには、ロシア側の条件を受け入れなくても、他にとるべき道が本当にあることを、ロシア側に信じさせることができるだろうし、ロシアをしてわれわれと真剣に取引させることもできるであろう。

西ドイツについて言えば、青年たちは申し分なかった。精神的にも情緒的にもまだナチズムの影響を残していたのは、比較的年輩の人々だけであった。しかし、青年たちは西ドイツの諸政党を率いる旧式のドイツの政治家たちを信用しようとせず、疑いの目で見ていた。市長はそうした青年たちを非難することはできなかった。これらの政治家たちは近視眼的で、自らの体験から何も学んではいなかった。彼らは、責任のない真空状態のなかで長期間仕事をしてきたためか、いまではものの役に立たなくなっていた。従って彼らには責任を持たせることによってはじめて、現実の世界に立ち戻らせることができるのであって、それまでは彼らはただ座り込んで、論争と非難にうつつを抜かすだけであろう。だからこそ、なんらかの形のドイツ政府が必要であり、それは早ければ早いほどよい。

しかし、どんな状況になってもとは言わないが、ドイツを再武装するようなことはしないでほしい、と市長は私たちに懇願した。私は彼に、われわれにそんな意図はないと断言したが、彼は安心できないといった様子をなおも崩そうとしなかった。ドイツにいるアメリカ軍人の間で、ドイツの再武装について、余りにも多くのことが語られていたためである。

暗闇がもうおりてきていた。ロイター市長は帰っていった。彼のいた席は、夕食に招かれたお客たちに占められた。ドイツに来ている外国人仲間であった。私が以前に他の場所で会ったことがある連中だった。彼らが到着すると、話はいつもながらの外国人仲間同士のゴシップと世間話になった。窓の外にある残骸と荒廃のことは念頭にはなかった。その荒廃の中に困苦と不安にあえいで生きている二百五十万の人々のことも念頭にはなかった。雨と暗闇のなかを、正確に三分おきに、エンジンの音をひびかせて頭上を飛ぶ巨大な飛行機のことも念頭にはなかった。

私は、われわれアングロ・サクソン人種の社交的な習癖の根強さに驚き、絶望的な思いで自問するのであった。われわれがこうして互いに飲みものをもてなし合い、骨董品の値踏みや、使用人の苦情や、PXの化粧品が使いものになるかならないかといった他愛のないことを、毎晩毎晩長々としゃべるのをやめさせるには、これ以上まだどれだけ多くの破滅が起こらねばならないのか、まだどれだけ多くの都市が破壊され、まだどれだけひどく、執拗に、この世の残酷さと苦しみの跡を見せつけられねばならないというのだろうか？

ベルリンに二日滞在したのち、高等弁務官会議やドイツの高官たちとの会談に出席するため、私は空路フランクフルトに向かった。ドイツ高官たちとの会談の状況は――一方の側は無限の力をもっており、他方の側はただペコペコしているばかりで、私には我慢できないものだった。しかし、連合国側の数多くの当事者のなかにあって、わが国の代表にはいくらか誇りを覚えた。彼らはきわめて真剣かつ有能で、また大変にキビキビしていることがわかったからである。彼らは、自分たちの力を振りかざしたり、そのことで得意になるということはなかった。彼らは、時に腹立たしいくらいに素朴であったが、ドイツ人にとっては、人柄の点では、最も近づきやすい人々に違いない、と思った。

フランクフルトに滞在中に、今ではアメリカ市民となっているベルリン時代の古い知人と長時間話し合う機会があった。この人は深い経験と見識を持っており、ドイツ制憲議会の本会議の成り行きを見守っていた。彼は、生粋のベルリンっ子だが、ベルリンの窮状を重視するあまり、この国の性急な統一の受諾に追い込まれることのないよう私に警告した。社会構造や習慣がすでに大きく違ってしまっている現存の二つのドイツを性急に統一しようという考えは、彼には危険に満ちたものと思われたのである。彼は言った。ソビエト地域では、

……真の社会革命のようなことが起きている。封建制度が本当に打破されたのは、ドイツではこの地域だけである。それも残酷なやり方でまた破壊的なやり方で行われ、それに代わって肯定的なものはなにも生まれなかった。それなのに破壊は行われていたのである。基盤そのものが破壊されてしまったのである。

もしいまソビエト地域とドイツのその他の地域とをもう一度統一しようとすれば、かつてスペインで起こった内戦よりももっとひどい内戦が起こるであろう。ソビエト連邦も西側諸国も、その仲間が敗北するのを見過ごすことはできないであろう。従って、これらの国々は介入せざるをえなくなるだろう。そうなれば、ドイツ、いやおそらくは、西ヨーロッパ文明の最後になるかもしれない。そこでわれわれは、やむをえないことだが、西ヨーロッパを強化する唯一の望みとして、ドイツの分裂をこのままであくまで維持すべきであろう。再統一されたドイツは、おそらくヨーロッパでは受け入れられにくいであろう。現在すでに西ドイツに存在する諸要素に東の地域の過激主義が加わっても、西側の理念とはあまりにかけ離れていてとうてい受け入れられないような政治的様式しか生まれて来ないだろう。ドイツ人に生まれた者として、これはまことに残念なことだ、と彼は言うのであった。

感傷を抜きにして考えるならば、ベルリンは放棄されるべきである。それは必ずしもドイツの首都として必要ではなかった。それを保持することは、冷戦の当初からすでに不合理なことであった。もちろん、ベルリンを放棄することは、心理的には我慢できないことは事実であった。そんなことになればどんな辛い思いをするかをごまかしてみても、どうにもならなかった。そうなれば、ベルリンの西側地区の政治家がまず槍玉に上げられるだけではない。西側地区の警官の全員が今度は共産主義者の強制収容所入りとなるのが落ちである。

ロシアはドイツに対し、政治的にどの程度に面倒をかけてくるか、と尋ねられると、私の知人はこう答えた——ポーランド国家をもう一度廃墟にしてでもと思わない限り、ロシアが国境のことで文句をつけるとは考えられないが、ただロシアはドイツ難民の問題で、きわめて有効かつ強力な武器を持っている。もしロシアが難民を故国に帰還させることを申し出れば（あるいは、ドイツ社会主義統一党の名で申し出させれば）、難民も、本国に住んでいる者も含めて、すべてのドイツ人から好評を博するであろう。このような誘惑に抵抗できるものはほとんどいないだろう——と。さらに彼は続けて、共産主義者がルール地方でも手を出す可能性があると言った。この地方の労働者団体の空気からみて、彼らに激しい反西側の態度をとらせることなど大した手数ではないということであった。

ベルリンから私はハンブルクへ向かった。そこで私はたくさんの人と会った。どれも興味あり、教えられることが多かった。その全部についてここで述べることはできないが、一人だけ、私のノートの中では「編集者、血の半分はユダヤ人、長い間外国で移住民の生活をしていた……背が高く、やせていて、そのくぼんだ燃えるような目に、長い間の苦悩と思索の跡がみえた」と記してある人物がいた。

彼は青年たちについて語った。彼も、他の人々と同様に、青年たちは問題はないと思っていた。ドイツの狂信的愛国主義の危険な面をいまなお持っているのは、比較的年輩の人々であった。青年たちは希望を失っていた。青年たちには前途に見込みがなかった。概して、青年たちは国外に移住することを望んでいた。これらの若い人々にとって、ドイツはもはや民族の故郷ではなかった。それは民族の監獄であった。ところが、移住を許可されても、実際にドイツを後にして出て行ったのは、冒険心に富み、想像力も豊かな者たち、なかでも若い人たちであった。婦人と老人ばかりが多くなって、すでによたよたしている国にとって、この状態はどう役に立つというのだろうか？

彼は悲痛な調子で、再び連合国の政策について論じた。連合国側の臆病《おくびょう》さ、その中途半端な措置が一体なんの役に立つのか。ドイツ人は、本当の責任の厳しさを身に感じないかぎり、真剣な気持ちにはならないでいるだろう。

とくに、彼は非ナチ化政策に終止符を打つように懇願した。この問題を最終的に終わらせるようなある種の恩赦措置を懇願した。以前にナチ組織に関係のあった人々を断罪するという問題は、あまりにも微妙で、主観的で、また口先一つで法的処置の対象にはなると決めつけるのはむずかしすぎる、と彼は考えていた。法律というものは明白で、まぎれもない事実の状況を取り上げねばならない。それはあやふやな理念で運用されてはならない。

法律の効力には例外はなく、さもなければ、法律など初めからない方がよい、と彼は言うのであった。この幾年もの間続いてきて、まだいつ終わるかも知れないようなこのような災厄は、もうたくさんではないか。法律に不馴れな素人たちの委員会はなおさらのことだが、ナチズムを実際の問題として民間法廷で裁くことが不可能なことは、すでにわかっていたのでなかったのか。このような非ナチ化の方向に沿った努力は、すべて古い不正に新しい不正を積み重ね、古い不和に新しい不和を積み重ねるものであった。かつて犯された大罪をつぐなうのに必要なだけ、多くの罪と犯罪人を法廷にかき集めることなど、とてもできる相談ではないことを認めざるをえなかった。人間の過失と人間の弱点といった大きな分銅をもう一方の皿に加えてこそ、初めて秤《はかり》は平衡を保てるのかもしれない。しかしそのような人間の過失と弱点をこの世界の法廷に迎え入れるようなことを許してはならない。そんなことになれば、それは法の支配ではなく、復讐が支配したことになる。

次に私を訪ねてきたのは、ハンブルク市長のブラウアーであった。私は彼のことを「ずんぐりして、筋骨のたくましい、金髪の男で、私の郷里ミルウォーキーの出身者かと思ったほどだ」と記しているが、また次のようにも書いている。この人の顔つきがアメリカ人

のように思えたのは、

私の見間違いではなかった。事実、彼は合衆国に何年か住んでいたことがあり、一時はアメリカ市民となったこともある。彼は戦後帰国して、この気の重い不愉快な職務を引き受けていた。もちろん、彼は古くからの社会民主党員であった。このことだけで、彼はハンブルクという社会主義の色彩の強い都市で今の地位につくことができたのである。話をする時の、悲し気な、頼りなさそうな口調は、彼が個人的な野心という動機からこの職務についているのではないことを十分に立証していた。

彼の話によると、ハンブルクの住宅の五二パーセントが破壊された。人口は一時は半分にまで減ったが、その後また急速に増加して、現在は戦争前の百六十万人に近づきつつあった。毎月平均六千人の難民がこの市に入ってくるので、住宅建設は戦前の最高水準で進められてはいたものの、建設される新しい住宅が片っぱしから難民用に回されてしまった。

住宅がいくつかでき上がるたびに何人かの人々が掘っ建て小屋や燃料倉庫から新住宅に移り、その後の掘っ建て小屋や燃料倉庫は、ソビエト地域からの新たな難民によって、すぐに埋められてしまった。港の本来の荷役能力は五〇パーセントまで回復していたが、通常能力の三二パーセントしか動いていなかった。

この数字を大きくできる見込みはあまりなかった。港の後背地が失われてしまっていた。もちろん、造船業は、比較的小規模な例外を除いて、禁止されていた。港に隣接するハンブルクの大工業地区は、爆撃によって大部分が廃墟となっていた。このような状況下では、この市の実際の生産的基盤は、それに依存する膨大な人口を養うにはあまりにも貧弱であった。

雇用は維持されていた。しかし、どんな方法で維持されていたのか。大洋を航行する船舶の船長として長い経験をもつ人たちが、市内電車の車掌として働いていた。三万六千人がイギリス軍に雇われていたが、その経費は市が負担していた。

彼は、冷戦については楽観的であった。西側は、実際に目にみえている以上に冷戦には打ち勝っているが、その反面、西ドイツ政府に対しては、大きな誤りを犯していると、彼は考えていた。この中央政府に対し、州と比較してそれ相応の権力を与えるだけでなく、もしよい成果を挙げようというのなら、経済面でもドイツ人に実権を与えるようにすべきだ、というのである。さらに、再教育計画などは放棄すべきだ、そんなものは茶番にすぎず、ドイツ人には全く悪影響しか与えないものだ、というのであった。いずれにせよ、彼は西側に対して、一つの大きな願望を抱いていた。それは、ドイツ人自身にやらせてくれ、ということであった。

次の日に、私は自動車に乗せられてハンブルクの周辺をまわり、とくに、爆撃でやられた地域を見た。その情景は見るだけでもぞっとするものであり、思い出すだにいやなものであった。「ここは徹底的に破壊された。徹底的に、軒なみに次々と」。一九四三年の三昼夜にわたる爆撃のなせる業であった。この間に七万人が殺された。三千以上の遺体がまだ瓦礫《がれき》の下に埋もれているとみられていた。私自身、イギリス軍による当初六十回ほどのベルリン空襲を体験していた。また——終戦以来——多くの廃墟を見てきたが、ここほどひどくやられていたところを見たことがなかった。

ベルリンの廃墟には、何か悲劇的に厳粛なものがあるように思われた。ベルリンは、大きく、冷ややかで、尊大な都会、傲慢で、もったいぶった都会であった。このような都会が、神々と人々の怒りを招いたのであった。

しかし、気の毒な古い都会ハンブルク、この楽しくて、気前のよい港町、アメリカの多くの都会と同じように、商工業という常識的な、平凡なことに専念した港町——ハンブルクには、それは全く気の毒なことであった。

ここで初めて私はどんなに差し迫った戦争上の利益——仮にこのような利益がありとして——をあげるために、過去数世紀にわたり、戦争とは全く関係のない目的のために、人間の手で営々と築き上げられてきた市民の生活と物質的価値を、このように途方もなく、無慈悲に破壊することは、絶対に許されないことだという、ゆるぎのない確信を持ったのである。とりわけ、「奴らがわれわれにそういうことをしたからだ」と叫んでみたところで、それが許される筋合いのものではないだろう。そしてこれらの廃墟の中にこそ、西側のわれわれにとって無視することの許されない象徴が厳然と存在しているのだと、ふと思われた。

もし西方世界が、真に、道義的にはより高い出発点に立っている――神が造り給うた人間というもの（それは人間そのものと、人間が労作し心を砕いて作ったもので示される）に対する、より大きな憐れみと理解をもっている――という自負を本物としようというのなら、仮に戦争をしても、軍事戦争ばかりでなく、道義上の戦争もやるべきだ。さもなければ、戦争など全くすべきでないことを悟るべきであった。なぜならば、道義的原則は西方世界の力の一部であるからだ。この力を剝奪されれば、西方世界はもはやその本質を失うものであった。

西方世界の勝利は、真の勝利ではなかった。長い目で西方世界がなしうることといえば、精々、自分の墓穴を掘ることぐらいであったであろう。軍人は、これを甘い寝言にすぎないと片づけようとするだろう。彼らは言う、戦争は戦争だ、戦争になれば、あらゆる手段をつくして戦うほかはない、さもなければ敗れてしまうだろう、と。だが、そうだとするなら、西方文明にはつらいことかもしれないが、危うい勝利でやっと敗北を免れるようなやり方でなく、十分な余裕をもって勝てるほど敵方よりも軍事的に強くなる責任がある、というものだ。

このような考え方は、その後直面した幾多の試練や問題に際して、たとえば、アメリカが水素爆弾の開発に乗り出すべきか否かについてワシントンで議論がたたかわされた時に、北大西洋条約加盟のヨーロッパ大陸諸国の防衛の基礎を核ミサイルにおくことを、一九五七年のBBC放送のリース講演で私が痛烈に非難した時に、また一九六六年と六七年のアメリカ上院の公聴会で、北ベトナムに対する爆撃に議論が向けられた時に、私につきまとって離れないものとなった。

次いで私は、ハンブルクからブレーメンに向かった。同地のアメリカ領事の家に落ち着いて、ブレーメン市議会の議長と語り合った。

彼は頑丈で、素朴で、物静かな人物であり、昔風の口ひげをつけていた。生粋の農民出身で、一九一四年以前の世代の人であった。ヒトラー時代の初期、ナチの手によって初めて投獄された後、田舎に帰り、政治には全く目もくれずに、十二年間、黙々と忍耐強く百姓仕事をしていた。敗戦後、政治生活に復帰を求められると、彼は農具を捨てて、ブレーメンで最も地位の高い職務につくために、昔に変わらぬ素朴さと決意を抱いて戻って来た。

彼は、アメリカの後見のもとにブレーメンの行政を運営するむずかしさについて、悲し気なユーモアを交えて語るのであった。

軍政府は彼らに、小学校の修業年限を四年から六年に延長しなければならないと命じた。彼らには異議はなかったし、そうするつもりであった。ただ、彼らは段階的にそうしたいと思っていた。現在四学年の生徒の父兄は、延長という考え方になじんでいなかった。父兄たちはそれを承知で子供たちを小学校に入学させていたのではなかった。そこで、彼は軍政府に対して、過渡的期間をおくことはできまいかと尋ねた。答えは否であった。そこで彼らはいますぐに、一度に、そうしなければならなくなった。

もう一つ。ブレーメンには、一般の労働者のために、毎週八時間の夜学課程が開かれていた。軍政府がやって来て、それでは不十分だと言った。そこで彼らは、毎週八時間の公民科課程を加えなければならなくなった。こうして夜学課程の時間は倍になった。

彼らには、こうした改革を行うために必要な建物もなく、教師もいなかった。市議会はこの改革に反対であった。……彼は市議会との関係で苦しい立場に立たされた。

私は、そばにいた領事に、軍政府内でこの問題を担当しているのは誰か、誰がこのような指令を出しているのかと尋ねた。それはブレーメン地区軍政機関の教育部長ということだった。彼はどんな経歴の人かと聞いてみると、インジアナ州出身の元高校教師であった。彼は理解力と能力のある男か？　領事はこの質問にはあっけにとられたようで、インジアナ州では立派な高校教師だったと答えた。

市議会議長は話を続けた。ガス工場は爆撃で破壊されていた。家庭用の燃料が不足していた。工場を再開することが必要であった。この工場は市の所有だが、戦前は営利企業として経営されていた。その財政勘定は市の予算に含まれてはいなかった。いま彼はこの工場を再建したいと考えていた。このために、郵政局が一千万マルクの資金を貸し付ける意向をもっていた。いずれその負債は利潤から償却されることになっていた。しかしその時、軍政府はこれを拒否したのだ。もしこの工場を再建するというならば、その資金は税金で賄わなければならない、と軍政府は命じた。そこでドイツ人は窮境に追い込まれてしまった。税負担をさらに一千万マルク増加されなくてさえ、ドイツ人はもう十分に財政不如意であったのだ。

彼は言った。「一体、あなた方は私にどうしろというのですか。もしあなたがたがそうせよと言うなら、私は日本人のやるように振る舞うこともできるでしょう。微笑を浮かべおじぎをして、ご希望通りに何でもいたしましょう、とあなたがたに言うことができます。そうしておいて、私たちが本当は何をしたのかあなたがたにはわからないような方法で、実際に行ったことをぼかしてしまうこともできます。言い換えれば、もしそうする方があなたがたを喜ばせるものならば、私はあなたがたの要求に従うことができるのですが、私はそういうことはしたくないのです。そういうことをしても、私自身うれしくないのです。それに、そういうことをしても、結局、よい結果にはならないでしょう」

私は、われわれが負った責任の大きさとそれを果たすべきわれわれの無力さを悟り、かつてないほど重苦しい気持ちで、ベルリンに戻った。

ベルリンに着いたのは日曜日の正午であった。私を接待してくれる人たちは、週末で不在だった。そこで、私はただ一人ひそかにその辺りの散歩を楽しみ、やっと普通の生活にたち戻ったような気がした。

時折雪が降ってきたが、天気は先週よりも晴れやかであった。まるでいきなり春がやってきたようであった。空はもう単調ではなかった。黒い雲もあり、明るい雲もあった。その間に新しい空が——その下にいると、果てしない、だらだらと長く続く北国の冬をもう少しで忘れてしまうような春の淡い青空が——輝いていた。

それは子供たちにもわかった。地下鉄の駅へ行く途中、エアデール犬を連れて歩いている三人の子供たちの傍を通りすぎた。一人の少年が、「ねえ、あれをごらん、黒い雲は夜の妖精で、明るい雲は昼の妖精だね」と言った。エアデール犬までが、その少年の口調に刺激されたように、他の少年たちをしきりに見上げて、自分も同じ仲間の一人で、なんでもできるよ、といった表情で、鎖を引っ張っていた。

（少年よ、君のいうとおりだ――と私は思った――昼の妖精と夜の妖精がいる。明るい雲と暗い雲がある。君が成人した時に、このどちらの雲が君の頭上に垂れさがり、君の生活を覆うであろうか――どちらの妖精が君の頭上に魔法の杖をふるうであろうか。これは大きな問題である。その問題に答えるのは、一つには君自身の責任であろう。なぜならば、われわれは一人として意思と責任を持たない者はなく、捕われの身ではないのだから。しかし、それに答える責任のより多くは、われわれアメリカ人にあるかもしれない。なぜならば、われわれアメリカ人は、大戦争に勝利し、自分の手に大きな力を握ったのだから。またわれわれは、このためにすべての国民との間にあれこれの関係をもつことになった。われわれは自分で回答を出さねばならない義務を負うことになった。誰でもやってきて、われわれに五セント白銅貨を入れて回答を求めることができる。ゲームの規約によって、われわれは回答を与えなければならない。こんなことも、君はやがて知るようになるであろう。そして、われわれの与える回答次第で、君と君の将来には、昼の妖精がついてくれるか、あるいは夜の妖精がついてくれるかがきまるのだ。もし私が君だったら、このことに気がつくようになるまで待っていたいのだが。なぜなら、われわれ自身でも何がなんだかさっぱりわかっていないのだから）

その日の午後、私の注意を奪い、ここ数日来の絶望感がどんなに深刻であったかを私に悟らせ、そして初めてかすかながらも希望のしるしをもたらしてくれたのは、廃墟で遊んだり、ドブ溝の中で石のかけらを集めてダムを作ったりしている子供たちの姿であった。何はともあれ、これらの子供たちには、「健康と希望がもたらす精神的な影響」を与えてやれるだろう、と私は次のように考えていた。

　三月の日射しの中を、雪まじりの突風が吹く昼下がり、子供たちの頭上にいまかかっているかすかな虹の遠い果てのどこかに、自由と安全があり、やり遂げた仕事にはきちんと報酬が与えられ、人間精神の美しさと温かさに守られた広場を歩きまわる機会もある、そんなところがあることを、子供たちに教えてやることができれば――もしそんなことができれば、よこしまな魔法使いの魔力とともに、廃墟はこれらの子供たちに対して魅力を失い、昼の妖精がもう一度自分の力を取り戻すようになるだろう。

　しかし、そんなものはどこから来るのだろうか？　両親たちからか？　両親たちは堅苦しくて頑固で、昔の夢の多くは禁断に付されていても、なお迷いから醒めず、蒙昧《もうまい》の中をさまよい、恐ろしいほどに視野が狭い。それではわれわれアメリカ人からか？　われわれアメリカ人は最善をつくしている。しかし、われわれは、この地域を覆っている深刻な政治的不安定にまだ回答を出していない。それに、われわれ自身の視野は、われわれの慣習、われわれの安逸、われわれの虚偽、征服者、占領者としての不正で腐敗した立場のために曇らされている。

翌日は、私のドイツ滞在の最後の日であった。空路、フランクフルトに行き、午前中はまたまた人に会い、午後には、休養のためにタウヌス山にある要人用迎賓館へ出かけた。この山は、私たち被抑留者が十四年前の一九四一年から四二年にかけての、暗い苦しい冬を過ごしたその同じ山であった。それから、午後おそく自動車で山をおり、パリ行きの夜行列車に乗った。

それは日射しの明るい、晴れた日であった——私がドイツに来て以来初めてのよい天気の日であった。もう闇のとばりは下りていたが、空は西の方がまだ明るく、星がでていた。村々では、人々がそぞろ歩きをして、素晴らしい早春の夕方を楽しんでいた。道路は車の往来が盛んであった。車は大部分ドイツ製のものであった。私は薄暮のなかで、私たちの背後に広がっている西側の全地域のことを考えた。長いショックと意気消沈の後に、再び動き始め、仕事と生活と変化のリズムを取り戻し始めている人間生活の巨大な低いつぶやき声がきこえてくるように思われた。

ここには、あらゆる年齢層の、あらゆる階層の、何千万という人間が、祖先からの伝統や教育や気候や経済的必要や感情といった無数の刺激に対して、人間が常に示してきた、また示さなければならない反応を示していた。われわれが何をしたとしても、もはや彼らは静止したまま考え込み、眺めるだけでいるということはないだろう。自分がなにか大切なことを、実りあることを、必要なことをしているという実感を持ちたいという、人間の基本的欲求のはけ口を、もう一度、彼らが探そうとするのをおさえることは、何をもってしてもできないであろう。

これまでわれわれにはきわめて不愉快で、ほとんど興味さえもてなかった人間の反応と人間の意思の群がる海に、われわれは手探りで入ってゆけるだろうか？　われわれは医者であって、われわれの診断にこの患者の回復と健康がかかっているのであり、この患者の健康と回復がなくては、西方世界に統一も成功も望めないことを自覚できるだろうか？　われわれは今後の成り行きを協力的で建設的な方向に導いてゆくことができるだろうか？　ドイツ人が強く求めている参加の意識、自分が必要とされているという意識を、彼らに与えることができるだろうか？　それとも、怒りと嫌悪から、ドイツ人に背を向け、かつてドイツ共産党がいつもその会合の終わりに歌っていたゲーテの次のようなきびしい詩の精神で、ドイツ人がわれわれの手のとどかないところで、われわれにそむいて成長するままにしておく以外にないのだろうか。

支配し獲得するか、
それとも服従し敗北するかだ、
耐えるか、勝ち誇るかだ。
鉄砧《かなとこ》となるか、それとも鎚《つち》となるかだ。

（片山敏彦訳、『ゲーテ詩集』(一)、「コフタの歌」〈その二〉より）

＊　＊　＊

私のドイツ滞在中に、ロシア側には封鎖解除の用意があるらしいという兆候が見えてきた。一月三十日、西側のあるジャーナリストに対する発言で、スターリンは、封鎖を解除するための前提条件として、西ドイツ政府を樹立する計画の停止だけ（恒久的放棄をではなかった）をあげ、従来、合意への基本的障害とみなされていた困難な通貨問題には言及しなかった。当時国務長官の特使のような役割をしていたフィリップ・ジェサップ教授は、アチソン氏に代わって、ソビエトの国連代表ヤコブ・マリク氏に、スターリンが通貨問題に言及しなかったのはたまたま言及しなかっただけのことかどうか、と質した。マリク氏は、本国政府と連絡をとったあとで、三月十五日、それは偶然のものではなかった、と答えた。

やがて、熟練し思慮分別に富んだ双方の代表によって、秘密折衝が行われた。この秘密折衝の成果として、四月末、封鎖を解除すること、外相理事会を早急に再開すること、の二点を内容とする協定ができ上がった。外相理事会は五月二十三日に開くことが、最終的に取り決められた。

外相理事会が目前に迫ってくると、ドイツ問題全般について、わが国はどのような態度をとるべきか、という問題が必然的にまた表面化してきた。この問題はすでに、新聞で余すところなく論議されたし、わが政府機関内でも徹底的に討議された。政府機関の討議では、計画Aが俎上《そじょう》にのぼり、種々な案のなかでも珍しい案として人目をひいた。しかし、どう見てもこの計画が採用される見込みはなかった。

外相理事会が近づいたいま、ロンドン計画の仕上げが躍起になって急がれたのは、この計画を四大国外相の前に既成の事実として提示しようとする意図に外ならなかった。この計画の数多くの立案者たちは、まるで子供に対する母親のように、この計画に執着していた。この計画にかくも多くの努力が注がれた現在、その最終的な実現が目前のものとなった現在、ロシアとの交渉で、誰かがこれ以外の解決策を提出することによって、この計画を窮地に陥れようと狙っていることなど、彼らにはどうしても考えられないことであった。とにもかくにもロシアが今や封鎖を解除する気になっていることが明らかな現在、なおさらのことであった。

当時、長期にわたってその地位にあり、かつ抜群の功績をあげて、赫々《かくかく》たる栄誉のうちにドイツ占領軍司令官の地位から退こうとしていたルーシャス・クレイ将軍は、ロンドン計画をとくに高く評価し、この計画が、容易ならぬ困難にぶつかっても、最終的に採択されることが、ドイツにおける彼の業績のうちでも最も目覚ましいものになるであろうと考えていた。出版された彼の回顧録*のなかにも、彼がロシアと何らかの合意に達するために、かりそめにもこの計画を犠牲にしてもよいなどと考えたらしいことを示唆するものを見つけることはできない。退任に際して新聞への声明で述べたように、ドイツ人に新憲法を遵守《じゅんしゅ》させるために、連合国占領軍はなお五年ないし二十年間は西ドイツに駐留する必要がある、と彼は信じていたようだ。ドイツの大部分から連合国軍を撤退させ、占領政策を全面的に放棄することまで含んだ提案を、わが国の政府が四大国のレベルで出したとしても、これを葬るには、必要とあらば、彼が拒否するだけで十分であっただろう。

* Lucius D. Clay, "*Decision in Germany*", New York: Doubleday and Company, 1950.

計画Aの線に沿ったものを提案する考えに好意的な意見は、国務省にはほとんどなかった。もし振り返ってみて、私なりにアチソン国務長官の心中を読んでみると、彼はこの計画Aを、時には刺激になり、興味もあるが、反面、日常の実践的な業務にもまれた経験のない人間によって考え出されたものであり、特色がないでもないが、奇妙な思い違い以上のものではなく、全体としては真面目に取り上げられる代物ではないと見なしていた。実際、外相理事会が再開される前夜まで、英仏両国にこの計画を事前通告したり、あるいはこの計画が作られる背景となった理念についてこの両国と話し合うといったような努力が全く払われなかったほど、この計画は国務省内ではまるで関心をもたれていなかった。それゆえに、一九四九年五月半ばになって、この計画を西側全体の立脚点として、真剣に検討しようとしても――たとえそうする意思があったとしても――時はすでに遅すぎたのだ。

このような情勢のもとで、政府部内の誰かが、パリ会議の前夜になって、計画Aに劇的な最後の一撃を加える必要があるなどと考え出した理由が、那辺《なへん》にあったのかは、私にとっては不可解なことであったし、今日でもまだ理解できない。しかし、これは明らかに起きた事実なのである。

外相理事会が五月二十三日に始まることになり、国務長官は二十日ごろパリに向けて出発する準備を進めている際に、交渉に臨む西側の共通の態度を調整する予備的協議を英仏両国と始めるため、十二日から十三日にかけて、ボーレン氏とジェサップ氏がパリに向かうことになった。私の記憶によると、この二人は、計画Aを、別にわれわれの気に入った代案ではもちろんないが、わが政府部内で検討されていた代案の一つとして、英仏両国と協議する権限を与えられていた。

ところが、二人が出発するその日になって、当時、ニューヨーク・タイムズ紙のワシントン特派員であったジェームズ・レストン氏の書いた記事が、同紙の一面に掲載された。その記事は、計画Aのうち、占領軍の部分的撤退がありうることを扱った部分を完全かつ忠実に細部にわたって報道し、この計画の立案者として私の名をあげた。この記事の終わりと別の面に、これをアメリカ案としてパリで提出するという合意は「まだできていない」と説明されていた。さらに、正確でなく、幾分の矛盾がみられるが、この計画は、「ロンドン計画の線に沿った」ドイツ中央政府の樹立を受け入れる用意がロシア側にあることを条件としている、と書かれていた（私が「正確でなく幾分の矛盾がみられるが」というのは、ロンドン計画では、ドイツの全領土に連合国軍が駐留することだけでなく、占領による支配を期限を定めずに続けることが想定されており、計画Aでは削除したいと私たちが最も強く考えていたその諸点が含まれていたからである）。

そのうえ、レストンの記事には、計画Aに盛り込まれていた特定の保障条項は挙げられていなかった。これでは、英仏両国政府としても、合衆国政府が、ドイツの中心部からその軍隊の大部分を引き揚げる計画をいじくりまわしていながら、それをこれまでひた隠しにしておいて、四大国の会議の前夜になって急に持ち出そうとしている、といった印象しか受けることができなかったであろう。

計画Aの理念を英仏両国政府に通告する手段として、これ以上に両国政府をびっくりさせ、この計画に反対せざるをえなくなるように仕組まれたやり方は他になかったであろう。

わが国のとるべき道として私が考えていたものからこれほどかけ離れたものもなかった。

この記事が投じた反響は、予想されていた通りであった。とりわけフランスは、あたかも狂奔する馬のように、のけぞり、後脚で立ち上がらんばかりに仰天した。フランスの驚きはそれほど大きかったのだ。そこで、ジェサップ氏は、到着したその日の朝、早速フランス外相ロベール・シューマン氏を訪ねて、この記事は真実を伝えていないことを保証しなければならなかった。ニューヨーク・タイムズ紙パリ特派員は、その同じ日に、フランスの一高官から、「もしフランスを驚かせて、西側諸国間に新たに作り出された連帯関係から追い出そうとするような何ものかがあるとすれば、それは、平和条約調印前にドイツの大部分を連合国の占領から解放しようという提案である」と言明された（この高官は、いささか馬鹿気てはいるが、「もし西側の軍隊が海岸線まで後退してしまえば」多くのドイツ人が「民族主義的組織あるいはナチの組織によって死の危険に追いこめられるであろう」とつけ加えた）。

このような構想がわが政府部内で現実に支持されているわけではないし、このような記事を真面目に受け取るべきではないことを、英仏両国に納得させることが、ジェサップ氏とボーレン氏の任務となったことは、避けられないことだった。ドイツとヨーロッパの分裂を克服するのに、時がたつにつれてますます大きな障害となるような立場にわが政府を閉じ込めないようにし、その代わりに、そのような分裂を回避するために、わが政府が合意しうる条件を明示し、その上でゆくゆくは四国間協定をまとめる可能性を残しておくような態度を、わが政府にとらせようとした私のささやかな努力は、結果的にはよかったにせよ、悪かったにせよ、このようにして惨めにも葬られてしまった。

一九四九年五月、パリで再開された外相理事会で西側が実際に提案したものは、もしソビエト地域内のドイツ各州がロンドン計画の条件に基づいて西ドイツ連邦に入る意向を示し、かつソビエトがこれを認める用意があるならば、われわれはそれをあえて妨げるものではないことを、不承不承、認めるというだけのものであった。このことは、ソビエトが参加しないで専ら西側で作られた取り決めを、ソビエト政府が全面的に受諾することを見込んでおり、従って、ドイツでのソビエト側に無条件降伏を強いるに等しいものであった。それはさておき、この提案は、この問題を研究していた当時、政策企画本部の私たちには、きわめて不適切であり見込みのないものと思われていた性格のものであり、ソビエト軍の占領地域で、ソビエト軍司令官を含む連合国機関の管理下に、民主主義的な政治制度を運営しようと努力するようなものであったのだ。

数年後、アチソン氏は、ドイツ政策をめぐって当時の私たちの間には意見の不一致があったことを明らかにした。その不一致はその後、まず第一に、西ドイツを再武装し、かつ完全な資格をもった一員として北大西洋条約機構の同盟に引き入れるという決定によって、次いで、ドイツおよび北大西洋条約機構に加盟している大陸諸国の防衛の基礎を核兵器におく、という一九五七年の決定によって、さらに拡大するものであった。一九四九年の時点ではその不一致は長期的な展望からすれば由々しいものであったが、短期間にみれば、手続き上の問題以上のものではなかった。

当時の私は、決してアチソン氏の立場に同情しなかったわけではなかったし、現在でもその気持ちは同じである。彼に負わされた責任は大きかった。彼にとっては、国務長官になるよりずっと前に採用され、用意されていたロンドン計画は、既成事実というべきものであった。ロンドン計画を軽々しく扱い流産させるようなことなどできない相談であった。彼には、西側の団結を維持し、西ドイツにおける政治的および経済的条件の改善と強化を推進し、西ヨーロッパのわが同盟諸国が抱きがちな疑惑と不安を不当にかきたてるようなことを避けるといった重大な責務があった。計画Aの線に沿った提案にロシアが直ちに同意することなど、当時はとても期待できないことであった。また一方では、そのような提案を軽率に推進すれば、すぐにも西側の世論を驚かせ、離反させかねなかった。こんな状況のもとで、彼にこのような提案を処理するように求めるのは荷が重すぎることであった。

私たちの間で意見が本当に食い違っていたのは、ロシアとの関係については、交渉にあたって、もっと柔軟性をもった態度をとる必要があるかどうか――新しい西ドイツ政府それ自体が目標となり、それがロシアとの合意を妨げるような、永続的障害とならないようにすることが必要であるか、どうか――ヨーロッパ大陸の将来の問題について、同盟国の英仏両国とともに、形式的なことはさておいて、もっと綿密に探求する必要があるかどうか――自己の経験だけによる誤った規律によって、政治的には無知で、腐敗していると私には思われる占領軍当局の見解に、どの程度のウエートを置いてよいのか――というような問題をめぐってであった。こうした意見の不一致は、私たちのそれぞれの背景の違いを反映していた。

東ヨーロッパおよびロシアに住んだことのない（そして、エルベ川以東の人々は「遅れて、しかもきわめて情けないやり方で洗礼をうけた」というジークムント・フロイトの見解におそらく共鳴していた）アチソン氏は、西ドイツにおけるわが国の占領体制と、それが象徴する西側の団結とは絶対に犠牲にすることはできないものであり、これに対して、ドイツの東部地域からロシア軍を撤退させることについてロシアと合意に到達する問題は、その意義が比較的小さく、従ってこれは犠牲にしてもよい、と考えていた。ところが、ドイツおよびロシアの双方に長く住んだ経験を持つ私は、西ドイツにおけるわが国の占領体制はいつでもはっきり犠牲にできると考えていたが、反面、いつの日にかロシアを大陸の中心部から撤退させるという望みを棄てることができず、わが国が、将来にわたって、ロシア人が撤退する可能性をつぶすような政策をとることのないように努力してきたのだ。

それから十八年経過した今日では、これらの問題も当時とはいく分異なってみえる。今にしてみれば、自分の意見がいくつかの悲しむべき誤算に基づいていたことも知っている。私は、アメリカの占領体制の邪悪さと無能さを過大視し、それがドイツ人に与えた影響の苦々しい面を過度に悲劇的に受け取り、大部分のドイツ人がおそらく悩まされていたであろうアメリカの占領体制の不手ぎわや不愉快さを、実際以上に苦々しく感じていたのだ。

私は、ロンドン協定のもとでの西側諸地域の復興と繁栄の見通しについては過度に悲観的であった。また、わが国の占領当局が責任をドイツ人に引き継いで、ほぼ引き揚げを完了するまでに要する時間を過大に見積もっていた。共産側に包囲されて生き続けようと努力するベルリンの西側地区が直面する差し当たっての危険を過大にみていた（長期的な危険を私が過大評価していたかどうかは明らかではないが）。ロンドン計画の政治的成功と、その後間もなく西ドイツで始まった経済上の「奇蹟」は、一九四九年当時の私の見通しの極端性を公式に訂正するものとして、いまや歴史の記録に残されている。

反面、われわれがたどろうとしていた道が、その後長期にわたり、ドイツあるいはヨーロッパの分裂を回避する上で決定的な障害となるだろう、と心配したことは間違いではなかった。われわれはやがて、西ドイツを北大西洋条約機構加盟国として受け入れ、これを再武装させることを決定して以来、抜きさしならぬ関係に踏み込んでしまうことになったのである。しかもこの決定が、一九四九年の北大西洋条約機構に関する公聴会でのアチソン氏およびその他の人々の証言記録から見ても、その当時からすでに、少なくとも可能性のあるものとして人々の胸中に抱かれていたものだと想像しないわけにはいかない。これは、ヨーロッパ大陸の分裂を、以後無期限に受け入れるというに等しいものであった。

一九四九年の時点では、たしかにそれは何よりも安全で——差し当たっては何より安易な——出口ではあった。東ヨーロッパに対するソビエトの圧倒的な勢力が安定している限り、明らかに情勢にマッチしたものであった。しかし将来いつの日にか、東ヨーロッパ諸国の間に、なんらかの形で再びヨーロッパ共同体に全体として復帰したいという要求が強く起きてきて、しかもその時の東ヨーロッパ諸国とソビエト連邦との関係が、この復帰を平和のうちに認めるような性質のものであったとしたら、その時には、一九四九年と一九五四年に締結された取り決めの限界が直ちに明白なものとなり、人々は「計画A」の論理に、たとえ詳細な項目についてまでもと言わないとしても、もう一度真剣に取り組まざるをえなくなるであろう。

第十九章　ヨーロッパの将来

ドイツの将来についてロシアと合意に到達しようとする企図が失敗して、西ドイツ国家の樹立が決定されたことは、全ヨーロッパ大陸を貫く国際関係の将来という見地から見て、またとくに戦後の時期に、かくも多くの人々の心をかきたてたヨーロッパ統合のための多くの構想や計画についての見地からみて、きわだった意味を持っていた。ウィンストン・チャーチルやポール・アンリ・スパーク（ベルギー首相）を含めて、数多くのヨーロッパの知名の士が、ヨーロッパ諸国の連携を、より緊密にするよう強く主張していた。経済を復興するためには、ヨーロッパ諸国の経済を「統合する」なんらかの手を打つべきだ、という信念に最も強く動かされた合衆国政府は、圧力ではないまでも、励ましの言葉を惜しまなかった。

こうして、西ヨーロッパに関するかぎりは、ソビエトの異議を無視し、これと対抗することもできるようになった。このために、少なくとも、限定された領域ではあるが、この方向に向かって進む道は開かれた。さらに、ヨーロッパ諸国民のあれこれの共通の利益を実現する手段として役に立つ組織が、すでにでき上がっていたか、あるいは作られつつあった。先にあげたヨーロッパ経済委員会（ＥＣＥ）が組織されていた。

これには、国連に加盟しているヨーロッパの諸国が参加していたが、そのなかには、鉄のカーテンの東側の国もいくつか含まれていた。ヨーロッパ経済協力機構（ＯＥＥＣ）もできていた。これには、ヨーロッパ復興計画に参加しているヨーロッパの諸国が加入していたが、同時に、国連の加盟国ではなく、従って、ＥＣＥの参加国でない国も五か国も加わっていた。しかし、ＯＥＥＣは、いうまでもなく、東ヨーロッパの国連加盟諸国を除外していた。これらの諸国はマーシャル・プランに参加していなかったからである。さらに、ちょうど大西洋条約グループも作られつつあった。これには、当時、ヨーロッパの九か国が含まれていたが、ＥＣＥとＯＥＥＣに参加している国の多数が除外されていた。同様に、一九四九年の冬と春には、ヨーロッパ会議（Council of Europe）もちょうど作られつつあった。この会議の原参加国は、大西洋条約グループの構成国と同じであったが、これにアイルランドとスウェーデンが含まれ、ポルトガルとアイスランドが除外されていた。

最後に、イギリス、フランスおよびベネルックス諸国で構成されるブリュッセル同盟ができていた。これは上記の五つの組織の全部に例外なく参加している国々からなる唯一のグループであった。

それぞれその構成国を異にする組織体がこのように増加したために、当然のことながら、もしわれわれがヨーロッパ同盟の実現を心から希望しているならば、その同盟をどのような方法で推進するか、つまり、どの範囲内の国々で推進するかという問題が提起された。あるいは現存する組織体のうちのいずれかを選ぶとすれば、どの組織体の発展を通じて推進するか、また、主権の統合をどの程度までにするか、といった問題である。

こうした問題について、アメリカの意見をはっきりさせる必要があった。わが国はヨーロッパ諸国民を統合の方向に押しやりつつあったたし、それゆえに、統合という言葉を使う場合、わが国が何を念頭においているのかを彼らに説明する義務があった。そればかりか、当面、係争の的となっている問題が、多くの点で、わが国の政策決定、つまり、ドイツに対する政策、東ヨーロッパ諸国に対する政策、イギリスに対する政策、世界の貿易および金融におけるイギリスの地位およびその英連邦諸国との関係が提起する諸問題に対する政策、こうした政策決定に影響を及ぼさずにはおかない問題だったからでもある。その上、ヨーロッパ統合問題は、一般に認められているように、ヨーロッパの現在よりもむしろ長期にわたる将来に関係する問題だったし、政策企画本部と呼ばれている国務省の一機関の関心をひくだけの重要性を当然もっていた。

ヨーロッパ諸国の中で、この線に沿った種々の構想や提案に最も困惑させられたのはイギリスであった。一方には、わが国がかけていた圧力や、ヨーロッパの各地にみられた統合を求める熱烈な要望があり、他方には、海外における公約によって自分の手を縛るような拘束、世界の貿易と金融に占めるそのユニークな地位、国内世論による抑制があるなどの苦しい事情の中で、イギリスの政治家たちは、当時、ヨーロッパ統合問題についての自らの考えと政策を明らかにすることがとくに必要であると感じていた。

一九四九年春だったと思うが、ワシントンを訪れていたイギリス外務省の友人と話し合った際、私は、イギリス側からみた問題の意味するものをもっとはっきりと理解するために、自分がロンドンに出かけ、イギリス政府のしかるべき人々とこれらの問題について話し合いたい、と言った。その後間もなく、彼はロンドンから手紙をよこして、そのような訪問は外務省でも歓迎するであろうと述べ、さらにいくつかの問題を列挙して、これについてわれわれの意見を聞かしてもらえれば有り難いといってきた。

問題というのは第一に、今後五年以内にヨーロッパの統合に向かって前進する可能性が実際にあると、わが国はどの程度まで本気に考えているのか——言い換えれば、果たしてこれは現実の問題なのか、ということであった。さらに、ドイツの将来を、またヨーロッパ同盟とドイツとの関係の将来をどのようにみているのか。そのような同盟の仲間にイギリスが加わる最も望ましい形態はいかなるものであろうか。この構想は、力の点で合衆国とソビエト連邦に匹敵する第三の勢力をヨーロッパに作ろうとするものなのか。また、

「大西洋共同体」という考えはどういうことなのか。それは大西洋そのものの範囲を超えて広げられるものなのか。

このような反応は願ってもないものだった。五月と六月の大部分を、政策企画本部は、外部からの多数のすぐれた協力者の援助をえて、わが政府部内での討議の基礎となり、同時にイギリス政府、さらには、私の希望したことだが、フランス政府とも話し合うための基礎として役立ちうるような、この全般的な問題についての一連の基本方針を作成する作業に取り組んですごした。

私たちの前に提起された問題は、本質的には次のようなものであった。ヨーロッパの統合を目ざす運動が、どのような地理的範囲内で、またどのような参加国の枠内で、長期にわたって前進することをわれわれは希望するのか、また、われわれはこの運動がどこまで進むことを本当に希望するのか。

七月の初めまでには、私は、これらの問題について私が個人的に到達した種々な意見の概略を、長官の許に提示することができた。「私が個人的に」というのは、私たちが相談した外部の権威者の中にも、また企画本部のメンバーの中にも、私のまとめた意見に完全に同調する者がほとんどいなかったからである。問題が複雑であっただけにやむを得ないことだったと思う。いずれにせよ、私はそうする以外に仕方がないと思った。私としては、自分が同意しない一連の構想を携えてイギリスに行き、討議の基礎としてこれを提出し、そうしておいて、その後の話し合いで、私自身の主張と反することを擁護するなどということはできなかった。こういうわけで、私が長官に提示し、ヨーロッパに携えていった文書は、私以外の誰の意見をも表していなかった。このことは、ワシントンでもヨーロッパでも、私がそれを提示したすべての人に明らかにされた。

この文書に述べられた意見の全般的趣旨を要約してみよう。

私はまず次のような問題を提起した。ワシントンで一般に考えられているように、ヨーロッパ復興の前提条件として、ヨーロッパの統合は、経済的理由から本当に必要であろうか。答えはおおむね「否」であった。少なくとも実際にそれを立証するのに十分な証左はなかった。しかしドイツ問題に満足すべき解決を与えることのできる枠組を設けるために、統合は必要であった。そこで私は、前章で述べたと同じ意見を繰り返した。つまり、ドイツを再びバラバラに分裂させるという構想は非現実的である。主権国家的な枠の中でドイツにその民族の理想と願望の実現を続けさせておくならば、ベルサイユ体制後に起こった一連の事態が再現されることは不可避であろう。ヨーロッパ連邦というようなものだけが、すべての関係者にとって快適で、安全な、ヨーロッパ共同体内での場所を、ドイツに与えることができるであろう。

次いで私は、ヨーロッパ統合に関して考えられうる種々の組織構成および地理的な枠の可能性を分析し、各国政府の態度とそのような態度をこれらの政府に強いている事情とを検討した。私は、伝統的に海外と深くかかわりをもつ大西洋沿岸の諸国には、統合という考え方に対する熱意がきわめて弱く、逆にドイツ問題が最も鋭い形で現れている大陸の中心部の人々の間には、それに対する熱意がきわめて強いことを指摘した。

とりわけ私は、イギリスの問題を検討した。私は、イギリスが大陸の統合をめざす動きに巻き込まれることをためらう理由が、まことに重大かつやむにやまれないものであることと――仮にこのような運動にイギリスを参加させねばならないとすると、その運動はさして進展を期待できないことになる、と思ったほどに重大で、やむにやまれないものであることを知った。イギリスを参加させながら合衆国とカナダを除外するような統合の構成では、主権の真の融合に類似する段階まで進むことなどできないことは自明の理ととられるであろう、と私は書いた。

従って、イギリスの留保的な態度とためらいこそ、統合のそれ以上の進展にとって避けがたい限界となるだろう。この限界は、主権の真の統合を実現させるには狭すぎ、従って、ドイツ問題の解決策として役立つにも狭すぎるであろうと指摘した。仮にわが国とカナダが参加すれば、それで、イギリスの抑制作用の幾分かが克服されるかもしれないが、そのすべてを克服できるわけではない。従って、わが国とカナダがこの方向に力をかすだろうとは、まず考えられない、と思われた。

また視点を変えて見ると、このヨーロッパ同盟に対して、ソビエト勢力下にある東ヨーロッパ諸国が、早晩、何らかの関係を持つことになるという問題があった。当面は、このような性格の同盟に東ヨーロッパ諸国が関係するようなことはありえないことも明白であった。しかし、遠い将来はどうであろうか。

私たちが意見を求めた外部の権威者たちの多くは、ヨーロッパの分裂を、最終的かつ不変な既成事実とみなす傾向を持っており、私たちが検討していた問題の要素として、東ヨーロッパ諸国を考慮に入れることには気乗りしていないようだった。彼らは、問題を西ヨーロッパおよび大西洋共同体という見地からだけ考えているようだった（彼らの立場はやや一貫性を欠いていると思われた。なぜならば、東ヨーロッパ諸国に対するわが国の政策はどのようなものであるべきか、と尋ねられると、彼らは、もっぱらソビエトの方を向いている東ヨーロッパ諸国を引き離して、「われわれの側に引き寄せる」ことに心を使うべきだと答えるのが通例であった。にもかかわらず、そのような目的が実現できそうになった場合に、これらの諸国が適当な場所を見出すことができると思われるような組織を作っておいてやることを真剣に考慮する気が彼らにはなかったからである）。

東ヨーロッパに対するソビエトの支配がゆるむ可能性はきわめて少ないし、ヨーロッパ共同体の将来の組織について考える場合に、これらの諸国民を全く度外視しても差し支えないという考え方が適切なものであるかどうかはきわめて疑問であった。これら諸国民に場所を提供しないような構想は、引き続きロシアと手を組んでゆくか、どう見ても実現不可能な中立や孤立の立場をとる以外に、理論的には他の道を全く残してやらないことになり、これは、事実上、ヨーロッパの分裂を恒久化することを心からねらっていることを意味していた。

他方、これら東ヨーロッパ諸国民が、カナダやわがアメリカまでを含む種類の大西洋同盟に加入するにふさわしいものとは、私にはとても思えなかった。彼らは、長期にわたってナチと共産主義の勢力に従属し、今日、深刻な社会的変革を体験しつつあり、その彼らが、代議政治についての、あるいは国家の政策や行動について、英米流の考え方を取り入れるようになるとはまず考えられなかった。彼らが、いつの日にかヨーロッパ大陸諸国の同盟に、あるいは（そうでないほうが望ましいが）イギリスを含む同盟に、自分たちの場所を見出す可能性はあるかもしれないが、合衆国とカナダを含む同盟にその可能性を見出すことはありえまい。サンフランシスコから東カルパチア山脈やプリーピャチ沼沢まで広がる連邦制の同盟といった構想など、私にはまるで絵空事としか思えなかった。

このような点を考慮して私が引き出した結論は、われわれの狙うべき目標は、ドイツよりも大きなものにドイツを吸収することができるほどにイギリスから引き離された大陸同盟、真に大陸的な性格であるためにわが国とカナダからも引き離された大陸連合、大西洋条約からも全く切り離された大陸同盟、従って、いずれ適当な時期に、中部ヨーロッパと東ヨーロッパの比較的小さな国々をも組み込むことのできるような、いわば、枠を提供する資格をもつ大陸同盟、というものであった。

このようなものが容易に実現できるとは誰も考えてはいなかった。重要なことは、ヨーロッパの統合を目ざす運動の方向を、いざ統合実現の暁には、安定したヨーロッパのための制度上の基礎として役に立つように導くことであった。他方、この文書で強調されたことは、西ヨーロッパ共同体の内部で行われることは、すべて暫定的以上にでるべきでないこと、および、アメリカの軍事的公約は、引き続き有効で、ソビエト勢力の境界線ギリギリまで十分に維持されねばならないことであった。とは言え、この境界線にいたるまでのすべての地域にアメリカ軍を無期限に駐留させるべしというわけではなかった。そうするかどうかは、ひとえにロシアの出方次第であった。つまり、わが国の軍事力による西ヨーロッパ諸国の安全保障は、ヨーロッパにおける他の安全保障取り決めによって引き継がれるまで、こうして完全に実施される、というだけのことであった。

この文書では特別には述べられてはいないが、その背後にあった考えの不可欠の一部をなし、私が話し合ったすべての人に腹蔵なく述べた考えには、さらに二つの想定があった。その第一は、ドイツが、ある適切な方法で西ヨーロッパ防衛の取り決めに寄与しながら、同時に、ドイツ自身は北大西洋条約機構の条約外にとどまり、自分自身の軍事力を持たせない、という想定であった。第二は、大陸における政治的統合を目ざす運動の背後にあってその推進力となり、連邦制の同盟が実現した場合にその内部で支配的な勢力となるのは、当然かつ疑問の余地なく、フランスであるという想定であった。

読者は、もしこの構想が採用されていれば、実際にその数年のちに浮き彫りにされることとなったアメリカの政策の一連の特徴を、未然に防止していたかもしれないことに気づくであろう。この構想によれば、西ドイツの再武装はなかったはずだし、西ドイツが北大西洋条約機構に組み入れられることもなかったはずだ。「多国的核勢力」といった問題も起こらなかったはずだ。そうなれば、われわれは軍事力引き離しの問題やドイツの統一をめぐってロシアと交渉する場合に、比較にならないほど大きな柔軟性を持つことができたであろう。また、このような状況のもとでならば、ヨーロッパ経済共同体（ＥＥＣ）に入るようイギリスに圧力をかける理由もなかったであろう。それどころか、イギリスの加入しないＥＥＣはアメリカの政策の目的にうまく合致したであろう。

さらに、イギリスの共同市場加入についてのドゴール将軍の不安をめぐって、あるいは、フランスの指導権のもとに、合衆国が参加しないヨーロッパ大陸の組織を進めてゆきたいという将軍の願いをめぐって、将軍との間にかなりの衝突が起こることもなかったであろう。合衆国は、フランスおよび西ヨーロッパ全体とのより密接な協力関係に東ヨーロッパ諸国を引き込もうとするドゴール将軍の独自の努力を、喜びと満足とをもって見るよりしかたがなかったであろう。たしかに、それでもなお、ヨーロッパ統合の程度をめぐって――つまり、統合にともなう主権の融合をどのくらいにすべきかをめぐって――ドゴール将軍との間に意見の対立が生じたであろうが、ヨーロッパの統合が及ぶべき範囲をめぐっては、意見の対立はなかったであろう。

この文書を作成して数日後に、私は、英仏両国外務省の人々と非公式に話し合うために、それを携えてまずパリに、次いでロンドンに向かった。多くの場合私はこれを個人的な文書として提示した。出発に先立って、わが政府部内の人々にこれについて真剣に討議してもらう手筈を整えることができなかったし、また、私の記憶では、私は国務長官の意見を示すはっきりしたものをつかんでいなかったからである。

フランスの反応は予測できた。フランスはその当時ただ一つのことだけを気にかけていた。それは、イギリスとわが国との間に、フランスを除外しかねないなんらかの形の関係がありはしまいか、という心配であった。いつでもそうであったが、わが国がイギリスの問題に首を突っ込んでいたのは、主として、イギリスが直面している財政上の困難をどう切り抜けるかというような問題が多く、こんな問題に巻き込まれないことをフランスは喜んでいいはずなのに、そんな時でもフランスは、自分があずかり知らないところで何かの話し合いが行われているのではないか、といった疑惑と不信の念を抱いていた。

当時のフランスにとって、わが国やイギリスの了解なしに、大陸諸国間でなんらかの指導権を握るということは、全く考えられないことであった。われわれアメリカが参加しない大陸同盟とはいっても、西ヨーロッパ諸国民の軍事上の安全保障にわが国が関心をもたなくなったとか、フランスを見捨てることとかを意味するものではないことをいくら説いても彼らを理解させることは不可能だった。つまり、私が話し合ったフランス人には、私の話していることを理解する力が全く欠けていたのである。皮肉なことには、その後幾年も経ないうちに、その同じフランス人高官たちが、この問題を深く理解していた一人の偉大なフランス人の政策のためには、手足となって働くようになり、彼ら自身の考え方もすっかり変わってしまっていた。だが、一九四九年の時点では彼らはまだ何もわかっておらず、この種の構想にただ驚きあわてるだけであった。

イギリスは、とげとげしさのない、冷静かつ思慮に富む反応を示したが、私が提示した構想には必ずしも好意をいだいているとは見えなかった。私たちが意見を聴いたアメリカ人と同じように、イギリス人にも、東ヨーロッパ諸国の情勢とこれら諸国に将来必要となるものを考慮に入れる理由は理解できなかったようだ。彼らもまた、大西洋共同体と西ヨーロッパの見地から話し合うだけで事足りるとしていた。イギリス人は、従来の対西ヨーロッパ関係のなかに、自らの足場を見つけ、その上に建設しうる何ものかがあると思っていた。それ以外のものはすべて理屈と仮定であった。とくに彼らは、これまでのヨーロッパ会議とのかかわり合いの程度には責任を感じていた。私の日記にも記してあるように、彼らのやり方は、「理屈と仮定的考察には信をおかないイギリス人に共通の実用的、試験的なもので、どちらかと言えば短期的なねらいだけのものであった」

かくして私は何の収穫もないままに帰国した。ワシントンにおける反応も、その後の数週間の間は、決して希望のもてるようなものではなかった。西ヨーロッパ局の同僚たちは、西ヨーロッパ諸国とわが国との関係における長期的側面よりもむしろ短期的側面を重く見ており、東ヨーロッパについてはほとんど関心を払わず、フランスやイギリスの政府関係者との接触によってある程度の影響を受けており、ヨーロッパ側の言い分に味方しがちであった。さらに、私の記憶では、国務長官は相変わらず思慮深く、表面上はどっちつかずの態度であり、私の提出した構想を、ドイツ問題に関する私の見解と密接に結び合わされたものとして疑問視し、さして注意を払っていないことは明白であった。

もし、私が提案したように、厳密にヨーロッパ大陸の枠内でヨーロッパを統合するという構想を推進していたならば、それに付随して、合衆国、カナダ、イギリス三国間の関係は一層緊密なものとなったであろうことは言うまでもない。これこそ、政策企画本部の指導を引き受けて以来の私の強い念願であった。この線に沿った研究に着手すべきだという見解は、マーシャル・プランに関する当初の勧告にも一部含まれていた。私はそれが望ましいという信念を捨てたことはなかった。私は、イギリス、カナダおよびわが国の三国だけでなく、イギリス連邦諸国の一部、スカンジナビア半島とイベリア半島の一部の国々をも含めて、単一の通貨を基盤とし、ゆくゆくは共通の主権をもつ連邦制に発展させ、このような力量をもって、大陸に基礎をおく類似のグループと相対することができるような、世界貿易と海運のブロックを夢想していた。しかし、この点でもまた私は、一九四九年の夏の間に、挫折と失望を味わうことになるのであった。

パリとロンドンの訪問から帰るか帰らないうちに、戦争直後の数年を揺り動かした、ポンド貨の信頼性をめぐる一連の周期的危機の一つが深刻化した。今度の危機は最悪の危機であった。イギリスがポンドの平価を切り下げるのが当然であること、また、そうしなければならないことは明白であった。イギリスは、そうする前に、問題の全体についてわが国およびカナダと協議するために、高官をワシントンに派遣することを希望していた。問題は複雑であっただけでなく、わが国にとってきわめて微妙な問題でもあった。アメリカはイギリスの平価切り下げの責任を負うことはできなかったし、平価切り下げをそそのかすような立場にわが身を公然とおくこともできなかったからである。また、イギリスが当然とるべきだ、とわれわれの考える他の緊縮措置が、あたかもわが国の指示ないし強要によってとられつつある、といった風にみえることも、われわれとしては許せないことであった。

私にはいまなお理解できない国内政治上の理由から、会談は国務長官によってではなく、財務長官のジョン・W・スナイダー氏によって行われることが決定された。スナイダー氏は、その直前にヨーロッパを旅行しており、ロンドンで、その時イギリスの代表団を率いてワシントンに来ることになっていた蔵相サー・スタフォード・クリップスと会見したばかりであった。これも私にはわからないことだが、スナイダー氏は当時イギリスに対して敵意と疑念を抱いており会談が近づくにつれて、交渉を自分の掌中に握るばかりか、イギリス代表団をきわめて冷たく扱う決意を固めているようだった。

私は、来たるべき会談に備えてアメリカの態度を決める目的で行われた政府部内の予備的討議に、新国務次官ジェームズ・ウェッブ氏の招請によって遅ればせながら出席した。八月二十三日の午後、私は国務、財務両長官とウェッブ国務次官とに会い、すべての問題の政治的側面に事実上全く注意が払われていないことを知って衝撃を受けた。つまり、これまでのところ、事はすべて二、三人の財政専門家の研究にまかされており、どうみても、最大限に控え目で、頼り甲斐《がい》のない態度でイギリス代表団との会談を迎えようとしていたのである。そこで私は思いきって発言した。私の日記には、その時の私の発言内容が書き記されている。

今日、ロシア支配下の衛星諸国の結果には多大な疑問符がつけられており、また、極東地域における情勢も極度の緊迫と紛糾を示しており、仮に、西側世界の中で信頼と連帯の精神や経済的安定と進歩の現実を崩壊させるようなことが起きるとすれば、それは破滅的な結果となるかもしれない。だがイギリスの事態はいますぐになにか思い切った手をうたなければ、まさにこのような結果が起きるかもしれないのである。仮にイギリス代表団が空手のままで、絶望のうちに帰国すれば、労働党政府がたちまち崩壊し、それと同時に、わが国に対してその責任をなじる声やきびしい言葉が浴びせられることは必定である。短期間にイギリスを助けうる方策はほとんどないと思われた。立法措置を必要とするような援助は、ここ一年以内には期待できなかったし、行政措置によってイギリスのためにしてやれそうなこともきわめて少なかったからである。

従って、この話し合いからいかなる結果が生まれようとも、帰国したイギリス代表団は、つづく数週間内に、なんらかのきびしく困難な措置を自力で探らなければならないであろう。しかし、すべては彼らがどのような気持ちで帰国するかにかかっているように思われた。もし彼らが、会談からは何も生まれなかったし、アメリカには、長期にわたってさえも、イギリスを援助するつもりは全くない、という感じを抱いて帰国することにでもなれば、最悪の結果を予期すべきであろう。逆に、わが国には短期的な回答を与えることはできないまでも、イギリスがその問題の長期的局面に対処するのを助ける意思はある、といった希望をイギリスの代表団に与えることができるならば、全局面が違ったものになるであろう。

私はイギリスにおけるドル枯渇が二つの要因、すなわち、(a)ポンド地域内における〝銀行家〟としての彼らの地位、(b)ドル地域との貿易収支の赤字、から生じたものであることを指摘した。第一の要因については、おそらくイギリスは、ポンド地域のための、少なくとも同地域の一部のための銀行家たろうとすることをやめるべきであり、ポンド地域内の各国は必要なドルを直接合衆国に求めるべきである、と提議した。これはわが国にとっては頭の痛いことであろうし、事実その通りだ。が、そうすることによって、少なくとも、今日どこに混乱があるのかをはっきりさせ、それを一般に理解させることになるであろう。

ドル地域との貿易収支の赤字は、イギリス経済を北アメリカ諸国の経済にどう調整するかの問題であった。そのためには、三国（合衆国、イギリス、カナダ）間の関係についてどんな制度上の変更――調整を容易にし、その構成各国が、各国間で特別の問題になったり、争いの種になるのを防ぐような制度上の変更――が行われればよいかを決定する調査委員会を、彼らと一緒に任命することに同意すべきである、と私は考えた。

このように私は、激しく自分の気持ちをぶちまけた。ところが意外にもその私に、この会談に処するわが国の方策を示すべき文書を作る各省間委員会の委員長に就任するように、とウェッブ氏から要請があった。その後の数日間は、この仕事で忙殺された。いま振り返ってみて私は、大統領とウェッブ氏が、国内政治上の理由から、スナイダー氏に最大限の政治的敬意を払っていて、彼なりに舞台効果をあげさせておく反面、イギリスとのこの会談には、きわめて技術的に複雑なものと政治的に微妙なものとがからんでいることも承知しており、表面には現れなくとも、真に土台となりうるような専門家の意見をほしがっていたのだと思う。

その三日後、各省間委員会がまだ作業を進めている時点で、国務省は大統領が間もなく行おうとしていた演説の草稿を受け取った。その中には、予定されているイギリス政治家たちの訪米に触れた一節があった。私の見るところ、それは冷淡であり、イギリスの立場への同情心や理解が全く欠けていた。そこで私は、この草稿を加筆修正し、長官が電話でホワイトハウスのクラーク・クリフォードにそれを伝えた。驚いたことに、私の修正した部分はそのまま演説に取り入れられたのだ。その一節は、イギリスの政治家たちはわが国でいつもの温かい歓迎をうけるであろう、われわれはわが国が戦争中イギリスとともに協力してきたことや、イギリス国民が戦後の数年間に緊張と緊迫の中に処してきたことを忘れないであろう、また、われわれは討議される諸問題を共通の問題とみなし、友好と扶助の精神で討議の席につくであろう、というような趣旨のものであった。

八月三十日、この演説が新聞に出たとき、一般の受け取り方はきわめて好意的なものであった。ところがその後聞いたところによると、スナイダー長官はこのために大いに苦悩し、大統領に電話で抗議したということであった。スナイダー長官にしてみれば、この種の友好的な言葉は災いを招く危険性をはらんでいると思われたのである。

わが国の立場を記した文書は、九月二日にでき上がった。そして、表面上はこれを検討するためということで、二人の長官とその主要な顧問たちとの会議が行われた。私が驚きかつ怒りをおぼえたのは、スナイダー氏がまず非常に不満気に、この文書を注意深く読む機会もなかったが、この種の文書は配布されるべきでないと考えると述べ、その文書の全部を直ちに回収し、しまい込むよう求めたことである。しかも何たることだ、国務長官はその翌日大統領と話し合うための一部だけを手許におくことを認められ、その他はみんな回収されてしまったのである。

会談は九月七日に始まった。国務省が明確な責任を持たないような会談に参加することに気乗りしなかった私は、欠席することを認めてくれるようウェッブ氏に要請した。この要請は認められた。しかし、その後起こった事態は、面白くもあり示唆に富むものであった。アメリカ側の首席代表となったスナイダー氏は、財務省で作成され、国務省の誰一人事前に見ていない開会声明で会談の幕を開いた。こうすることによって、財務省の面子は救われたのだ。

かくてわが国議会筋のお歴々の疑い深い反イギリス主義を満足させるために、率直な警戒心と敵意とがイギリス人に対して十分に表明された、と私は想像する。しかし同時に、会談が始まる直前に、ウェッブ氏は、私が起草したわが国の立場を表明した文書の写し六通を受け取りに、私の事務室にそっと人をよこした。そして、この文書に盛られた勧告は、会談のすべての実際的な側面で、最大限に忠実に討議されたのである。

　このような念の入った道化芝居が国内政治の末端に及ぼす影響は、私にはさだかではなかったが、この出来事は、二つの点から私の意気を阻喪させ、幻滅を感じさせた。第一点は、イギリスとの密接な協力関係に類似することを、ましてやイギリスおよびカナダとの同盟に近いものを、ワシントンの政界に理解させようと試みる場合にきまってまつわるむずかしさをそれが見せたこと、*第二点は、それにフランスが反応を見せたことであった。フランスは、今度の話し合いがわが国に強いられた話し合いであり、明らかに、その中でフランスが建設的な役割を演じるとは考えられないようなものであったにもかかわらず、この三国会談から自分が除け者にされたことをめぐって、早速、不安と不満にみちた不機嫌な様子をみせた。この二つの状況をみても、私がその夏の初めごろ、この会談に提出しようとしていた見解とは大分離れた見解からさえ、ワシントンとパリの双方がどんなにかけ離れたものであったかがはっきりとわかるというものだ。

＊　原子兵器の開発と生産の面での米英両国の戦時中の協力に由来する両国間の誤解のもつれを解きほぐし、消散させるために、公式の資格で最近数か月間に私が行った調停工作で私が経験したことによって、この印象は一段と強められた。これらの問題は詳しく述べることができないほどに、いまなお高度の機密事項に属していると思う。これらの問題に関するわが国の立場は、現行の法律と議会側からのあれこれの圧力、すなわち荒っぽい、粗野な、近

視眼的な、しかも私としては深く失望させられたような圧力によって決定された、ということだけを言っておこう。

私と、事実上他のすべての関係者――わが政府部内の、西ヨーロッパ諸国の、あるいはものによっては、ベネルックス諸国内のすべての関係者――との間に、このころまでにはっきりしてきていたヨーロッパ問題に関する基本的相違点の性質を明らかにするには、これだけ述べれば十分わかっていただけたと思う。これらの他の人々はみな、ヨーロッパ大陸の分裂を当時の現状のままの姿で受け入れ、その分裂を除去する可能性を計算に入れるには余りにも弱すぎると考え、さらにヨーロッパの将来をこうした現状から考えるだけで満足しているように思われた。

西ヨーロッパ諸国民は、誰かがロシアおよびドイツの脅威から自分たちを守ってくれ、しかもこの両国のいずれに対しても自分自身では独自の政策を持たないでもすむようにしてくれることを願っていた。彼らが政治的考慮と軍事的考慮を全く切り離すことができず、また、いかなる形であれ政治的参加で裏づけられることのないような、アメリカの軍事的保障の真実性を信じようとしなかった（とくにフランスとオランダが）のは、きわめて特徴的である。

これに対しアメリカ側は、すでに冷戦を軍事的見地から見るようになっており、その政策もすでに、ロシアの西ヨーロッパ攻撃（私の記憶によると、当時国防総省《ペンタゴン》の計算によれば、そのような事件が起きるとすれば、一九五二年が最も危ないと見ていたようだ）を抑止するに必要な軍事力を築き上げることが、なににもまして必要事だとの確信に強く支配されており、イギリス、カナダ、合衆国を加盟させることに失敗した計画などをもてあそんで、ちょうどそのころ、北大西洋条約機構の組織形態をとろうとしていた軍事的防衛の努力を弱めていい理由は全くなかった。その上、アメリカの軍隊は、すでに日本にも、ドイツにも駐留していたのである。

日本の場合だけでなく、対ドイツ政策およびヨーロッパ全般に対する政策の場合でも、ところは変わっていても、その背景にある原則的な問題は同じものだった。私の反対者たちは、防衛上の見地から見て、アメリカの軍事力がソビエトの行動圏と接する境界まですき間なくぎっしり配置されること――これこそ、常軌を逸した考えだとして、一九四七年にリップマンが私を非難したことであるが――を願っていた。

ところが私は、いずれにせよ二つの世界の間に、軍事的には拘束をうけないような広い地域（統合され、非軍事化されたドイツ、統合ヨーロッパ、非軍事化された日本）が早晩出現するのに備えて、扉を開いておきたいと願っていたのだ。

それぞれの場合について、私としては、もしソビエト勢力が対応して引き揚げてゆき、そのあけ渡された地域に、ソビエトの支配から独立した政治的権威が生まれるよう期待しうるならば、われわれもその軍事力を引き揚げるべきだと考えていた。新しく独立した共産主義ユーゴスラビアは、スウェーデンや中立化されたオーストリアと同様、私の考えに完全に沿っていた。このどちらにも属さない地域がヨーロッパ大陸の大きな部分を占めるようになるまで広がることを、私は希望した。われわれの側に軍隊を撤退させる用意があるならば、いずれはソビエト側をも刺激して、同じように撤退させることになるであろうと、私は確信していた。

このようにして初めて、ヨーロッパの安定にとってもより好ましい限界までソビエト勢力の前線を後退させることができ、またそうすることによって、少なくとも、第二次大戦の結果もたらされた大きな地政学的不均衡の是正に着手することができるであろうと私は見ていたのである。

これは私が考えていた第一の目標であった。しかし、第二の目標は、西ヨーロッパで異常な政治的・軍事的責任を負うという、戦争がわが国に強いた立場から、できるだけ速やかに抜け出ることであった。かくも広範なアメリカの公約に依存するような現状が、永続できるなどとはとても思えなかった。このような米ソ両極対立の状態もここ数年間は続くかもしれないが、無限に続くことはできないであろうと考えていた。

アメリカが十九世紀の孤立主義に後退することができないことは明白であった。しかし制度的にも、あるいは気質のうえでも、アメリカは尊大な帝国となるにふさわしくないし、とくに西ヨーロッパの偉大な諸国民をある種の父権的な保護のもとに無期限におく帝国となるには適していないことも明らかであった。現在わが国とソビエトの軍事力の存在によって支配されているこの分裂ヨーロッパも、いつかはもっと自然ななにかに――その間に介在するヨーロッパ諸国民自身の真の力と利益に一層役立つようななにかに従わなければならなくなるであろう、と私には思われた。大事なことは、将来のためのわれわれの計画が、その「なにか」の実現を妨害するような方法でなく、時機が熟した時にその実現を可能にするような方法で、立てられることにある。

こうした意見の食い違いの根底には、疑いもなく、二種類の基本的見解が横たわっていた。「政策企画」に関する政府機関を指導した者としては当然のことと思うが、私は十年から二十年先を見るように努力していた。ワシントン、ロンドン、パリおよびハーグの私の友人たちは、われわれの目の前の問題について考えていた。

しかし第二に、もっと重要なことであるが、私は西ヨーロッパに対するソビエトの軍事的脅威を現実には信じていなかった。信じなかったからこそ、私はそのような攻撃の可能性に備えて保護を与えることよりも（私は神経過敏な西ヨーロッパ諸国民の不安を鎮めるために、ある種の軍事的見せかけの必要を認めてはいたが）、むしろソビエト軍および、それと共に、支配的なソビエトの政治的勢力がロシア国家の伝統的な境界に近い限界線まで引き下がるのを容易にすることのほうに関心を抱いていたのだ。

ヨーロッパの分裂に私ほど関心を払わず、従って、実際、多くの場合にヨーロッパの分裂にも全く甘んじていた私の友人たちは、一九五〇年代の初めには起こる可能性があると軍事計画の立案者たちが予測していたソビエトの攻撃を、いかにして抑止し——もしこれを抑止することができないとすれば、いかにして抵抗するか——について考えていた。

これが私たちの意見の相違の真の原因であった。このことは、国の政策の作成にあたって、次の二点の重要性を強調するのに役立っている。一つは、自分の国、その能力および世界におけるその自然な役割についてのその人の考え方であり、もう一つは、敵対国の心理、政治的性格、意図および考えられる行動についての解釈の仕方である。

一九四九年の九月の半ば、政策企画本部の文書の取り扱いをめぐって困難な問題が生じた。これまでは、これらの文書は直接国務長官に提出されるのがならいであった。国務長官は、もちろん、自分が希望する者にそれを渡して助言や批判を仰いだり、また、自分自身の判断の示すところに従って、結論を受け入れたり、あるいは拒否する自由を持っていた。しかも、少なくとも、そうするにあたって、国務長官は政策企画本部の見解をはっきり知らされていたのだ。

ところが、九月十六日、長官に提出する用意のできていた政策企画本部作成の文書（たまたまユーゴスラビアに対する政策に関するものだった）が、ウェッブ氏の要請によって、国務次官による定例の朝の会議に参加していた一群の高級職員たち——国務次官補およびその他——に、まず提出されたのである。この席では、その何人かによって、いくつかのごく基本的な点を含めて、この文書中の主要点の一、二について反対が表明された。そこで、この文書は私に戻された。ウェッブ氏は私に、反対者の一人一人と話し合って意見の対立している点を一致させ、文書を書き直してから国務長官に提出するようにと要求した。

このような手順が何を意味するかは明白であった。政策企画本部は、その見解を提示するにあたって国務長官に直接近づく権限を奪われてしまったのだ。今後は、政策企画本部の文書は、国務省の政策実施の部局の長によって拒否されることがあるということであった。

その三日後、私は政策企画本部の部員たちとこの問題について徹底的に論議した。部員のうちのある者は、新しい手順を受け入れることに賛成した。私は納得がゆかなかったし、これを受け入れる気にはなれなかった。私は彼らに言った（私の日記には九月十九日のところに次のように記されている）。

信頼の問題である。政策企画本部の存在理由は、一に、国務長官あるいは国務次官のところに持ち込まれる問題について独自の判断を示すその能力にかかっている。もし、国務省の高官たちがそのような独自の判断を望まないというならば、あるいは、有益な判断を用意する私たちに信頼がおけないというならば、一体、この機関が存続する理由がまったくわからない。

この委員会の存在理由は、私たちの仕事の性質のなかにある。バーンズ国務長官は、アチソン-リリエンソール・グループに対して、原子力の国際管理に関するわが国の政策について、その意見をまとめるよう求めた際、自分に意見書を提出する前に、国務次官補たちの全員一致の、細目にわたる同意を得ておくようになどとは言わなかった。同様に、マーシャル国務長官も、ヨーロッパ復興問題に関して政策企画本部に仕事をまず依嘱した際に、彼が望んだのは、この機関の意見であって、われわれがこの問題について国務省の部局の長の同意をどの程度まで得たかという記録ではなかったはずだ。

九月二十九日、私はウェッブ氏に対し、政策企画本部長の肩書と責任をできるだけ早く解いてもらいたいこと、および翌年の六月（学年が終了する時期）に政府の職から離れたい旨を告げた。その後、彼および国務長官と話し合った結果、私は早急に政策企画本部の仕事を後任者（ポール・ニッツ氏）に引き継ぎはじめる、同時に私は十二月末までに政策企画本部から完全に離れる、ただし六月に国務省を離れるといっても政府の仕事から完全に手を引くのではなく、長期の「無給休暇」に入る、ということで了解が成立した。こうして私は学究生活に入り、わが政府高官たちとの間に意見の対立がはっきり現れはじめていた大きな問題のいくつかと、より注意深く気長に取り組むことができることとなった。

私の退職についてのこのような話し合いは、激しい言葉のやり取りもなく、また険しい感情も交えずに行われたといえる。ウェッブ氏と私の関係は、個人的には常に気持ちのよいものだった。また、アチソン氏に対する私の愛着と尊敬の念は、その後の数年にわたる公然たる論争によっても傷つけられなかったし、彼と私の関係は、私とウェッブ氏との関係以上のものだった。私がどのような気持ちで政策企画本部の仕事をやめ、政府の埒外の生活に向きを変えたかは、その時期の日記に記されている次の文章が端的に表現している。

一九四九年十一月十九日　土曜日

今日、過去一週間の不快なつまずきについて思いめぐらしているうちに、ほぼ三年前に発足した政策企画本部は、国務省内の特別の制度的な手続きによって外交政策の作成に秩序と洞察《どうさつ》を持ち込もうとしたこれまでのすべての企図と同じように、全くの失敗であったことに私は気がついたのである。個人的な欠陥は別として、こういうことになった理由は、主として、企画の機能を指揮系統の埒外で遂行させることの困難さの中にあったと思われる。政策の作成は国務省の仕事のうちでも最重要な部分であり、どれ一つをとっても、政策の実施を統轄する職階制の埒外におくことはできない。理念に関する分野では、国務長官以外に誰も国務省の制度を規制することはできない。

国務長官は、この制度の外側からでも、自分が望むかぎり、独立した助言を求めることができる。国務長官は「特別補佐官」あるいは「顧問」あるいはその他の公式の助言者から助言を口頭で受けることができる。しかしなにか正式で、機能的な仕事、文書にしなければならないようなこと、行動の重要な指針となるように立案されるもの、などになると、政策実施の機関——地理別および機能別の機関——は、指揮系統以外のいかなる機関からも干渉を受けようとしない。これらの機関は、政策決定に当たっては、強力に発言権を主張する。もしこれらの機関の一つがその主張を通すことができないような場合には、その機関は、国務長官に提出されるどのような勧告も、意味のないほどに薄めてしまうか、あるいは、少なくともその機関の見解には反しない程度に薄める権利をあくまで主張する。これらの機関は、自分たちが歓迎しないような勧告が国務長官によって認可される場合には、多分、それにうわべだけの承認を与えるであろうが、基本的にはいつの間にか自分たちのたてた政策を遂行する。これらの機関は、彼らの仕事の全体に本当に目を通すことのできる者は一人もいないこと、現在人々を騒がせている問題もすぐに昔のこととなってしまうこと、自分の権勢をふり回そうとしている人々もすぐに消え失せてしまうことを知っていて、安心しているのである。こうしたことは人間にはよくありがちなことであり、人が思うよりもずっと当たり前なことである。そこで、事がうまく運ぶのは、国務長官が彼の政策の基本的な理論的背景を徹底的に検討し、ある種の教育的な機関を実際に設置して、その機関の努力を通じて、その政策体系を上から下までの全機構の一人一人に忍耐強く、根気強く叩き込むことができる場合だけである、というのがこの惨憺《さんたん》たる経験に照らしての私の確信である。

一九四九年十一月二十二日　火曜日

いちばん困るのは、わが国の外交工作のやり方についての私の考え方に、国務省の他の高官たちが誰も同意してくれないこと、国務長官は外交政策の実施にあたって、良かれ悪しかれ、事実上これら高官たちに頼っていることにある。たとえ国務長官が私の見解に同意してくれるとしても、他に同意してくれる者を見出すことはできないであろうし、同意してくれる者がいなければ、国務長官は、外交問題についての見解を必然的に異にする人々を使って、政策を実施しなければならないことになる。

いかなる政策が遂行されるにせよ、それを裏づけるしっかりした理論的基礎がないかぎり、また、わが国が行おうと努力していることがどんなことであるかについて皆が同じ理解を持つために、当地の、ニューヨークのわが国の代表団の、わが国の占領地域当局の、各国でのわが国の各外交公館での最も関係深い人々のすべてが、この理論的基礎を完全に、厳しく教え込まれていないかぎり、政策の実施に統一性をもたせ、また真の目的や方向をこれに与えることはできないのは事実である。わが国の現在の政府の制度には、このような教育訓練のための権威機構が欠けているので、全体的には世論を目標に、個別的にはわが国の各大学を目標に、徹底的な教育的努力をほどこすことによってはじめて、このことを本当に実現することができる。従って、もし、自分の所信を断行する勇気をもって、私がこの仕事で少しでも役立つとすれば、それはこの制度〈国務省〉という壁の内側ではなく、その外側においてでなければならない、と私は考えざるをえない。

私は、政策企画本部から最終的に身を退いたのがいつだったか、あるいは、そのときの状況がどのようなものであったかを正確に思い出すことができない。おそらく、その年の末ごろだったろう。その時には、さすがの私も感慨無量であった。数年間にわたって、その顔ぶれこそ移り変わったものの、私と企画本部の幾多の部員たちとの関係は、知的な交友だけに見られる深さと豊かさを持つものであったのだから。部員のなかには本当に優秀な人々が多数いた。二、三の顔ぶれを挙げれば、チャールズ・バートン・マーシャル、ルイス・ハール、ドロシー・フォズデックおよびジョン・ペートン・デービスといった人々である。私たちの関係は、知的な面で常に一致したわけではないにしても、愛情と尊敬に基づく関係であった。

ワシントンの政策企画本部を辞去した時のことは、私の記憶にはほとんど残っていない。

ただ、ある朝、私は自分の田舎の農場にあって、わが身の変転に胸をつかえさせていたことは思い出す。*

＊　それは実際には数か月後のことであり、その時に私は、最終的に政府を退こうと決意していた。

その朝、私は植木を買いに近くの苗木屋まで自動車を走らせていた。ハイウエーを走りながら、私は、合衆国政府の知的な、政策決定に関する過程を豊かなものにしようとして、過去二年半、政策企画本部が経験した時たまの成功や数々の失敗について考え込んでいた。この過程は、あちこちに花粉を植えつけては飛び続けるが、自分の小さな労働の成果を見ることも、知ることも決してない蜂を思い出させた。そこで私は、自動車を道端にとどめ、一枚の紙片を取り出して、政策企画本部の昔の仲間たちにあてて、詩の形で訣別の辞をしたためた。それは、ある意味では、政策企画本部員としての、私の最後の文書であるかもしれない。

G・F・ケナンより
政策企画本部部員諸氏へ
主題　彼らの特異な運命

友よ、師よ、生徒よ。舵《かじ》をとる者よ。
官僚の巣箱の不屈の雄蜂よ、
深い挫折感のなかで闘うべき運命を背負い、
権力や行動ともかかわりを持たず、
（鉄とガラスの世界に閉じ込められて、うつうつと楽しまず）罪ありととがめられて、
心の底に宿命のものを探し求めるものたちよ。
力かすものも、励ましもなく、ただ追い求める
たぐいまれな花を味わい、深い色を、
とびきりすぐれた香りを――これを集め、
集めれば、合成する、
そして、そのまま深い沈黙の中に長く身をかくすものよ……
いつの日か遠い先に、おそらくは
名も知られず、誰ともわからぬままに、
大いなる白き女王を
　ついに
　　身ごもらせる日まで。

最初に私が背負い、君たちに残した
これがその生命だ、その仕事だ、
　　これがその運命なのだ。
霧につつまれた空気のきびしさが、
　　おくれた季節が、
絶望の教訓が、
剣が抜かれるかもしれぬ期待が、
この任務を君たちが死守するのを防げないようにしよう。
私がやったように、天に求めるのはやめたまえ……
官僚の天国は望まないのだ……
なぜ君たちが……なぜ他の誰かではなく……この重荷を負わねばならないか、
その理由がどこにあるかを君たちに告げることを。
誰が知っているのか？
　　おそらく誰も知らないうちに
大いなる白き女王は、

君たちの種子によって多産になり、
世界が驚嘆し、歴史がほめたたえるほどの、
まばゆく、うるわしいいとし子たちを、
　　これから生むかもしれない。
その時になれば、嘲笑され、もはや世に迎えられなくなっている父も、
束縛をゆるめられ、労苦から解放され、
これらのいとし子たちが発散する光の中にひたりながら、
　　おそい秋には
すべての人々が熱望する温かい幸福を思い知ることであろう。

第二十章　ワシントンでの最後の数か月

一九四九年も押しせまり、すでに政策企画本部の指導を後任者に引き継ごうとしていたころ、核兵器開発に関連する種々の問題を改めて先鋭なものにした二つの事件が発生した。第一は、九月十九日に、科学者と諜報専門家たちから、ロシアが原子爆弾の実験に成功したらしいと報告されたことである。第二は、それから間もなくだったと思うが、わが国の水素爆弾（当時われわれはそれを〝超爆弾〟と呼んでいた）の生産に関する研究が進展して、すでに実際的な生産段階に達したという話が私たちの耳に入ったことである。今や、わが国はこの新兵器の開発に踏み切るべきかどうかについて、大統領が決断を下さなければならなくなったのである。国連が一九四六年以来ずっと取り組んできた原子兵器の国際管理をめぐる交渉におけるわが国の姿勢に、この問題が密接な関係をもっていることは明白だったし、国務長官がこの決定に際して発言権を持たねばならないこともはっきりしていた。

故ロバート・オッペンハイマーを含めて、われわれのうちの多くの者は、全く新しい規模の破壊力をもつ兵器の開発を進めるに先立って、原子兵器一般の国際管理に関するわが国の立場を再検討し、この致命的な重大な針路に乗り出す必要を未然になくするような国際協定を結ぶ可能性が本当にないのかどうかを確かめなければならないと考えていた。そのような再検討をするよう私に求めたのが国務長官だったか、あるいは、私が自分自身の発意でそうしたのかははっきり覚えていない。

いずれにせよ、私と他の幾人かの人々は、一九四九年の最後の数週間にわたってこの問題と取り組んでいた。そして、翌年一月二十日かあるいはその前後に、私は調査結果と意見をまとめた長文の報告書を国務長官に提出した。私はもはや政策企画本部長ではなかったし、この報告書は個人的覚書という性格のものであり、私自身以外の誰もこれにかかわり合いをもっていなかった。私はこの報告書を、自分が政府にいる間に書いた文書のうちでも、その内容の点で最も重要な文書とはいわないまでも、きわめて重要な文書の一つだったと考えている。私は政府の方針によって、この報告書が現在の段階では発表できないのを残念に思う。

私は（これはあくまでも記憶によるものでありこの報告書に関する備忘録をいっさいもってもいない）、国際管理の問題についてわが国の当面する立場の検討から始めた。かりに、最終的には原子兵器を兵器庫から取り除くことが本当にわれわれの願いであるとすれば、わが国の当面の立場はそのような願いを十分に受け入れていないものである、と私は見ていた。ロシアやその他の国々の見解と接近させるために、わが国の立場を、その安全を損なわぬ程度に穏健なものにするやり方――致命的に重大なやり方ではないだろうが、しかし重要でないことはないやり方――はあった。

しかしこうして原子兵器を廃棄するのが真にわれわれの願いであったのか、と私はさらに自問してみた。われわれは、全世界で原子兵器の廃棄の目標に近づくような行動を、本当にとろうとしているのか。こうした疑問に対する回答は、私の見るところでは、わが国の防衛政策の一要因としての原子兵器に対しわれわれがどのような態度をとるかという点にかかっていた。

原子兵器は二つの面から見ることができた。一つは、それを望ましいものではないが必要なものとみることである。原子兵器が存在すること自体遺憾であり、嘆かわしいことだが――相手側がわれわれに対抗してそれを開発したり使用したりすることはない、という保証がない以上、それを保持することを余儀なくされる兵器である。しかし、われわれはいかなる軍事的衝突においても、自分の方からこの兵器を使用する意図はない。この場合、われわれは、もちろん、この兵器を使用することを見込んで防衛計画を立てるようなことはないであろう。

もう一つは、この形の兵器を、わが国の防衛にとって不可欠のものとみることである。それがなくてはわれわれ自身の生存を考えることができないし、従って、どちらが先にそれを使用したかに関係なく、大規模な衝突が起きれば、われわれは意識的に、即座に、自発的にこれを使用することを見込むであろう。この場合には、当然のこととして、われわれの方から先に使用することを想定してわが国の防衛体制を作るであろう。こうしてわれわれは、戦争が勃発《ぼっぱつ》した場合、おそらくその使用を差し控える余裕のない立場に自分をおくことになるであろう。

今日までのわれわれの発言は、この点について曖昧《あいまい》で、首尾一貫していなかったと私は指摘した。われわれは国際的な会議場で発言する際、わが国は原子兵器が廃棄されることを望むということを口先では言ってきた。しかし、わが国の防衛体制の基礎をこのような原子兵器におきつつあること、そして大規模な軍事的衝突が発生した場合、敵側が先に原子兵器を使用したかどうか、あるいはその可能性があるかどうかにかかわらず、わが国も最初に原子兵器を使用するつもりであることは、わが国の議会および北大西洋条約同盟諸国との間に存在していた了解からだけでなく、わが国の政治的および軍事的指導者たちの発言からも明らかであった。

そこで私はこう述べた。もしこれが本当にわが国の立場であるならば、原子兵器の管理あるいは廃棄を求める国際交渉では、わが国の立場をやり変える必要はない。なぜならば、それはわれわれが実際に進んで行こうと思っている方向ではないからである。

この報告書の最後の部分は、私が力のかぎり熱烈、雄弁につづった次のような訴えからなっていた。それは、われわれは、水素爆弾の開発を進めることに決定し、そのためにわが国と世界を原子兵器の破壊力と恐るべき経済的浪費の際限のないエスカレーションの中に足を踏み入れさせるようになる前に、原子兵器、あるいはその他の大量破壊兵器を「最初に行使する」という方針全体をもう一度、もっと真剣かつ厳粛に再検討すべきであるという訴えであった。もしこのような再検討が行われる場合には、私はそれを最初に行使する原則の放棄に全面的に賛成するものであることを力説した。

この原子兵器を「最初に行使する」という原則こそ、わが国のすべての混迷の中心になっている、と私は考えていた。この種の性質の兵器を国家の兵器庫から取り除くことについて、他の国々となんらかの満足しうる了解に到達するまでは、わが国もこれらの兵器を保持しなければなるまいという点には私も異議をはさむものではなかった。しかし、わが国の公式の立場はこうでなければならないと私が考えたことは、次の文章の中の言葉で汲み取っていただきたい。

われわれは、すべての無差別大量破壊兵器の存在を嘆かわしく思う。われわれはこのような兵器の行使をかつて余儀なくされたことを遺憾に思う。われわれはそのようなことを再び行わねばならない日が決してこないことを望む。われわれは、このような兵器がわが国に向けて使用されることによってそれを強いられないかぎり、このような兵器を使用することを提議しない。一方、われわれは、このような兵器をすべての国の兵器庫から取り除くことに関する国際協定を達成するために、大いに尽力し、他の諸国に対し相当な信頼感を示し、また自ら一定の危険を受け入れる用意を持ちつづける。なぜならば、われわれは、このような兵器の開発で国際間の競争が続くこと以上に危険なことはないと考えるからである。

この立場を弁じるにあたって、私は、このような兵器の単なる開発のためだけでも、おそかれ早かれ、世論の理解をうるという重要な問題が起こるかもしれず（その自殺的な性質にかんがみ）、また、たとえばわが国と同盟諸国との間にその同盟関係の運営に破壊的な結果をもたらすような問題が生じるかもしれないと指摘した。

しかしそれよりももっと重要なことだが、私は——その後数年間も公の討議の場でこのことを何度も主張する運命になったが——このような兵器の破壊力によって、わが国民は勝利も安全も勝ち取ることはできないし、これらの兵器がもたらすものは、せいぜい、われわれ自身をも含めたすべての国々の人々に対して、文明の諸条件を一層悪化させるばかりだ、と論じた。また肝心の勝利はどうかといえば、それは変革——有効な変革、大きな寛容、忍耐、そして希望に裏づけられた変革――を人々の心に巻き起こさないかぎり、決して真の勝利とはならず、またこのような変革は破壊、とくに、かくも巨大で無差別の規模で行われる無辜《むこ》の生命の破壊によっては、決してもたらされるはずもない、と論じた。

私には、この報告書が真剣に検討されたり、あるいは話し合われたりしたという記憶がない。また、国務長官がこれにどのような反応を示したかも思い起こすことができない。強いて臆測《おくそく》してみるならば、多分それは、私の素朴さに対して当惑とあわれみを買っただけだったのだろう。

ここに提出された見解は、すでに確立された軍事政策となっていたものとは相容れないものであった。この見解は、わが国の防衛の中枢点をどこにおくべきかについて、わが国が固めていた構想とも相容れなかった。この見解は、ロシアが原子兵器を爆発させたというニュースに対する議会・軍部および世間一般の反響とも相容れなかった。またわが国がヨーロッパの同盟諸国にすでに伝達していた見解と、われわれがヨーロッパの同盟諸国に教えた自国の防衛の必要と保証とを考える時のその方法とも相容れなかった（これらの同盟諸国の一部は、わが国の原子兵器がこれらの国々の安全の保証として役立たないような世界に生きてゆかねばならないと考えるだけでも、たちまち驚きと怒りを投げつけるに相違ない）。

さらに、北大西洋条約機構の防衛を考える場合の宿弊となっていた（ここでその理由をかれこれ言うつもりはない）ソビエトの通常軍事力を過大評価し、非核レベルの戦争ではとてもソビエト軍には勝ち目がないといった考え方とも相容れなかった。従って、潜在敵国がわれわれを痛めつけるためには手段を選ばないだろうなどと考えて、その敵国の能力だけを基礎にしてわれわれの計画と計算を組み立てたり、またその敵国の本当のねらいを全体的な問題として考慮することは、正確な判断を狂わせるものだとして、考察の対象から除いたりした当時ワシントンで支配的だった傾向（ソビエトの原子兵器生産能力がはっきりしてきた現在、それは二重にも重大性をもった傾向であった）とも相容れなかった。

このように対立が明らかになっては、国務長官が私の提示した一連の見解を、何の役にも立たず、真剣に検討するに値しないとみなしたとしても、やむをえなかったとせねばなるまい。いずれにせよ、一九五〇年一月三十一日に私が見解を提示してからわずか十日ほど後に、大統領は水爆の開発を進めると発表した。私の努力はまたしても徒労に終わったのである。

数年後、私がその当時主張していたこととは全く無関係な理由から、この報告書に盛った主張の一部が世上の論議の対象になり、またわが政府の公式の考え方に取り入れられることになった。たとえば、十二年後のことだが、ケネディ大統領とマクナマラ氏は、無差別な破壊力を有し、自殺的意味をもつ兵器に立脚した防衛体制は基本的に不健全であると認め、この変則的な姿勢を正すために、当時の状況下でできるかぎりのことをすることになった。このような兵器を使用することはもはや不可能であることを教えてくれた二つの戦争の経験が、このような兵器はどのような軍事的問題の回答にもなりえないという考え方を、初めて、多くの人々の心に植えつけるのに役立つことになった。

北大西洋条約機構という同盟の枠内で、もし戦争が起きた場合、誰がこのような兵器の使用を制御するのかという問題が提起され、一九六〇年代には、わが国と同盟諸国との間で厄介な問題となり、同盟自体の性格を変えるうえで一役を演じ、こうして集団防衛政策の基礎としてのこのような兵器のもつ欠陥のいくつかが表面化した。ところが一九五〇年の初めには、このような控え目でも、力づけられるような反応はまだ現れておらず、そうなるには多くの年月を必要としていたのだ。従って、大量破壊兵器の開発と行使にまつわるわが国の政策決定に関する最初にして最後の責任ある接触の場から退場する際の、私の重い心と深い落胆の心情は理解していただけるであろう。

＊　＊　＊

二月から三月にかけて、私は国務長官の許可をえてラテンアメリカを旅行した。私はそれまで一度もラテンアメリカへ行ったことがなかった。政府を辞める前にラテンアメリカを見ておきたかったのである。たまたまリオデジャネイロでラテンアメリカ諸国駐在大使の会合が開かれることになっていて、国務省から誰か上級職員が列席する必要があった。

そのころ、ヨーロッパとアジアにおける軍事的諸大国間の関係という大きな問題についてわが政府のお役に立とうとしてきた私の努力も、もはや一段落したことを私は悟っていた。私がもっていた可能性はそこで使い果たされてしまっていた。従って、私はこれらの一切のことから離れて、冷戦や共産主義封じ込めとは関係のないラテンアメリカを理解するためになにかをする時だ、と思ったのである。

そういうわけで私は、一九五〇年二月十八日に汽車でメキシコ市に行き、そこから空路カラカスとリオへ向かった。リオでの会合を終えて、私はサンパウロ、モンテビデオ、ブエノスアイレスに行き、そこからリマとパナマ市に立ち寄ってマイアミに戻った。

この旅行は決して楽しいものではなかった。メキシコ市では海抜点の高さに悩まされた。この都会は私に猛烈な、爆発的な印象を与えた。この都会は夜もねむらないのかとさえ思わせた（多分私自身がねむれなかったためであろう）。夜になるといっそう忙しげな響きが聞こえてきて、私は何もできなくなり、不愉快になり、びくびくしていた。旅行をさらに続ける前に、表向きは休養のためということにして、クエルナバカにあるあるアメリカ人富豪の家で一夜を過ごした。この一家は、一面識もない私を親切にも招待してくれた。ただし家人たちはみんな出かけていた。その家はすばらしいところにあった。豪奢《ごうしゃ》な建物が風景にぴったり調和して非常に美しかった。しかも、全く信じられないほどの古美術品が多数並べられていた。だが、ここでもまた私は場違いなところにきたように落ち着かなかった。私は豪奢な部屋の中で気楽にしていることができなかった。私の日記には次のように書かれている。

夜もすがら私は、かつてはある枢機卿用に供され、いまでもその枢機卿の紋章がついている大きな深紅色の掛け布の下で眠れないまま横になっていた——枕もとを蚊がぶんぶんと飛びまわり、家の外では中庭の泉水が静かに音をたて気まぐれな夜の微風が回廊の間を吹き抜けながら、まるで幽霊が「困った、困った、困った」とつぶやいているかのようだった。おそらく私たちすべての者のことをつぶやいていたのだろう。こんな場違いのところにお客になって迷いこんだ私のことを、動物園の動物たちのように、調和もなく雑然とかき集められている不幸な古美術品のことを、さらに、このような美しい壁のなかに閉じ込められながら、この美しいものたちと共存することができないでいる風自身のことを、つぶやいているのだと思われた。

やがて、これはいつも敗北者たちのいる場所を吹き抜けているのと同じあの風であるという思いがふと浮かんだ。それはリビエラの海、バハマ諸島、シントラ山脈を吹き抜けた風であった。流浪の王族に吹いた風、どうしようもないほど富裕な人に吹きつけた風、虐げられた知識人たちに当たった風、カロル王とウィンザー家の人々に吹いた風——「七つの溜め息の宮殿」にその名を与えた風であった。それは最後の隠棲《いんせい》の家に吹く風、ところがその隠棲の家ときたら、夜になれば、ありもしないものを狂気のように探し求めて、夢も破れてしまう家で隠棲どころではなくなった――人間のふりと絶望をもった風という仲間が、そこにはないものを探して、真剣で忠実な動物のように、合図の音を立て動きまわっているのであった。

胆汁のような黄色い山々の間にぎっしりと詰め込まれたカラカスの街で、かん高い警笛を発する車の混雑に、信じられないほど高い物価に、石油収入で堕落させられた熱病のような経済に、「周囲の山々の中腹に雨後のたけのこのようにどっと一度に建てられた無数の別荘のきらきら輝くような光景」に、私はびっくりしてしまった。「そそり立つ山々と石油による百万長者たちの生活の中にたった独りで取り囲まれているうちにかかった閉所恐怖症と闘い、それぞれの国がいささか面目ない方法で他の国の恩義を受けているこの不幸な関係の中で自分の仕事を続けながら、この奇怪な都市化の割れ目の中で自分の任務を果たさねばならない……」不幸なアメリカの代表たちに、私は日記の中でひそかに同情した。

リオもまた、騒々しく、乱暴に競争する車の洪水、また、ぜいたくと貧乏の信じられないほどの対照によって、私にとってはいとわしい都会であった。全く別の理由からも、そこでの滞在はきわめて不愉快なものであった。

ソビエトの宣伝機関は、人々を熱狂させようとする時は思想に訴え、憎しみを巻き起こそうとする時には、個人を目標とするというルールを守ってきた。従って、主要な非共産主義国には、それぞれ、憎しみを都合よく投げつけることのできる個人の一人や二人を常に用意しておくことが必要と考えられた。こうした個人の身元は状況に応じてどうにでも変えられた。時にはうってつけの目標が使われることもあった。しかし、時には、いい目標がなくて、見つけることができるものならなんでも満足しなければならない時もあった。

この時にかぎって、ジェームズ・フォレストル元海軍長官と私がこの目標となる資格――いわば合衆国の代表としてこれに選ばれる栄誉を与えられた。その結果、私たち二人の名は、ソビエトの宣伝機関の出版物や世界中の共産党の新聞に書き立てられた（時にはアメリカ帝国主義の「ハイエナ」として）。

ワシントンを出発する前には、こんなことが行われているのを知らなかった。従って、リオの街のいたるところの壁に、「フォラ・ケナン」――「ケナン・ゴー・ホーム！」とペンキで大きくなぐり書きされてあるのをみて、私はびっくり仰天してしまった。そのうえ、私は大使館の仲間たちから、つい最近、私の人形がデモをした共産党員の学生たちの手で四度も埋葬されたと聞かされた。私はこれらの葬式の一つの写真を見せてもらったが、学生たちは、私の名の綴りを間違えて書いてはいたが、親切なことに、大きな白い十字架できちんと飾られた小さな子供用の棺を私に提供してくれていた――つまり、キリスト教徒の埋葬をしてくれたのを知ってやれやれと思った。

しかしながら、事態は——少なくとも、ブラジル政府の見るところでは、——そう呑気《のんき》に見過ごされるものではなかった。銃身の短い散弾銃をもった目の鋭いインディアンの護衛たちが、どこへ行くにも私について車に乗り、さらに二、三人の護衛がもう一台の自動車で後からついてきた。そのうちの一人は、ホテルの私の部屋の入り口の前で一番すわりごこちが悪いと思われる舞踏室用の椅子に夜通し腰かけていた。こんな状況では、のんびり街を見てあるくことなどとてもできなかった。

サンパウロでは、事情はもっと悪かった。ここでは、まぎれもない軍隊——市の警察力の半ばを担当しているということだった——が私の護衛に当たってくれた。私の出入りの動静のすべてが、警察やカメラマンや誰かれを担当している密偵たちや当惑するわが国の関係者たちの間で、てんやわんやの混乱と論争の種になっていた。モンテビデオ、ブエノスアイレス、その他の都会はまだ比較的のんびりはしていたが、それでもこれらの都会ではみな不安と憂愁のまじりあった奇妙な感じを私に与えた。とりわけ私をいらだたせたのは、それぞれの首都で私が行わねばならなかった公式会見だった。日記によると、これらの公式会見はみな似たようなもので、どれもあまり意味のないものだった。

大統領公邸を訪問する。暗い接見室、大統領の子息が通訳をしてくれた。大統領自身はソファに堅苦しく腰かけて、自分のことや自分の国のことについて、ラテン系特有の地味な感受性を帯びた声で、私の一語一語に答えてくれた。

「ケナンさん、あなたは偉大な国の政府の高官です。ところが私は取るに足らない小国の大統領にすぎません」「ああ、大統領閣下。それはそうかも知れません、しかし、国の大きさと、その国の指導者たちの考え出す政治の知恵の大きさとの間にはなんの関係もないことをわれわれはみな承知しております」

会見はこういう具合に進められた。彼らの側からは、ずる賢い挑発、私の側からはやむを得ざるお世辞——全く苦痛でいささかみっともないお世辞が——取り交わされた。リマについて言えば、ここ二十九年間この地には雨が降っていないようだし、長い年月にわたってほこりが積もり積もっているだろうと考えて、私は気分が滅入ってしまった。その短時間の滞在中にも——ここでもまた、小さな空港の接待室の中にまではっきりそれとわかる険悪さが存在し——私を元気づけるものは何もなかった。

ワシントンに帰って来ると、私はこの旅行の印象について長文の報告書をまとめ国務長官に提出した。その中で、私は、中南米諸国とわが国との関係を考える上で提起される様様の問題を取り上げ、私自身でも未だかつて系統立てて説こうとしたこともない政治哲学の基本的諸問題に関する考えをまとめざるを得なくなった。このような探究の仕事は、実は、私の生活と仕事におけるもう一つの時期、すなわちいままさに始まろうとしていた学究の時期に属するものである。従って、もしそれを書くとしても下巻の方にまわすほうが適当であろう。

この報告書は、国務省の政策執行部門の人々にとって大変なショックだったらしく、ラテンアメリカ担当の国務次官補が直ちに国務長官に進言して（長官を説き伏せるのに手間どったかどうか、私にはよくわからない）、この報告書の省内配布を禁止し、そのコピーを全部人目につかないよう隠す措置をとったことを、あえてここに記しておくべきだろう。報告書のどのくだりがこうした思い切った措置をとらせる根拠となったのか、私には一言も通知されなかった。が、わが国の南方に横たわるラテンアメリカ諸国において人間文明の悲惨さとして私が見てきたことを述べたくだりがそれだった、ということは私にはわかっている。この報告書は受け入れられも配布もされなかったし、従って、政府の公式保管文書の中には入っていないと思わなければならないから、騒ぎを起こしたと思われるくだりの一部を引用するのは私の自由であろう。

私は、全体としてのラテンアメリカについて次のような認識を記した。

ラテンアメリカは、そこをたまたま訪れる旅行者に重苦しさと憂鬱《ゆううつ》さを与え、ある種の先入観なしには考えられなくさせる。

自然と人間の行為が結びついて、人間生活にとってこれ以上に不幸で希望のない環境を作り出している地域は、この地球上では、ラテンアメリカ以外にはありえないだろうと思われる。

自然についていえば、人間が住む環境という点で、南アメリカ大陸はわれわれの住む北アメリカ大陸とは比べものにならないほど悪い状況にあることは、誰にでもすぐわかることだ。北アメリカは、人間生活にとって最適な自然条件の温和な地帯が広く、豊かである。その南方の亜熱帯および熱帯地域に下って行くと、だんだん先細りになり、狭く山の多い地峡となり、それがラテンアメリカの一部となる。これに対して南アメリカは赤道に近く、人間が住む場所としてはまったく適さない部分が広くて大きな地域である。その中でも、自然条件の温和な地帯といえば、大陸の最南端の狭く、しかも致命的にけわしい地形で、人間社会の生き生きとした、希望にみちた発展の可能性など全くないような地域でしかない。

北アメリカでは、ミシシッピ川が大陸の中心部である肥沃な広大な流域を流れて潤おしている。ところがアマゾン川は、人間の活動に無類の敵意をもつ地域に大きな指をのばしている。

北アメリカでは、大陸の中心部に位置する大きな国が高度に発展して、稠密《ちゅうみつ》な交通連絡網をもち、大陸全体の結び目としての役割を果たす資格を十分に持っている。南アメリカでは、中心に位置するブラジルの広漠たる山野には道がなく、そのためにその周囲に位置している諸国は相互の接近と連絡はむしろ妨げられている。

北アメリカの気候は、自然の背後地と有機的な親近関係を保ちながら、都会生活を次第に平地に広げてゆくことを可能にしている。一方、南アメリカの気候は、カスチリア人の伝統と相まって、数多くの比較的重要な都市共同社会を他の容易に近づきがたい山岳地帯に追い上げてしまい、そのために悲惨な、手の下しようのない歪みと不自然さを生んでしまった。

さらに私は、その文明と支配を南アメリカ大陸に持ち込んだスペイン人のやり方がもたらした悲劇的な結果と、その後アフリカから奴隷その他のものが輸入された結果としてもたらされたものについて述べた。そして私は次のような結論を下した。

恐るべき頼りなさと無力さの影が、今日、ラテンアメリカ世界の大部分の頭上をおおっている。進歩をさえぎる障害が人間の血にも、地形上にもあらわれており、どちらも容易には消すことができない。それはすべての人間の進歩の道をきびしくさえぎっている。しかも、これまで人々がこれらの障害に対する対策として試みてきたものはみな弱弱しく、望みのないものであった。

このように厳しい現実に対し、人々は不断に真正面から立ち向かっていられるものではない。人間には生きてゆかねばならないという絶対の要請があり、このような現実を意識することを抑え、むしろそんなものに反発することこそ健康な証拠であり、逆に強い態度でそのような現実に立ち向かおうとするものだ。従って、ラテンアメリカ諸国の都会が過度に華麗で虚飾が多いのも、彼らの発祥地であった背後地の惨めさとむさくるしさの償いをしようとしているからに他ならない。また個人的な性格の面では、グループとしての努力が失敗であったという潜在意識が、誇張された自己中心主義とうぬぼれの中に——死にもの狂いの勇気、最高の賢明さ、無限の力強さといった幻想、しかしそこにはより建設的な利点が何一つない幻想を作り出すための激情的な衝動の中に——はっきり現れている。

この地に来ている外国の代表には、これは大へんなジレンマとなる。邪悪な赤裸々な現実面を支えている環境の中では、彼らは、世界の他の地域でならその身上となるような、まじめで、はっきりした考え方では、何ごとも進めることができない。そんなことをすれば彼はノイローゼになるのが必至であり、そんな状態で自分の仕事をしなければならないことを承知すべきである。また彼は、自分の仕事に注ぐすべての活力に効果をあげさすには、地理も歴史も同じように悲惨なものでありながら、誰もそうだと認めようとしない世界にふさわしいタイプの活力にやりかえなければならないことを知るべきだ。

こういうわけで、外交上の人気、あるいはある程度の外交上の成功を勝ち得るためには、頼りないけれども、そこら中にある作り話はいつでも黙認することだ。現実はほとんど正確に逆になっており、これらのいろいろの現実の裏にある道理は厳しすぎてきわめて納得しにくい、そんな社会で、個人的にも集団的にも、また主観的にも客観的にも、並はずれた人間的な業績についての作り話はいつでも黙認することだ。

ラテンアメリカ社会は概してある種の見せかけによって生きている。その〝見せかけ〟はロシア共産主義の組織化された意図的な見せかけとは違い、個人個人が自分の周囲に、蚕が繭を作るように、自分自身の小さな見せかけの世界を作り、それを社会的過程に彼が参加するための条件として他の人々が認めるように要求する、高度に個人化された無政府的な見せかけである。

このような現象に直面すると、ラテン系人でない外交官の多くは、はじめは、うろたえ、ためらう。なぜならば、以上の提言を実行してみなければ、自分たちの目的の多くが達成されることがわからないからである。しかし、多くのものがしまいにはそうするように、それに深入りすることは、アリスが不思議な国みたいなものに迷い込むようなものである。この不思議な国では、原因と結果の正常な関係が妥当性を失い、なにごとも、その実際の功罪に基づいて判断することができず、いかなる思想も相対的な価値以上のものを持たず、真実のものは、病的なうぬぼれとの関係によってしか認識されず、万物は象徴以上のものではなく、また象徴の対象であるこれらのものに完了ということはないという理由から、完成されるものは何一つないのである。

ここには、感受性の強い外国人にとっては、ただ三つの逃げ道しかない。つまり、白眼視して過ごすか、参加するか、それともひどい不幸か、の三つだ。たいていの外国代表は、この三つ全部の組み合わせのなかに最後の逃げ場を見出している。

繰り返して言うが、以上がこの報告書を、国務省に公式文書として保管することを拒ませた個所ではなかったかと推測しているところであった。この部分を今日一読すると、国務省のあの広大な公文書保管所がなぜこの報告書を快く保管してくれなかったかの理由が、当時よりもよく理解できる。しかし、旅の途上で、刺激に応じて、私がこのような文章を書かないではいられなかったのに対して、国務省は国務省としての立場と、当時それが当面していた立場からこれを却下し、認めることを拒否しなければならなかったという事実こそ、私がワシントンの政府職員としての仕事に終止符を打ち、代わってもっと深く、もっと骨の折れる分析や考察の仕事に気楽に、安心して没頭できるような生活を私に選ばせるようにした原因であったのだ。

誤った印象を与えないために、ラテンアメリカ文明の悲劇的要素について、以上のような点を強調してはみたが、反面では、この文明を私は高く評価し、未来に対する人類の最善の希望としてこれに期待さえしていることを、つけ加えておかねばならないと思う。

人間の生存はどこでも悲劇的である。ラテンアメリカでの人間の生存がそれ自身のあり方で悲劇的であるにすぎない。これはある意味では、悲劇が他のどこかで現出しようとしているそのあり方よりも、脅迫感が少なく、それほど黙示的でもないあり方である。他のどこへ行っても、人間の自我《エゴ》――悪魔的《デモニック》な、無政府的な、抑制のきかない自我が人間の問題に干渉し、人間の行為を支配しようとする。ヨーロッパ人やアングロ・アメリカ人の間では、人間の自我は用心深げに仮面をかぶり、おそろしくゆがめられた形で現れているのに比べて、まったく自然な形で、抑制されない、強烈な形をとるラテンアメリカ的な表現の方を私が好まないとはいえないのである。

ラテンアメリカは、人間はいまでも全く人間的であり、だれ一人として核兵器を持つことも、それの開発を考えることもしないし、人間を神と文明生活に必要な諸要件と調和させるために、キリスト教的西側世界が作り出した教訓と経験と慣習の偉大な財宝がいまなお完全に通用している、世界で唯一の大陸である。南アメリカ大陸はいつの日にか、母国ヨーロッパや北アメリカの人々――栄養過多で、過度に組織化され、恐怖と野望で盲目になっている――がすでに放棄してかえりみない、キリスト教の人間愛的価値の最後の宝庫と保管者になるかもしれない。

一九五〇年六月にいたるまでの政府在職期間中に、私は朝鮮に関するいかなる決定にもかかわりを持ったことはなかった。重要な決定は軍事的段階で下された。従ってその決定がなにかの点で、国務省の責任事項にかかわりをもったとしても、その結果として行われた討議に私が参加を求められることはなかった。

＊　＊　＊

一九四九年初めの朝鮮からのアメリカ軍の撤退にも私は驚かなかった。一つには、当時国防総省が海外駐留のアメリカ軍には家族やＰＸ、その他家財などの重荷が厄介でも欠かせないだろうと見ていたらしいので、これらの軍隊はどのみち肝心の戦闘能力をほとんど持っておらず、もし軍事作戦を行う必要が突然生じた場合には、助けになるよりもむしろ厄介者になるのが落ちであろうというのが私の受けていた印象であった。しかしそれ以上に、一九四八年に私が日本を訪れた時、空軍のきわめて高い地位にある某将官から、朝鮮半島でたとえ軍事作戦に関連してどんな事態が起こっても、われわれは戦略爆撃の能力を持っているから、空軍が沖縄から十分にコントロールできるし、わが国は朝鮮には、いずれにせよ、地上軍を持つ必要はないと太鼓判をおされたものだ。ついでに言えば、これは、それから三年後にわれわれがいやでも直面させられることとなった状況とはなんという皮肉な相違だろう、と思われるような自慢話であった。

一九五〇年五月の末か六月の初めのある日、国務省内でとくにロシア問題に関心を持つ私たちのうちの幾人かが、この役所に毎日流れ込む大量の情報を調べているうちに、広い地球のどこかで、どこかの共産主義国の軍隊が間もなく行動に移ろうとしていることを示唆するデータに気づいて、一体これはどういうことだろうととまどった。ソビエトの情勢を徹底的に調べた結果、このデータが示唆しているのはソビエト軍のことではないという確信を得た。そこで私たちの頭に残ったのは衛星諸国の軍隊だったが、果たしてどの国の軍隊であろうか。

多数の専門家を会議のテーブルに召集して、私たちはソビエト圏内の各国を次々と検討してみた。すると朝鮮が浮かび上がってきた。この国の軍事情報については、私たちは、二つの軍事機構、すなわち日本にあるそれとワシントンの国防総省を通ってくる長い間接の連絡網に依存していた。この間接のルートを通って私たちに届いた情報は、朝鮮の共産側から軍事作戦を仕掛けてくることは実際上問題外だ、というものであった。つまり、大韓民国（韓国・南朝鮮）軍は非常によく装備され、訓練されているので、彼らは明らかに朝鮮民主主義人民共和国（北朝鮮）軍より優れている。われわれの最大の仕事は、韓国が北朝鮮との対立を解決するために武力に訴えるのをおさえることにある、というのであった。

この判断に異議を唱える根拠を持たなかったので、私はこれをそのまま認め（私はそれを受け入れたことについてその後ずっと気がとがめていた）、私たちはほかの問題に移った。しかし、当然のことだが、ほかのどこにも攻撃が始まる可能性を見つけることができず、私たちは全く深い挫折感を味わわされて、この問題から離れた。

私は六月の末に政府の仕事を終えて、ワシントンを離れることになっていた。六月二十四日と二十五日の週末を過ごすために、私は土曜日の朝、妻のアンネリスと共に自動車で農場へ行き、日曜日の午後ワシントンに戻った。農場には電話がなかったし、日曜日の新聞はとっていなかった。従って、朝鮮で起こった攻撃のことを私が知ったのは、午後遅くワシントンに戻って、日曜日の新聞の見出しを見た時が初めてであった。誰一人として私に知らせようと考えなかったし、誰にしても私に知らせるべき理由はおそらくなかったであろう。だが、マーシャル元帥だったら私に知らせるようにとりはからったであろう、と私は考えないではいられなかった。

国務省につくと、国務長官はフィリップ・ジェサップ、ディーン・ラスクおよびドク・マシューズらと会議中だった。私が知りえたかぎりでは、国連の全加盟国に対して、北朝鮮軍を援助せず、国連が侵略を阻止するのを助けるよう呼びかける決議案を国連安全保障理事会に採択させるために、彼らは多くの時間を費やしていた。そして彼らはいまアメリカの反応はいかにあるべきかを検討しているところであった。

わが国が必要な一切の力をもってこの攻撃をはね返し、半島の南半分から北朝鮮軍を追い出さなければならないことは、初めから私にははっきりしていた。私は、それに関する討議の最初の日にも、またその後の数日間、数週間にわたって続けられたすべての討議の席でもはっきりとこの態度をとった。また私は、初めから幾度にもわたって、台湾もまた共産主義者の手中におちいることのないよう保証する機敏な措置をいまとらなければならないと力説した。なぜならば、もしこのような失敗が二つも相ついで起こるならば、それはわが国の威信にとって、また極東におけるわが国の地位全体にとって、大きな災いとなりかねないからである。

私が国務省に行ったその日曜日の午後には、大統領はまだ飛行機でワシントンに戻る途中であった。国務長官は空港で大統領を迎えるために、午後六時十五分に国務省を出発した。国務省の二、三の高級職員を伴った長官は、そのあと、ブレア・ハウスで、大統領および軍の関係者の数人と夕食を共にする手はずができていた。国務長官は国務省を出発する時に、私がこのグループと一緒に大統領に会うようにとくに希望するとの言葉を残していった、と私は知らされた。しかし、私たちがブレア・ハウスに向かって国務省を出ようとしたその時になって、国務長官の秘書が私に、どういうわけか自分にもわからないが、ホワイトハウスに送られたリストから私の名が除かれていること、客の数が制限されているために、私の席はないことを知らせた。

この夕食会は、その後の決定事項の国務省側での処理に責任をもってあたるグループを、いわば社交的な招待という形で、限定する効果をもった。こうして、私は自動的にわき役にしりぞけられ、国務長官の事務室でのそれぞれの会合には出席したが、ホワイトハウスの水準で行われた会合には出席しなかった。しかしながら、国務長官は、朝鮮の危機に関連して私が何かの役に立つようにするため、政府から退くのを延期するよう私に要請した。そこで、私は、喜んでそれに同意した。

そういうわけで私は、夏の間政府にとどまり、私のできる手助けをした。私の主な仕事は、国務長官の事務室での毎朝の会合で、ソビエトの動向とその意図について解説することであった。しかし私は朝鮮危機に関連する激しい討議では、たとえ私の友人ボーレンから「浮動腎臓《ふどうじんぞう》」（つまり、指揮系統の外側にあって真の決定機能はもたない）などと呼ばれるのを常としていたような役割だったにしても、その他にも一ダース近い仕事に首をつっこむようになっていた。

この多忙な数週間の討議に波乱を巻き起こした問題のうちでも三つの問題は、私にとって特別の意義をもつものであった。

その第一の問題は、朝鮮におけるわが国の軍事作戦の目的に関連していた。北朝鮮の攻撃に対してわれわれの側が積極的かつ断固たる反撃に出ることを当初から主張するにあたって、私はこの攻撃をはねかえし、北朝鮮軍を三十八度線以南の地域から追い出すことだけを考えていた。それより先へ進むことをわが国の目的とすることは、当初には、私は考えもしなかった。従って、攻撃が始まってから二日か三日後の六月二十七日の火曜日に、急に思いがけないことに、ワシントン駐在の北大西洋条約機構加盟諸国の大使の集まりでわれわれが朝鮮で何をしようとしているのかを説明しなければならなくなった時、私は、われわれには以前の状態を回復すること以上のことをするつもりのないことを自信をもって、得々と断言した。事実、私はこれがわが国の政府全体の考え方であると了解していたし、このことはこの問題についての国連安全保障理事会の最初の決議に暗黙のうちに示されているように思われた。

しかしながら、それからわずか一日後の六月二十八日、空軍は三十八度線を越えて作戦する権限を求めてすでに工作を進めていた。この問題は、その同じ日に、国務長官の事務室で討議された。私のノートには、この討議で私のとった役割が次のように記されている。

私は、三十八度線に関するわが国の態度の変更を次のような趣旨、つまり三十八度線以北の領域を占領することがわれわれの目的ではないことを引き続き宣言すると同時に、わが軍の作戦を三十八度線以南に限定するつもりはなく、わが軍はその作戦がその使命の達成を助長するものならば、朝鮮のどこででも作戦すると言明する……という趣旨で検討することができると思う、と言った。この提案はおおむね歓迎された。事実、他の人々も同じ線に沿って考えていたことは明らかだった。だから、私はこの考え方が私の独創だということはできない。しかし、この問題について国務省に好意的な態度を固めさせるうえで、これは助けになったと私は思う。

ワシントンのこの公式の態度がいつ、どのようにして変わったのかは、私にはいぜんとして明らかでない。七月九日―十日に、朝鮮を以前の状態に復帰させるという条件を含む線に沿って紛争の解決をはかるべきだとするインドの提案を、中国が受け入れたと伝えられた時、わが政府は、後述のように、これでは北朝鮮が攻撃を再開する危険があるかもしれないのに、韓国を無防備のまま放置するに等しいことになると考えて、この提案を受け入れる考えは全くなくなっていたのである。そこで、私の日記の七月二十一日の記述をみると、次のような注目すべきことが書かれている。

まず第一に、今朝、政策企画本部員二人が私のところにやって来て、朝鮮の三十八度線で停止するというわが国の決意をわが国が明らかにしていないことに懸念を表明した。彼らは、わが国がこの点について沈黙を守っていることが、ソビエト側の誤解を招き、クレムリンが、不必要に、究極の解決をさまたげかねない形で、ソビエト軍を介入させる原因になるかもしれない、と心配していた。

私は（国務長官の）朝の会合でこれについて発言し、この問題は慎重な研究に値すると思うと述べた。私は言った、わが国が朝鮮でなしつつあることは、立派な政治的理由からではあるが、それにもかかわらず、根拠の不十分なことであり、わが軍が朝鮮半島を北上すればするほど、軍事的見地からみて、それはますます根拠のないものになることを、忘れてはならない。もし実際にわが軍が朝鮮半島のくびの部分を越えて北に進むとすれば、わが国は、大軍団がわが軍に対して使用されかねない地域に、わが国が明らかに不利な立場に立たされる地域に入り込むことになるであろう。このために、わが国がその行動を適切な地点で停止させることの重要性が増大したと私は考える。そこで、ソビエトを下手におどかしてこのことを妨げる行動をとらせることのないように、わが国は、あらかじめ手段を講じることが望ましい。

同じように、七月三十一日付で、次のようなことが日記に書かれている。

国連による朝鮮問題の解決に安全保障理事会が本当に取り組むことになった場合に、オースチン上院議員が行うように提案されている声明の草案を国連局から受け取って、私はいささかびっくりした。この草案は、合衆国の立場として、北朝鮮は三十八度線まで撤退すべきであるとの主張を述べているが、北朝鮮軍は国連軍司令官に武器を引き渡し、同司令官が朝鮮全土に秩序を整えることができるようにするため、同司令官に権力を譲り渡すべきである、とつけ加えていた。それから、朝鮮全土で選挙が国連の責任で行われることになっていた。

この草案について他の人々と少し話し合ったのち、私はマシューズに電話して、安全保障理事会の明日の会議が、この問題を討議するところまで進む可能性があるとは思わないが、この草案を読んで私たちには政策の意図が全くわからなくなり、私は非常に不安を感じていると述べ、この草案について討議を進める前に、これらの問題について高い水準で討議が行われるべきだと忠告した。

私と一緒にこの問題を検討した他の人々に私が述べた理由は、次のとおりだった。これはわが国がウラジオストクにもすぐ近い、朝鮮の北部国境にまで及ぶ地域にマッカーサー将軍の完全な軍事的および警察的権力を樹立しようとしているとしかソビエトによって解釈されないだろう。ソビエトはこんなものには絶対に同意しないであろう。

三十八度線を越えて進むというこの冒険的な企図に国連の支持を求めることに私たちが説得されるまでには、どんな影響力が最後にはものをいったのか、私は知らない。この圧力は八月半ばまでには強く感じられはじめていたようだ。なぜならば、八月十九日に、安全保障理事会のわが国の代表であるウォレン・オースチン上院議員が、朝鮮を「半分は奴隷、半分は自由」の状態に放置することは不可能なことをすでに口にしていたからである。ジョン・フォスター・ダレス氏もまた、すぐあとでわかるように、七月の末には、三十八度線を越えて進むことに賛成していたようにみうけられる。こうなってくると、そのような考え方が議会の共和党右翼の一派の一致した意見をすでに代表していることの証拠と受け取れる、と考えてよかった。またこの変化は、一つには、わが国の素朴な、無邪気な国連支持者たちの仕業ではないかとも思われる。彼らは、他の理想主義者たちと同じように、その動機はまことに立派ではあっても、結局は諸国内で起こっている暴力の総量を減ずるどころか、それを増大させるにすぎない理想を熱心に説くことが多いのであった。

三十八度線を越えてのわが軍の前進は、それが実際に行われた時には、言うまでもなく、国連の決議に基づいていた。私は、朝鮮問題に国連がかかわりをもつことに賛成したことも、あるいはその理論的根拠を了解したこともない。朝鮮は、わが国がその地の日本軍を降伏させ、その占領の責任を引き受けた地域であった。その将来の地位を決める日本との平和条約もまだなかった。わが国は南朝鮮における軍事占領の責任を引き受けていた。そして、わが国がその戦闘部隊を撤退させていたからといって、日本との平和条約がいまなお存在しない間は、この責任が解除されたことにはならなかった。

われわれは、占領国としてのわが国の地位に基づいて、この地域に秩序を確保するために介入する完全な権利を持っていた。国連憲章も、このような紛争に国連を介入させることをわが国に要求していなかった。第一〇七条は、いささか明瞭さを欠いているが、最近のこの戦争から直接起こっている問題が、国連の注意をひくのに適した問題と考えられるべきでない、というおおまかな印象を与えていた。この紛争は、結局、内乱であって国際的紛争ではなかった。それで、通常の国際的意味での「侵略」という言葉は、後にベトナムの場合でもそうであったように、朝鮮では見当違いであった。

あの運命の日曜日に、私が農場から戻る前に、国務省の私の同僚たちが性急に招いてしまった国連の介入は、こうして、全く必要がなかったものである。そして、三十八度線を越えて拡大される軍事作戦を正当化するために、国連の決議が後になって発動されたのは、私には、当時国際社会からわが国に寄せられていた特別の信頼を、適正に利用したというよりは、むしろ、これを乱用したものだと思われた。

朝鮮攻撃にはじまったこの夏の数週間に、私の注意をひいた問題の第二は、中華人民共和国（中国）の国連加入の問題であった。そのいきさつは次のようなものであった。七月十日、私たちはインド政府が、

(a)　中国の国連加入の承認

(b)　拡大安全保障理事会の措置によって（すなわち、この数週間示威的に欠席していたソビエト代表の復帰後に）朝鮮に以前の状態を回復すること

の案に基づき、朝鮮問題を解決するという提案をソビエト政府と中国政府の双方に提出したということを知らされた。

インド側によれば、中国はこの提案を受け入れる態度をみせたが、ソビエト政府は第二点を拒否したという。これに対してわが国の最初の反応は、今日では珍しくなくなっている根拠に従って、この二点とも拒否する、というものであった。つまり、すでに述べたように、第二点については、北からの侵略の再開に対して、これが韓国を無防備で傷つきやすい状態のまま放置することになるという理由で、わが国はこれに同意できないし、また第一点については、中国の国連への加入を承認することは、「侵略者に賞を与えること」になるがゆえに考えられない、というものであった。

この問題は、翌日国務長官との朝の会合で提起された。日記には次のように記されている。

私はこの回答案に異議を唱えるものではないが、インドの提案を高飛車に拒否することは、あまりにも一面的で、慎重さに欠けるものではないかといささか心配である、と思い切って言った。もしインド側の報告が真実だとするならば……ここにはソビエト政府と中国政府の間に、実に重大な政策の相違が示されていることになる、と私は指摘した。朝鮮におけるわが国の行動は、結局、われわれが挑発されて起こした消極的行動にすぎなかった。……それはわれわれの側の真の戦略的利害関係を表すものでなかった。それで、わが国の威信あるいは朝鮮でのわが国の行動の目的を損わない形で行われさえすれば、このかかわり合いからできるかぎり速やかに抜け出すことが、われわれの関心事であるべきである。

こういう理由から、われわれは、朝鮮問題を解決するためのものであるならば、どこで行われようと、どのような努力であろうと、それに消極的であるべきではない。とくに、この努力が真に重要な問題について中国をロシアから引き離す可能性を示しているようにみうけられる時にはなおさらである。インドの提案した線に沿っての朝鮮問題の解決案を、中国が支持するという了解のもとに、中国を国連と安全保障理事会に加入させることに、もしわが国が突然賛成し、それを実現することになるならば、ソビエト政府はどんなに困った立場におかれるであろうか、と私は指摘した。こうなると、ソビエト政府は安全保障理事会に復帰して、朝鮮について国連のなかで中国と公然と仲違いするか、あるいは、自分は安全保障理事会の外にとどまり、中国がそこに入るというジレンマに立たされ、ソビエト政府にとって非常に奇妙な、困った状況が生まれるかもしれない。

七月十七日、インド提案に対するスターリンの回答原文が私たちに提示された。その朝、この回答に関する討議で発言した人々の中には、ジョン・フォスター・ダレス氏も含まれていた。私の記憶するところによれば、彼がその場にいたのは、主として、彼が対日平和条約の締結を目ざす作業と交渉を行う任務を大統領から与えられていたからであったが、国務長官の高級顧問たちの間で行われた多くのもっと一般的な討議にも彼は参加していた。

スターリンの回答は、とりわけ「中華人民共和国政府を含む五大国の代表が参加する義務を負う」国連安全保障理事会が行動に出ることを求めていた。その後の討議で、もしわが国が中国の国連加入を承認することができるならば、朝鮮紛争を有利に解決するための何らかの利点が得られるかもしれないことに私は再び注意を喚起した。私は次のように考えた。中国の加入というこの問題は別個の問題だ、という立場をわが国はとることができるし、また、

もし誰かが、わが国にはそれについてかくれた動機があったと考えていたのであれば、わが国は中国の加入についての投票で棄権し、この問題をすべて国際社会の判断に委ねてもよい。こうすればわが国は、中国加盟問題を討議の対象からはずすことができ、従って、スターリンが朝鮮情勢を取り上げるのを回避する口実として、中国加盟問題を利用することをこれ以上できないようにすることができるかもしれない、というのが私の考えであった。私の見るところでは、このことは中国が国連に加入するかどうかとは何

の関係もないといってよい。もしも中国が国連に加入するということになっても、私の考えでは、わが国が中国と外交関係をもたねばならないと考える理由は何もない。わが国がはじめからかかわりをもつべきでなかった小さな問題が、朝鮮情勢でわが国を苦しめる材料として、ロシアに利用されるのが私には我慢できないのである。

だが、ここで私は沈黙させられた。ダレス氏が次のように指摘したからである。もしわが国がそんなことをしたならば、われわれがそれによって朝鮮問題でロシアからいくらかでも譲歩が勝ち取れるかもしれない代わりに、中国問題ではわが国が後退している、という風に見られるであろうし、従ってわが国民には、われわれがだまされて、なんの代償もなく大切なものを手放したかのように見えるだろう、というのであった。この種の圧力を私も知っているし、これには反論の余地がなかった。しかし他日、歴史がこの日の議論を、中国ロビーとその議会内の仲間たちが無責任で頑迷な干渉によってわが国の外交政策の運営に与えた損失の一例として記録する日が必ず来るであろうと私は願っている。*

＊　ケナンの日記、一九五〇年七月十七日付。

七月の末近くになって、ソビエト政府は、八月の初めから安全保障理事会の会議にその代表を再び出席させる意向であることを明らかにした。この結果、中国を加入させようという要求が再び行われた場合にわが国がどのように反応すべきかという問題にわれわれはもう一度直面することになった。日記（七月二十八日、金曜日）には次のように記されている。

朝の討議の席で、私は、多くの問題について、自分の仲間たちの中でただ一人反対の意見を述べた。問題の主要点は、中国の国連加入を承認するかどうかである。国連は普遍的組織であり、戦争によらない手段を用いて東と西の関係を調整するという点で究極的に役に立つものである、という原則をわれわれが信じているとすれば、合衆国の利益という見地からみて中国の国連加入に、私自身、基本的異議は見出せない。私の考えでは、中国が加入しても……大きな意義をもった新しい現実が生まれるわけではない。重要な現実は、中国の共産主義者たちが中国本土を席巻したときにすでに生まれていた。中国を国連にいま加入させるべきか否かは、存在する現実を登録するか否かの問題にすぎない。それは原則としてなにものをも変えない。

わが国がソビエト連邦に対して国連の創設にわれわれと共に加わるよう要請したとき、また、ウクライナと白ロシアに独立国としての加盟を許すという虚構を黙認したばかりか、ソビエトの衛星諸国の加入をも認めたとき、われわれはこれからわが国が取り組んでいこうとしているこの組織の加盟国のなかには、われわれに敵対的な政治的目的をもついくつかの国があることも知っている。中国が加入を認められれば、総会で敵対的な票が一票ふえることになるであろう。これは意味のあることである。このことはまた、ソビエトに安全保障理事会で友好的な議席をもう一つ与えることになるであろう。しかし、そういうことになっても、それは、せいぜいチトーがクレムリンの指導権から追放される以前にあった状況をわずかに取り戻すにすぎまい。拒否権を余分にもっても、それは意味がないであろう。拒否権二つは拒否権一つよりも強力ではないからである。

私の仲間たちがいっているように、中国が朝鮮における国連の行動に反対する態度をとったという理由から、中国の国連加盟を認められるべきでないと主張することは、国連の問題を処理するにあたって、実質よりも形式を決定的要因にしようと努めることである。

中華人民共和国はまだ国連の加盟国にはなっていないし、朝鮮に関する国連の討議に参加していない。朝鮮に関して国連加盟国の多数がもっている意見とはちがった意見を中国がもっていても、本質的に不法なことはなにもない。われわれがここで取り組んでいるのは、厳しい戦略的および政治的現実に根ざした利害の衝突である。それを道義上の問題だとすることはできない。台湾政権が安全保障理事会の議席を保持すべきだとわが国が主張していることが、アジアにおける混乱と不明確さの源である。われわれが裏面にかくしている帝国主義的動機に支配されているのだと言い立てられている。

私は中国の加盟に賛成するよう勧めるつもりはないし、また、われわれが好意的感情をもつべき理由のない北京政府について好意的な言葉を述べるよう勧めるつもりもない。それどころか、われわれの意見では、北京政府はその国際的義務に対して正しい責任感を示さなかったし、その国際的行動が攻撃的で、子供じみており、国際的舞台でのその行動の独立性に疑念をもたせるようなものさえある。従って、われわれはいまだ北京政府を承認しておらず、また、今日までのその行動から判断して承認すべき理由もない。

しかしながら、この問題（国連加盟問題）についてのわが国の動機が広く疑問視されてきており、また、わが国には隠された意図があるなどと疑われている。従って、われわれはわが国の立場が潔白であることの証拠として、国連の諸機関で行われるこの問題の討議、検討に今後参加するのを、この問題について投票するのを、あるいはまた他国にどちらに投票すべきかについて圧力をかけたり、干渉したりするのを今後いっさい差し控える用意があることを率直に言明すべきである。これが私の提案であった。

各国がその意味するところのものを慎重に考慮したうえで、最善と考えるとおりに、この問題について投票することが、われわれの希望である。われわれはそのような世論の審判の結果に完全に従う用意がある。

私の見解はダレスによって拒否された。彼の言によると、私の見解はアメリカの世論を混乱させ、わが国の防衛の強化を目ざす大統領の計画に対する支持を弱めることになる、というものであった。そして、ダレスのこの立場を国務長官も結局は支持したのである。私は、ダレスの立場は非常によく理解できるが、その意味するものを考えると身震いがすると言った。というのは、わが国民を感情的な状態にあおりたてなければ、われわれは十分な防衛態勢をとることができないことをそれは意味しており、そうなると、国家的利益の冷静な、感情的でない評価ではなく、このような感情的な状態がわが国の行動を決定するものになるからである。

わが国がとろうとしている立場は、結局のところ、国連は普遍的なものではなく、ロシアを目標とする国連憲章第五一条による自衛のための同盟にすぎない、という理論を受け入れたも同然だというように私にはみうけられた。それはさらに、アジア大陸に現存する諸勢力間の均衡がわれわれに与える価値を無視し、すべての者に向かって、われわれの味方か（そしてついでにいえば、蔣介石の味方か）、あるいはわれわれの敵かを明らかにするように強いる感情的な反共主義が、これからは極東におけるわが国の極東政策の基礎となることを意味し、さらにはアジアにおける非共産主義諸国の団結だけでなく、非共産主義共同体全般の団結をも破壊するものであり、支持するわが国の軍事能力を越えるものになることをも意味するように思われる。

それは、わが国が実際にはアジア大陸では弱い勢力であるのに、強大な勢力であるという誤った確信をわが国民に抱かせることをねらっているものだ。高邁《こうまい》な、強力な道義上の立場をとり、敵対する勢力間の均衡の可能性を無視することができるのは、非常に強力な者だけである。弱者は現実を受け入れ、その現実をできるだけ自分に有利になるように利用しなければならない。

ダレスの場合は、その目的が世論目当てなのであった。ラスクやその他の幾人かの場合には、中国について道義的な怒りの気持ちが本当にあったと私は思う。これらの人々は、結局、私たち古いロシア研究者がソビエトの独裁政治を初めて知った二十年も昔歩いた道を、いまたどっているのである。

私たちは、共産主義者たちの理想とわれわれのそれとの間に基本的な道義上の対立があることについて、昔知らなかったわけではないし、いまも知らないわけではない。しかし私たちは、この理想の対立の中で私たちが目的を追求していることは、数世紀にわたって外交が取り組まねばならなかった、他の多くの問題と同じ実際的な問題だと考えている。私たちは、権力獲得のための闘いを、なにか不都合な、あるいは異常なものとして、それからしりごみしたりしないことを学んでいる。この闘いは、ちょうど医者が人間の肉体という素材と取り組むように、私たちが取り組む素材である。この闘いの本性と取り組むのを忘れたり、あるいは、それをなにか他のもののように扮装させたりすれば、私たちの使命をよく果たすことはできないであろう。

私たちは良心のなかで——つまり、自分自身に対する義務観念として——私たちアメリカ人が「正しい」ことを深く確信しているかもしれない。私たちが国際的舞台に登場するとき、私たちは世界の領土の一角で国民的生存の指導力の優劣を争う多数者の一人にすぎない。他の国民は私たちの敵であり、従って、私たちは彼らと取引しなければならない。しかし、人間の集団の間で利害と哲学の相違があることを当然と認め、それがなにか共通の哲学的理念でかくすことができるなどと思わないようにしようではないか。

この最後の討議が行われたのは、前記のように、金曜日のことであった。月曜日の朝、政策企画本部の一人が私のところにきて、次のようなことを言った（これもまた日記による）。

彼はある新聞記者から――その記者はもう一人の記者からそれを聞いたのだが――ダレス氏がそのもう一人の記者に向かって、自分はこれまでジョージ・ケナンを高く評価してきたものだが、今では彼が非常に危険な男だと思うようになったと言い、ケナンは中国の国連加盟の承認と、三十八度線での合衆国の軍事行動の停止とを提唱している男だと言った、ということであった。この情報は、私などにはとてもできそうにないようなきびしい秘密保持の誓いの下に私の友人の耳にまで届いたものであった。しかし、このことは、共和党から出ている政策顧問が出席して行われた国務省の最高首脳部の討議の秘密保持に関する重大な問題を提起するように私には思われた。

この日記に記してある事項にこれ以上付け加えたいことはなにもない。もちろん読者は、もし私の意見が受け入れられていたならば、わが軍が鴨緑江まで前進することも、中国の介入もなかったであろうし、紛争の早期終結の見通しは明らかにもっとよかったであろう、ということは認めるであろう。このような結果と対照して、朝鮮戦争の後半の期間には、流血の衝突を見たことや、また少なくともその後の十七年間にわたって中国を国連から閉め出していたことからどんな利益が得られたかを比較考察しなければならないであろう。

一九五〇年のその夏の間、とくと私の頭から離れなかった問題の第三は、ソビエトが何を考えているのかという問題であった。すでに述べたように、私はこの問題に関する証拠資料について国務長官とその高級顧問たちに毎日報告するよう求められていた。私は喜んでその仕事を果たした。そして、私は自分の報告したことが報告を受けた人々の大部分から慎重に、ある程度の敬意をもって聴取されたものと確信する。しかし、それは政府の考え方全体の展開には全く影響を与えていないことがはっきりした。

いずれにせよ、北朝鮮の攻撃は間もなく、ワシントンの非常に多くの人々には、ソビエトが力の行使によってその勢力を世界の他の部分に拡大するための、当時の流行語を用いるならば、「大構想」の最初の動きの一つにすぎないと思われるようになっていた。この攻撃の唐突性――事前の警告が全く期待できなかったという事実――は、敵方の意図（敵対的なものと見るのが安全というものだ）を抜きにして、予測ずみの敵方の能力だけから結論を引き出そうとする陳腐な軍事専門家たちを喜ばすだけであった。このことが、冷戦全般をただ軍事面からだけ考える傾向を強め、ソビエトの意図について特に慎重に評価することを好まず、また許そうとしない態度をわれわれに押しつけることになった。

それればかりではない。それは私が長い間きびしく反対して闘ってきたが、どうやら無駄に終わってしまったらしいもう一つの傾向、つまり、ソビエトの意図がわれわれ自身の行動とは全く関係なく存在するものだと見る癖を、軍事計画立案者につけさせてしまった。モスクワの人々がやろうと決意したことは、われわれがしたことに対する反応かもしれないということをこれらの人々に教えるのはむずかしいことであった。

この最後のむずかしさが、とくに、朝鮮で行われた攻撃の背後に何があったか、という問題と関連して起こってきた。なぜこの攻撃をモスクワが承認したのか。なるほど、われわれはこの攻撃を事前に知ることができなかった。しかし、ひとたび攻撃が起こってみると、それはクレムリンの指導者たちの考えのなかに最近の数週間、数か月間に何が起こっていたかを知る手がかりとなった。そして以前には理解できなかった多くのことがそれによってわかってきた。

朝鮮攻撃を承認する決定が、ソビエトの政策のなかでどのような背景をもっていたかという点の決定的な歴史的研究は今後にまたなければならないし、いまそれに言及することはできない。しかしこの措置をとることをスターリンに決意させる動機となった種々の考慮のなかには、わが国の行動とは無関係ないくつかの事柄（ヨーロッパにおける最近の挫折、中国における共産主義者の権力奪取など）とならんで、わが国の動きに対する直接の反応を意味するものがいくつかあったことは明らかである。南朝鮮からのアメリカ軍の最近の撤退、南朝鮮がわが国の重要な戦略的権益圏に属するものではないという公式声明、とりわけ、ソビエトが当事国にならない日本との単独平和条約締結の交渉を直ちに推進し、これに伴って日本領土にアメリカの駐留軍と軍施設を無期限に保持するという、わが国の最近の決定について、このことがいえるであろう。

なんらかの理由から、このような相関関係――ソビエトがわが国の利益に反する行動をとるのは、ソビエトがわが国の行動に反作用的に行動しているのかもしれないという考え――は、いつでもワシントン官辺筋からは不思議にも抵抗を受けた。深くしみこんだアメリカ式の考え方によると、われわれの敵方はつねに悪魔的であり、怪物であり、計り知れない、不可解なものでなければならなかった。その敵方が時にはわれわれの行動に反作用的に行動したことを認めて敵方の行動の責任の一半を負うことを自認するなどということはとても考えられないことであった。

このような状況は、八月末に、私の国務省勤務の最後の数日間に、きわだった形で現れた。その時、私たちは新聞で、アメリカの飛行機が、ソビエト海軍の施設があるといわれていた北朝鮮北東海岸のある港を攻撃していたのを知った。そこにそのような施設があったにせよ、なかったにせよ、それらの港は不幸なことにウラジオストクに、そしてまたソビエト海軍の立場からみれば最も重要な水域に、至近距離にあった。そして、この攻撃が厚い雲を突いて行われたといわれていたため、わが飛行士たちが自分たちが何を攻撃しているかを確かに知っていたという保証はなかった。この攻撃は、海岸沿いに補給物資が南下するのを阻止するために必要と考えられたという趣旨の、現地のわが軍当局が新聞に与えた説明には、調査の結果、立証できる事実がほとんどないことがわかった。

これらのことを、私たちはすべてただ新聞から知ったのであった。この点について、わが国の軍隊がこれまでになにをしたか、いま何をしつつあるか、これからなにをするつもりであるかについての、満足できる情報をわれわれが軍の経路を通じて引き出すことができたことはただの一度もなかった。このように盲目同然の中におかれていた者には――ソビエトの最も敏感な軍事的神経に明らかに触れたわれわれの側の行動について、公式には何も知らされないでいた者には――ソビエトの意図を十分に評価することなどはとても不可能であった。なぜならば、ソビエトの意図は、ある程度は必ずわれわれ自身の行動に対する反作用を示すものであるからである。

その夏の間ずっと、情勢が私のような者たちには手に負えなくなりつつあるだけでなく、これに影響を与えることもできなくなりつつあるという感じを私はもっていた。私はこのことについて、私と同じくこのような感じをもっていると思われたチップ・ボーレンと数回話し合った。そして七月十二日に、私は彼とのこのような議論の一つを終えて帰ってきた時に、私の抱いた感想を書きとめた。それは次のようなものであった。

ワシントンでは、一般に責任について非常に神経質になり、意識的になっているので、チップや私などのやっている主観的な体験、直観、判断に基づいたソビエトの意図の分析のように、当たり外れの多い、はっきりした事実にほとんど基づいていないようなものに人々の賛意をとりつけることは不可能である。はっきり言って、この種の推論と思弁の領域の産物は、戦争か平和かを意味するかもしれない決定を進言しなければならない厳しい責任を自負している人々にとっては、すべてあまりにも頼りがなく、つかみどころがなく、また気持ちのよいものでも、我慢できるしろものでもないという理由から、政府は、われわれの敵方の心理のキメのこまかい特質を認識するのを好まないようになってしまっている。

このようなときには、敵の心理的動きの経過を示す確率を分析したり、敵の弱点を計算したりするのをやめた方が安全であり、容易である。もしこの問題で疑わしい点があれば、すべてを敵方に分があると解釈する方が安全だし、また互いに矛盾するものがあっても、侵略的な計画のすべてについては敵に有利と採点しておく方が安全であると私には思われる。このような状況になっては、政府が私たちのもっている能力を——計ることのできないものの、確かめようのない本質を冷静かつ合理的に分析する努力を——われわれの敵方であるソビエトの、その強さばかりでなく、その弱点をも含めて、評価を行うために必要としていた時代が過ぎ去ってしまったのではないかと疑わざるをえなかった。

全体的に、その暑い夏の、わが政府の外交政策の運営は、私の観察した限りでは、満足できるものではなかった。朝鮮に対する攻撃は、蜜蜂の巣に投げ込まれた石のように、わが国全体を沸き立たせた。人々はわれわれがどうすればよいかということをてんでに、がやがや言いふらし、とびまわった。こうして騒いでいる頑迷な人々や訓練のよくできていない人々に、思想の相互理解、思想の一貫性、とりわけ、思想の複雑微妙さ、といったものを吹き込むことほど無駄なことはないように思われた。私は一九五〇年八月十四日に次のように書きとめている。

合衆国の外交政策をめぐって、世論がこれほどにひどく混乱したことはかつてないことだ。大統領はそのことを理解していない。議会はそのことを理解していない。世間も、新聞もそうである。彼らはみな無知と誤謬《ごびゅう》と臆測の迷路をさまよいて歩いている。そこでは真理が多くの点で虚構と混じり合っており、不当な仮定が前提として用いられており、頼りになるような納得のいく、権威ある理論がない。この信じられないほどの混乱を解きほぐし、これにまつわる種々な要因と問題の真の姿を明らかにすることのできるのは、後日に世俗から離れ、思いのままに研究に没頭できる外交史家だけであろう。そして、私のような立場にあるものでは……まず歴史家になり、過去の研究成果によって世人の信頼と尊敬をかちとり、然るのち、最近数年の出来事について明快かつ包括的な見解に漸次世論を指導してゆくのでなければ、それ以上多くの貢献はとてもできるものではないことがわかるように思われた。

これが一九五〇年八月末に、私がついにワシントンを去り、プリンストンに移った時の感想であり、精神であった。プリンストンでは、ロバート・オッペンハイマーが高等学術研究所に私を手厚く迎えてくれた。そこには、私の申し出ることは何でも親切に受け入れてくれる新しい環境と、やはり面倒なものがないではないが、私がこれまで知っていたものよりも大きな創造的な表現の可能性をもつ新しい生活が、私を待っていた。

付録

C　一九四六年二月二十二日のモスクワからの電報（抜粋）

最近の事態にかんがみ、以下の所見は、国務省にとって関心がもたれるものであろう。

I　公式宣伝機関が表明した戦後のソビエトの見解の基本的特徴

A　ソビエト連邦はいぜん敵対的な「資本主義の包囲網」の中にあり、長い目でみれば資本主義との恒久的平和共存はありえない。スターリンが一九二七年にアメリカ労働者代表団に語ったように、「世界革命のいっそうの発展の過程で、世界的意義をもつ二つの中心が出現しよう。すなわち、社会主義に向かおうとする諸国を結集しつつある社会主義の中心と、資本主義に傾斜する諸国を結集する資本主義の中心である。世界経済の支配をめぐるこれら二つの中心の間の闘いは、全世界における資本主義と共産主義の運命を決定しよう」

B　資本主義世界は、資本主義社会に本来固有の内部矛盾に悩まされている。これらの矛盾は平和的妥協によっては解決できない。それらのうち最大のものは、米英両国間の矛盾である。

C　資本主義の内部矛盾は不可避的に戦争を引き起こす。こうして引き起こされた戦争には二つの種類がありうる。つまり、二つの資本主義国家間の資本主義戦争と、社会主義世界に対する干渉戦争である。抜け目ない資本家たちは、資本主義の内部矛盾の回避を求めて、干渉戦争に傾きがちであるが、これは無駄な試みであろう。

D　ソビエト連邦への干渉は、それを行う連中にも悲惨な結果を招くとはいえ、ソビエト社会主義の進展にも新たな停滞を来たすだろう。それゆえ、干渉はいかなる犠牲を払っても防止しなければならない。

E　資本主義諸国間の矛盾は、同様にソビエト連邦に対する危険もはらんでいるが、それにもかかわらず、社会主義の大義の前進のための大きな可能性を約束する。とくに、ソビエト連邦が軍事的に強力で、イデオロギー的に一枚岩で、さらにその輝かしい現指導部に忠実ならばなおさらである。

F　資本主義世界はすべてが悪いわけではないことを念頭に置かなければならない。絶望的な反動分子、ブルジョア分子のほかに、そこには、(1)容認しうる共産主義的諸政党に結集した、一部の完全に教化された積極的分子　(2)その反応や抱負や活動がたまたまソビエト連邦の利益にとって「客観的に」好都合な他の一部分子（現在、戦術的な理由から、進歩的あるいは民主的といわれている）が含まれている。このあとの方の人々を勇気づけて、ソビエトの諸目的のために利用しなければならない。

G　ブルジョア資本主義社会の否定的分子の中でも、最も危険なのは、レーニンが人民の偽りの友人と呼んだものたち、つまり穏健社会主義あるいは社会民主主義の指導者たち（言い換えれば、非共産主義左翼）である。彼らは札つきの反動よりさらに危険である。なぜなら、反動分子は少なくとも旗幟《きし》を鮮明にしているのに、穏健左翼指導者は反動資本の利益に奉仕するため、社会主義の方策を使って人民を混乱させるからだ。

前提はこれだけにしておこう。ソビエト政策の見地からみると、これらの前提はどんな帰結を導き出すだろうか。それは、以下の通りである。

A　国際社会の一要素としてのソビエト連邦の相対的力量を増進させるために、あらゆることをしなければならない。逆に、資本主義列強の力と影響を、集団的にせよ、個別的にせよ、削減するどんな機会も逸してはならない。

B　ソビエトの努力と、ロシアの国外の友人の努力は、資本主義列強間の食い違いと矛盾を深め、かつ利用することに向けられなければならない。これらが実際に「帝国主義」戦争にまで深化した場合は、この戦争はさまざまな資本主義諸国内での革命的騒乱に転化されなければならない。

C　国外の「民主的、進歩的」分子は、ソビエトの利益にとって好もしい路線に沿って、資本主義政府に圧力をかけるために利用すべきである。

D　国外の社会主義、社会民主主義指導者に対しては、情け容赦ない闘いが進められなければならない。

Ⅱ　見解の背景

この党路線について細目を実際に検討する前に、あなた方の注意をうながしたいいくつかの面がある。

第一に、これはロシア国民の自然な見解を代表していない。ロシア国民は一般的に、外の世界に対して友好的であり、外の世界を体験したいと切望し、彼らが持っていると自覚する才能を、外の世界と比べてみたいと切望し、とりわけ平和に生活して自分たちの労働の成果を楽しみたいと切望している。党路線は、内心もつ思考の砦に立てこもって、しばしば注目すべき抵抗を示す大衆に対し、公式宣伝機関がきわめて巧妙かつ執拗に打ち出している命題だけを代表しているにすぎない。しかしこの党路線は国民と政府の見解と行動を束縛しており、われわれが相手にしなければならないのは、もっぱらこれらの命題なのである。

第二に、この党路線が基礎にしている諸前提の多くが、全く正しくないことに留意いただきたい。経験の教えるところによれば、資本主義国と社会主義国との平和的、互恵的な共存はまったく可能である。先進諸国の基本的内部矛盾は、もはや主として生産手段の資本主義的所有から生ずるのではなく、進化した都市化と工業化とから生ずるものである。

しかしそれらは、ロシアが社会主義のゆえではなく、たんに後進性のゆえにまだ一度も経験したことがないものなのである。

資本主義内部の競争は、必ずしも戦争を引き起こすとは限らない。そして、すべての戦争がこの原因に帰せられるわけではない。ドイツと日本が排除されたあと、最近の戦争の実例のあとでは、今日ソビエト連邦に対する干渉の可能性を云々するのは、まったくばかげたことである。偏狭と破壊の勢力が挑発しない限り、今日の「資本主義」世界は、資本主義同士でも、ロシアとの間でも、平和に共存していくことが十分可能である。さらに、分別のある人間ならば誰でも、西方諸国における穏健社会主義者の誠意を疑う理由は持っていない。また、スカンジナビアにおけるように、彼らの能力を発揮する機会が与えられた場合、勤労者の条件改善のための彼らの努力が成功を収めることを否定するのは公正でない。

これらの前提の一つ一つは、今回の戦争前から出されていたもので、それが正しくないことは、その矛盾自体によって十分に証明された。米英両国間の意見の対立は、西方世界の主要な対立にはならなかった。枢軸国を別にすれば、資本主義諸国は対ソ十字軍に参加することによって、彼らの対立を解決しようとするような意向を示さなかった。帝国主義戦争が国内戦と革命に転化する代わりに、ソビエト連邦ははっきり認めた共同目的のために、資本主義列強と肩を並べて戦わざるをえなかった。

これらのすべての命題が、たとえどんなに根拠がなく、誤りであることが証明されているにせよ、今日再び大胆に打ち出されているのである。これは何を示すのだろうか。それが示しているのは、ソビエト党路線がロシアの国境外の情勢についての、いかなる客観的分析に基づくものでもないこと、党路線がロシア国外の諸条件にほとんど適応するものではないこと、党路線が主として、戦前から存在し、いまなお存在している、ロシア国内の基本的必要から出ていることである。

国際問題に関するクレムリンの神経過敏症的な見解の底には、ロシアの伝統的、本能的な不安感がある。元来これは、獰猛な遊牧民と隣合わせに、広大なむき出しの平原に住もうとした、平和な農耕民族の不安であった。ロシアが経済的に進んだ西方と接触するようになったとき、その地域のより有能で、より強力で、より高度に組織された社会に対する恐怖がその上に加わった。しかしこの後者の型の不安は、ロシアの民衆というより、むしろ支配者を悩ますものだ。なぜなら、ロシアの支配者たちは、彼らの支配が相対的に、形の上で古くさく、心理的基盤の点で脆弱《ぜいじゃく》かつ人為的なものであって、西側諸国の政治体制と接触して比較されると、ひとたまりもなくなるという感じを終始抱いてきたからである。こうした理由で、彼らはつねに外国の浸透を恐れ、西方世界と自国との間の接触を恐れ、もしロシア人たちが外の世界について真実を知るか、あるいは外国人が内部の世界について真実を知ったとき、何が起こるかを恐れてきたのである。そして、彼らは、対抗勢力との盟約や妥協の中にではなく、その完全な破壊のための、忍耐強いけれども必死の闘争の中にのみ、安全を求めることを学んできたのである。

半世紀間、西ヨーロッパでなすところなくくすぶっていたマルクス主義が、ロシアで最初に手がかりをつかみ、燃え上がったのは偶然のことではない。友好的な隣国も知らず、また国内的にも国際的にも、別々の勢力間の寛大な均衡関係などを経験したことのなかったこの国だからこそ、社会の経済的矛盾は、平和的手段では解決できないとする理論を、成功させることができたのである。ボルシェビキ政権の樹立後、レーニンの解釈によっていっそう苛烈で偏狭なものとなったマルクス主義の教義は、ボルシェビキがそれ以前のロシアの支配者たち以上に悩まされた不安感の、完全な伝達手段となった。

基本的には愛他主義を目的とするこの教義の中に、彼らは、外部世界に対する彼らの本能的な恐怖、彼らとしてはそれ以外に統治の方法を知らなかった独裁、彼らとしてそれを、あえて加えずにおられなかった残虐さ、彼らが要求せずにはおられなかった犠牲、などについての自己弁護を見出したのである。マルクス主義の名において、彼らは自分たちの方式や戦術の中で、一切の倫理的価値を犠牲にした。今日では彼らはマルクス主義なしにすますことはできない。それは、彼らの道徳的、知的体面のイチジクの葉なのだ。それがなかったならば、彼らは精々のところ、国内的に弱体な体制のために対外的安全を保障しようとして、絶えず新たな軍事力増強を自国に容赦なく強制してきた、歴代の残虐で無駄遣いの好きなロシア支配者たちの最後のものとして、歴史に残るにすぎないだろう。この点こそは、ソビエトの諸目的がつねにマルクス主義の礼服を厳粛にまとわなければならない理由であり、ソビエト問題におけるドグマの重要性を過小評価してはならない理由である。

こうして、ソビエト指導者は、自分たちの過去と現在の立場から生まれた必要によって、一つのドグマを打ち出さざるをえなくなっている。そのドグマが描き出す外部世界は、邪悪で敵意に満ち、脅威を与えるものではあるが、その内部に忍び寄る疾病の病原菌を抱えて、強まりつつある内部の震動で破壊する運命にある。そして、ついには社会主義の増大する力によって最後の一撃を加えられ、新たなよりよい世界に席を譲るはずになっている。この命題は、ロシア国家における軍事、警察力の増強、外部世界からのロシア民衆の隔離、さらにはロシア支配者の持ち前の本能的な要求であるロシア警察力の限界拡大を求める流動的で一貫した圧力、といったものがなぜ必要であるかを示している。これは基本的には、不安に駆り立てられるロシア民族主義が徐々に発展してきたものに過ぎないのだが、この何世紀にもわたる運動の中では、攻撃と防衛の考え方が目茶目茶に混乱しているのである。しかし、絶望にかられ、戦争に引き裂かれた外部世界に対して甘い約束を掲げる国際マルクス主義が新たな装いをしてくるとそれは以前よりいっそう危険で、油断がならないものである。

以上のことから、ソビエト党路線が、それを主張するすべての人々にとっても必然的に不正直で不誠実なものだと考えてはならない。彼らの多くは、外の世界についてあまりに無知であり、精神的にもあまりに自己暗示にかかりやすく、信じた方が気楽で都合がよいと思ったことを信ずるのに、困難は感じないのだ。

最後に、この巨大な国土で、もし誰か外部世界についての正確で偏見のない情報を実際に受け取っているものがいるのか、いるとすればそれは一体誰だろうかという未解決の謎《なぞ》が残っている。この政府に浸みわたっている東洋的秘密主義と陰謀の雰囲気の中では、情報源と情報の流れがねじ曲げられ、毒される可能性は限りなく大きい。客観的真実に対するロシア人の不信――まさにそうした真実の存在自体に対する不信――のゆえに、彼らはすべての語られた真実を、語られない隠れたいくつかの目的遂行のための道具にすぎないと見るようになっている。

この政府そのものが、現実に、陰謀の中の陰謀そのものだと疑うに足りる理由がある。またスターリン自身が、外部世界の客観的情勢らしいものを受け取っていると信ずることもむずかしい。ここにロシア人に独特の複雑な陰謀の行われる十分な余地が存在するのである。諸外国政府がロシアの政策決定者の前に、まともにその言い分をはっきりと提示――ロシアと自国との関係について、決して会うことも影響を与えることもできない、何者とも知れない未知の助言者たちの好意を期待できる程度に――することができない。これがモスクワにおける外交の最も心を悩まされる特徴であり、また、もし西側政治家がモスクワで遭遇する困難の性質を理解しようとするなら、念頭に置いた方がよい特徴である。

Ⅲ　公式レベルに現れた現実政策に関するソビエトの見解

われわれはこれまで、ソビエト計画の性質と背景を見てきた。その実施に関して、われわれは何を期待できるだろうか。

ソビエト政策は二つの面で実行される。すなわち、(1)ソビエト政府の名で公式に行われる行動で代表される公式面、(2)ソビエト政府がその責任を認めない諸機関によって行われる地下にかくれた行動面である。双方の面で広められる政策は、Iの部で説明したAからDまでの基本政策に役立つよう計算されるだろう。それぞれの面でとられる行動は、著しく相違しようが、目的と時期と効果の点では、互いにぴったりと合致するだろう。

公式面では、われわれは次の諸点を予想しなければならない。

A　ソビエト国家の力と威信をあらゆる方法で強化するために捧《ささ》げられた国内政策、徹底的な軍事工業化、軍隊の最大限の展開、部外者に印象づけるための大がかりな力の誇示、弱さを押し隠し、敵の目をくらますことをねらった国内問題についての秘密主義の継続。

B　時機がよく、見込みがあると考えれば、どこでも、ソビエト勢力の公式の境界を前進させるための努力が払われよう。いまのところ、そうした努力は、北部イラン、トルコ、それに多分ボーンホルム*のように、モスクワで直接の戦略的必要があると考えられている一部の隣接地点だけに限られている。しかし、隠れたソビエト政治勢力が、新しい地域に拡大される場合には、いつでもそれ以外の地点も目標となるだろう。そのようにして「友好的」ペルシャ政府が、ペルシャ湾の一つの港をロシアに譲渡するよう、要求されるかもしれない。もしスペインが共産主義者の支配下になったとしたら、ジブラルタル海峡のソビエト基地問題が現実化するかもしれない。だが、そうした主張は、非公式な準備が完了したときに初めて、公式面に現れるだろう。

＊　訳注　バルト海中のデンマーク領の島。

C　ロシア人は、ソビエト勢力の拡大の可能性、あるいは他の諸国の勢力を抑制、ないし弱める可能性があると、自分たちがみなす国際機構には公式に参加するだろう。モスクワが国連の中に求めているものは、すべての国々の相互利益と目的を基礎にした恒久的かつ安定した国際社会のための機構ではなくて、いま述べたばかりの諸目的を都合よく追求できる舞台をである。モスクワで、国連がこの目的に役立つと考えられている間は、ソビエトはそこに留まるだろう。だが、もし国連が彼らの勢力拡大の目的を邪魔し、挫《ざ》折させるだけだとの結論に達すれば、あるいはこれらの目的を他の路線にそって追求した方がより有望だとみれば、いつでも彼らは国連を見捨てるのをためらわないだろう。

しかし、そうなれば、彼らが国連を脱退したことによって他の諸国の結束を乱し、国連を彼らの目的あるいは安全への脅威としては力の弱いものにし、国連の代わりに、彼らの見地から見てもっと役に立つ国際的な武器を作り上げることができるほど、彼ら自身が強力なのだと感じていることを意味しよう。従って、国連に対するソビエトの態度は、国連に対する他の諸国の忠誠に、大いに左右されよう。また、それは、われわれの思考方式にとって国連が表徴している平和的で希望に満ちた国際生活の概念を、それらの諸国が国連内でどれほど大きな熱意と決意と結束をもって、防衛するかにもかかってくるだろう。モスクワが国連の理想に対して、いかなる純粋な献身の念も抱いていないことを、私は幾度でも繰り返していう。国連に対するソビエトの態度は、今後もずっと本質的には、現実的で戦術的なものだろう。

D　植民地および後進諸国民、もしくは従属諸国民に対しては、ソビエト政策は、公式面でさえも、西側先進諸国の力と影響との接触を弱くする方向に向けられている。それは、この政策が成功する限り、共産主義とソビエトの浸透に好都合な真空が生ずるとの理論に基づいている。だから、信託統治の取り決めに参加を求めるソビエトの圧力は、ソビエトの影響力行使の主要経路を作るためよりは、むしろ、そうした地域での西側の影響力の行使を困難にし、抑制する立場に立ちたいとの願望を示している。ソビエトの影響力を行使したいという動機がないわけではないが、それにはソビエトは、公式な信託統治の手段よりも、別の経路に頼る方がましだと考える。だからソビエトはどこでも信託統治やそれに類する取り決めに参加することを求め、こうして獲得したテコを、それらの民衆の間での西側の影響力を弱めるために利用しようとするものと見てよいだろう。

E　ロシア人たちは、西側の権力の中心に反対する強い可能性があると彼らが感ずる諸国内で、ソビエトの影響力と、それらの諸国との公式関係を発展させるため、精力的に努力するだろう。この方針は、ドイツ、アルゼンチン、中東諸国など、広く分散した地点に適用される。

F　国際経済問題においては、ソビエト連邦自身とソビエト支配下の隣接地域を合わせた自給自足経済の追求が、実際にはソビエト政策の主流となろう。だが、それは政策の底を流れるものとなるだろう。公式路線に関する限り、立場はまだはっきりしない。ソビエト政府は戦争終結以来、外国貿易問題について奇妙な沈黙を守ってきた。もし大規模な長期借款が提供されれば、ソビエト政策は、一九三〇年代にしたと同様に、全般的国際交流の実現を希望していると口先だけの外交辞令を再びしゃべることになるかもしれない。さもなければ、ソビエトの外国貿易が、主として、ドイツの占領地区を含むソビエト自身の安全保障圏に限定され、諸国内の全面的経済協力の原則に対しては、公式には冷ややかな態度をとるようになる可能性もある。

G　文化協力に関しては、諸国民間の文化的接触を深めることが望ましいと、同様に口先だけの美辞がならべられようが、これも、ソビエト国民の安全保障の立場を弱めるようなものは実際上考えられないだろう。この点でソビエト政策は、現実的には、ふんだんのウオツカと演説、永続性のない公式訪問や大宴会、しかもそれに厳しい監視がついているという、中身のないチャンネルに頼るのが精一杯であろう。

H　その上、個々の外国政府とソビエトの公式関係は、ソビエト国家とその代表たちの威信に大きな力点を置き、真の礼儀とはかけ離れた外交儀礼に固苦しい注意を払うといった、いわば「型にはまった」方針がとられるだろう。

Ⅳ　非公式もしくは地下にかくされた面、つまりソビエト政府がその責任を引き受けない面で実行されるソビエト基本政策からわれわれが予想しうることに関し、次のようなことがいえるかもしれない

この面で、政策を普及するため利用される機関は、次の通りである。

A　他の諸国の共産党の中核体。この範疇《はんちゅう》を構成する人物の多くは、無関係な社会的資格で表面に現れたり、活動したりするかもしれないが、実は彼らは、モスクワによってしっかりと統制され、指揮された世界共通主義の地下活動指令部、つまり隠れたコミンテルンとして、緊密に協力し合っているのである。この中核は、その属する党の合法性のいかんにかかわらず、実際には地下路線に従って働いていることを、忘れないことが大切である。

B　共産党の一般党員。これらの人々とA項に規定した人々の間には、はっきりした境界線が引かれている。この境界線は、近年ますます明確になってきた。かつての外国共産党は陰謀活動と合法活動の奇妙な（モスクワの目から見ると、しばしば都合の悪い）混合を示していたが、いまや陰謀の要素は中核グループにきちんと集中され、地下指令を受けて活動するようになっている。一方、一般党員は——もはや運動の現実についての機密を明かされることさえなく——外国との陰謀じみた結びつきとはまったく無関係に、各国内での一定の政治傾向をもった誠実な国内パルチザンとして、表面に押し出されている。共産主義者が数的に強力な一部の諸国においてのみ、現在彼らは本格的に姿を現し、団体として活動している。一般に彼らは、単独の政党としての直接活動によるよりも、見せかけの表面組織を通じて彼らの目的を遂行しようとして、時に応じ、ソビエト政府の道具とは疑われにくい他の組織に浸透し、影響力を及ぼし、あるいは支配するために利用される。

C　そのような浸透によって支配し、もしくは影響を与えることのできる多種多様な全国的連合組織や団体。その中には、労働組合、青年同盟、婦人組織、民族団体、宗教団体、社会組織、文化グループ、自由主義的雑誌、出版社などが含まれている。

D　さまざまな民族的構成要素に対する影響を通じて、同様に浸透しうる国際組織。それらの間では、労働、青年、婦人組織が有力である。これに関連して、とくに、ほとんど死活的な重要性が国際労働運動に与えられている。モスクワはこの運動によって、国際問題では西側諸国政府を軌道からはずさせ、またさまざまな国では、政府がソビエトの利益に好都合な行動をとらざるをえなくするとともに、ソビエト連邦にとって具合の悪い行動をぶちこわすこともできる国際ロビーを作り上げることができると見ているのである。

E　外国に支部を持つロシア正教会、それに同教会を通して東方正教会全体。

F　汎スラブ民族運動とソビエト連邦内部の民族グループに基礎を置くその他の運動（アゼルバイジャン、アルメニア、トルクメンなど）。

G　ブルガリア、ユーゴスラビア両国の現政府、北ペルシャ政権、中国共産主義者など、程度こそ違え、ソビエトの目的に力を借す用意のある政府、もしくは支配グループ。たんに宣伝機関だけでなく、これらの政権の現実政策も広くソビエト連邦の自由にまかされるかもしれない。

この広大な総合機構の各構成部分は、それぞれの適性に応じて、次のように利用されると予想できる。

(1) 西側諸大国の政治的、戦略的潜在力全体を掘り崩すこと。こうした国々では、民族的自信を打ち砕き、国防手段を片輪にし、社会不安、産業不安を増大させ、あらゆる形の分裂を助長する努力が払われよう。経済的なものでも人種的なものでも、およそ不平不満を抱くすべての人間は、和解や妥協の中にではなく、社会の他の要素を破壊させるための激しい挑戦的闘争の中に、不満の解消を求めるよう訴えられるだろう。これらの国々では、貧乏人は金持ちに、黒人は白人に、若者は老人に、新参者は先住者にという具合に対抗させられるだろう。

(2) 非公式面では、植民地、後進、従属諸国民に対する西側列強の力と影響を弱めるために、とくに猛烈な努力が払われるだろう。この面では、どんな手がかりも除外されないだろう。西側植民地行政の失敗や弱点が容赦なく暴露され、利用されるだろう。西側諸国内のリベラルな意見が、植民地政策を弱めるために動員されよう。従属諸民族の間の怒りがかきたてられよう。従属諸民族が西側列強からの独立を求めるよう鼓舞される一方で、独立が達成されたあかつきに、それぞれの植民地で国内の政権を掌握するため、ソビエト支配下の傀儡政治機関が浸透を続けるだろう。

(3) 各国政府がソビエトの目的の前に立ちふさがっているところでは、政府を辞職に追い込むため、圧力がかけられよう。政府が正面からソビエト外交政策の目標に反対している諸国(トルコ、イラン)、政府が自国領を共産主義者の浸透から防ぐために封鎖している諸国（スイス、ポルトガル）、あるいはイギリスの労働党政府のように、政府の力が強すぎて、共産主義者が是非掌握したいと考えている分子の精神的掌握がどうしてもできない諸国では、政府を辞職に追いこむ圧力がかけられる（ときには、これらの諸要素のうち二つが、一緒に現れることがある。その場合、共産主義者の反対はとくに執拗で、凶暴となる）。

(4)　諸外国では、共産主義者は、概して、経済的、政治的、もしくは道徳的なあらゆる形の個人の独立性の破壊を目ざして働く。彼らの仕組みは、上部権力に完全に従属する人人だけを相手にすることができる。それゆえ、財政的に独立した人物――個人実業家、資産家、成功した農民や職人などに加えて、人気のある地区牧師や地方政治家のように、地元指導をしたり、地元での権威をもっているような人々は、共産主義者にとってすべて呪われた連中である。ソビエト連邦の地方当局者がつねに次から次へと地位を移されているのは、偶然ではない。

(5)　西側諸大国をお互いに対立させるために、可能なあらゆることが行われよう。反英的なうわさがアメリカ人の間で、反米的なうわさがイギリス人の間で広められよう。ドイツ人を含むヨーロッパ大陸諸国の国民は、アングロサクソン系の両大国を嫌悪するよう教え込まれよう。疑惑の存在するところでは、それがあおられ、存在しないところでは、新たに火をつけられよう。どんな種類のものであれ、ロシアを仲間はずれにするような他国間の統一や団結を実現する恐れのある一切の努力に対しては、その信用を失墜させ、闘争するために、いかなる努力も惜しまれないだろう。共産主義の浸透と支配をたやすく受け入れないあらゆる形の国際組織は、カトリック教会であれ、国際経済コンツェルンであれ、あるいは王室や貴族の国際協力であれ、いつかは攻撃にさらされることを覚悟しなければならない。

(6) 一般に、非公式な国際面でのソビエトの全努力は、否定的、破壊的な性格をもち、ソビエト支配力の及ばないところにある力の源泉は破壊するようねらっている。これはたんに、対抗勢力との妥協はありえず、また建設的な仕事は共産主義勢力が支配的になった場合に、初めて開始できるとのソビエトの基本的本能に従っているにすぎないのである。しかし、これらの背後で、外国の行政機関、とくに警察機構内に浸透して、枢要な地位を左右するための、執拗かつ不断の圧力が加えられるだろう。ソビエト体制は、帝政時代の警察ときってもきれない薄暗い半世紀の中で育まれた特別仕立ての警察体制であり、まず警察力の見地から物を考える習慣がついているのだ。ソビエトの動機を推し測る場合、この点を決して見失ってはならない。

V　アメリカの政策の立場から見た実際的帰結

要するに、われわれがここで問題にしているのは、合衆国とは永続的な協定などは結ばず、ソビエト権力の安泰のためには、われわれの社会の内部調和がかき乱され、われわれの伝統的生活様式が破壊され、わが国の国際的権威が打ち砕かれることが望ましく、また必要だという、そんな信念を狂信的に信奉する政治勢力なのだ。この政治勢力は、世界最大の国民の一つのエネルギーと、世界で最も豊かな国土の資源を自由にできる完全な権力を持ち、ロシア民族主義の深くて強力な潮流に乗っている。その上それは、他国においてその影響を行使するための、精巧で広大な機構をもっている。しかも、その機構は驚くべき柔軟性と多様性を備え、多分史上類まれな地下活動方法の経験と技術を持つ人々によって運営されているのだ。

ところが、この政治勢力は、その基本的態度では真実というものについてほとんど考慮などしないように見える。この勢力にとっては、人間社会の客観的事実の広大な源泉は、われわれの場合のように、それに照らして自分たちの見解をつねに試験し、修正していく尺度ではなく、あらかじめ考えた見解を支えるため、そこから自分勝手に、意図的に一つ一つの品物を選び出す打ち出の小槌《こづち》なのだ。これはどうみても愉快な観《み》ものではない。この勢力といかに対抗すべきかという問題は、疑いもなく、アメリカ外交がこれまでに直面した最大の課題であり、恐らく今後直面しなければならない課題の中でも最大なものであろう。

それは、現時点で、わが国の政治的参謀本部の作業を開始すべき出発点となろう。それは、戦時における主要戦略問題の解決と同様な厳密さと配慮をもって、また必要ならば、計画作成の努力には費用を惜しまないで、処理されなければならない。私はここですべての回答を提示しようと試みることはできない。だが、私は、この問題がわれわれの力の範囲内で——そして、いかなる全面的軍事衝突にも訴えることなく——解決しうるとの信念を書きとめておきたいと思う。そして、その信念を裏付けるために、頼もしい性質のいくつかの展望を、私は試みてみたいと思う。

㈠　ソビエト権力は、ヒトラー・ドイツの権力ほどには計画的でもなければ、冒険的でもない。それは、決まった計画によって動くわけではない。それは不必要な危険を冒さない。それは、理性の論理に鈍感なくせに、力の論理にはきわめて敏感である。それゆえ、どんな場合でも、強力な抵抗に出合えば、容易に後退することができるし——またたいていはそうする。こうして、もし相手が十分な力を持ち、その力を用いる用意があることを明確に示すならば、実際にはめったにそれを用いる必要はなくなる。こうしてもし状況が正しく処理されていれば、威信をかけた対決の必要はないのである。

㈡　西側世界全体と対比すると、ソビエトはいぜんとしてはるかに弱体な勢力である。それゆえ、彼らの成功は、西側世界がどの程度まで結束と断固たる意志と気力を発揮しうるかにまさしくかかっている。そして、これは、われわれの力で影響を与えることのできる要素なのである。

㈢　国内権力の形態としてのソビエト制度の成功は、まだ最終的に証明されたわけではない。それはなお、個人から個人、あるいはグループからグループへの権力の相次ぐ移行という最大の試練に耐えうることを、証明しなければならない。レーニンの死は最初のそうした移行であったが、その影響は以後十五年間ソビエト国家を難破させてしまった。スターリンの死、もしくは引退は、第二の権力の移行となろう。だが、それも最後の試練ではないだろう。ソビエト国内体制は、いまや最近の領土拡張のために、かつては帝政ロシアにひどい負担となったと同じ手に負えない緊張の連続に悩まされるだろう。われわれモスクワにいるものは、国内戦終結以来、ロシアの国民大衆が、感情的に今日ほど共産党の教義から遠く離れてしまったことはないと信じている。ロシアにおいては、感党はいまや偉大で――現在のところ――大いに成功した独裁的行政機関となったが、感動的な霊感の源泉であることはやめてしまった。こうして、国内での運動の健全さと永続性は、まだ保証されたとはみなせないのである。

(四) ソビエト安全保障圏から一歩外へ出ると、すべてのソビエトの宣伝は、基本的に否定的で破壊的である。だから、賢明で真に建設的な計画をもってすれば、それと戦うことは比較的容易だろう。

このような理由で、私は、われわれがロシアといかに付き合うべきかという問題を、平静に、善意をもって処理できると思う。この処理をいかに行うべきかについて、私は結論として、以下の意見を示したいと思う。

1 われわれの第一歩は、われわれが扱う運動の性質がどんなものかを理解し、認識することでなければならない。われわれはこれを検討するさい、医師が始末におえない無分別な患者を診察するときと同じような、勇気と公平さと客観性をもって、またそれによって感情的に挑発されたり、椅子から振り落とされたりしないという、同じような決意をもって、あたらなければならない。

2 われわれは、わが国民がロシア情勢の現実についてもっとよく教育されるよう期待するものである。この重要性はいくら強調しても、強調しすぎることはない。報道機関だけでは、これをやることはできない。関係する実際問題について、当然のことながら、より経験が深く、より情報に通じている政府が、主にこれを行うべきである。このさいわれわれは、状況の醜さにたじろぐ必要はない。私は確信するのだが、もしソビエト情勢の現実が、わが国民にもっとよく理解されていたならば、今日のわが国の反ソ主義は、これほどひどくヒステリックなものになっていなかっただろう。無知ほど危険で恐ろしいものはない。ロシアとの間のわれわれの困難について、もっと多くの情報を明らかにしたら、米ソ関係に不都合な影響を与えるだろうという議論が出るかもしれない。私はそうすることで何らかの真の危険があるとしたら、それは遅かれ早かれ、われわれがそれに直面する勇気を持たねばならぬものだと感じている。

だが私には、何をわれわれが危険にさらしているのか、わからない。この国におけるわれわれの利害関係は、ロシア国民に対するわれわれの友情の大々的な誇示のあとでさえ、著しく小さい。われわれはこの国に、守るべきいかなる投資も、失うべき実際的貿易も、事実上保護すべき自国民も持たず、維持すべき文化的接触もほとんどない。われわれの唯一の利害関係は、われわれが現在持っているものよりも、むしろわれわれが希望するものの中にある。そして、もしわが国民が啓発され、ロシアとわが国との関係が、完全に現実的、実際的基礎にすえられるならば、われわれにとっては、それらの希望を実現するいっそう大きな可能性が生まれると、私は確信している。

3　多くの点が、われわれ自身の社会の健全さと活力にかかっている。国際共産主義は、病気の細胞組織の上にのみ繁殖する悪性の寄生菌のようなものだ。これこそまさに、内外政策が直面している要点である。われわれ自身の社会の内部問題を解決し、われわれ自身の国民の自信と規律と士気と共同精神を高めることは、千百の外交覚書や共同コミュニケにも匹敵するほどのモスクワへの外交的勝利である。もしわれわれが、みずからの社会の欠陥を前にして、宿命論や無関心をかなぐり捨てることができないならば、モスクワは利益を得るだろう――モスクワは外交政策ではそのようにして利益をあげる外はないのである。

4　われわれは、過去においてわれわれが示してきたものよりも、さらに望ましい形の、はるかに積極的で建設的な世界像を作り上げ、他国に示さなければならない。われわれ自身の政治過程と同様な過程の発展を、人々に呼びかけるだけでは十分でない。多くの外国国民が、少なくともヨーロッパでは、過去の経験にうみ疲れ、恐がっており、深遠な自由というものには、安全問題よりもうすい関心しか持っていない。彼らは責任よりも指導を求めている。われわれは、ロシアがこれらの外国国民に与えるよりも立派に、指導を与えることができなければならない。そして、もしわれわれが、それをしなければ、ロシアがかならずやるだろう。

5　最後に、われわれは、人間社会についてのわれわれ自身の方式と理念を固守する勇気を持たなければならない。結局、ソビエト共産主義というこの問題と取り組むにあたり、われわれに降りかかりかねない最大の危険は、われわれが取り組んでいる当の相手のようになるのを、みずからに許すことであろう。

上巻訳者あとがき

本書はジョージ・F・ケナンの回顧録 George F. Kennan *“Memoirs”* 二巻のうち、上巻（一九二五―一九五〇年）の全訳である。

著者、ジョージ・ケナンは、アメリカきってのロシア、ソビエト問題に関する専門家であり、おそらく、西側世界でも有数のソビエト通である。現在プリンストン大学の高等学術研究所にあって、研究と著述に没頭している。

しかし、ケナンの名が一躍して知れわたるようになったのは、一九四七年七月に「フォリン・アフェアズ」誌に、彼が「X」の筆名で書いた一文「ソビエトの行動の源泉」を発表して以来のことであった。ケナンはその当時、マーシャル国務長官の下に国務省の政策企画本部長の要職にあって、マーシャル・プランの政策理念と骨組みをまとめあげたばかりだったが、ドイツと東ヨーロッパをめぐって、戦後、執拗な膨張政策をとってくるソビエトの進出に対して西側はどう対処するか、の問題について真っ正面から取り組んでいたケナンが、この「X―論文」の筆者であることが判ると、この論文がにわかに大きな注目をひくようになった。

事実、この論文の内容はアメリカの、そして西側の対ソビエト政策について、画期的な基本線を打ち出したものであった、いわゆる「封じ込め政策《コンテーンメント・ポリシー》」がそれであった。その骨子は、ソビエトの膨張主義的傾向に対して、長期の、辛抱強い、しかも確固として注意深い封じ込めが必要であるというものであった。この封じ込め政策が、その後のトルーマン政府の対ソ政策の基調となり、NATOの成立、ヨーロッパ経済援助などに発展する一方、「冷戦」がここからはじまったというのが、すでに定説になっている。

ケナンはたしかにこの間約二年ばかりの間、政策企画本部長の職にあって、ワシントンの外交政策の調査、立案に専心したのであった。しかし、彼の立案や進言がどの程度に国務省や議会に迎えられ、とりあげられたかといえば、むしろケナンは非常に不本意、かつ不満をかこつことが多く、時々は冷遇と無視をもって迎えられる場合さえ多かったというのが実際で、ケナンを真に高く評価してその進言を用いたのは、彼を初めて企画本部長に抜擢《ばってき》した国務長官のジョージ・マーシャル元帥だけだったといってもよかった。国務長官ではマーシャルのあとをついだアチソンとは肌が合わず、ダレスとは全く意見が対立していた。

それだけに、ケナンの考えは十分に理解されず、誤解されることがワシントンでも多か

った。「X―論文」の封じ込め理論についても、ケナン自身は、

「封じ込めは、ソビエトの国境に軍隊を駐留して、ソビエトの軍事的侵略を押えることではない。封じ込めは、軍事力ではなく、共産主義の政治的侵略に対し、他国民が抵抗してその国内の安全を守るように力づけてやることだ。封じ込めの目的は、第二次大戦の軍事作戦と政治工作がつくりあげた現状を恒久化することではなかった」

といい、彼の真意が誤解されていることを嘆いている。このことは、ヨーロッパでは、ドイツの分割とNATOの成立によって示された軍事第一主義に基づく対ソ政策、アジアでは日本に対する単独平和条約締結を急いでソビエトを刺激し、朝鮮戦争を引き起こすことにさえなったと思われる対ソ政策の未熟さにも影響が現れていると、ケナンは考えている。

ケナンはドイツ問題、日本問題についても真剣な考察を加え、具体的な対案を進言していた。ドイツに関しては、その進言はとりあげられず、日本に関しては、その占領政策の改革について大いに寄与するところあったが、平和条約以後の基本点であったアメリカ軍の駐留問題では、彼の進言はダレスによって一蹴された。ケナンは、対日平和条約締結後は、軍隊、基地、その他の軍事施設を日本に維持することについては消極的で、それは将来の決定にゆだねる、沖縄には長期にわたって駐留する必要がある、との考えをもってい

たのである。

日本の駐留軍問題はさておいても、ドイツ、朝鮮の分割国家の現在の悲劇だけは、ケナンは二十五年前から何とか避けたいと考えていた。もしケナンの献策通りに実施していたら、ドイツ、朝鮮の今日の悲劇はなかったであろう、とは必ずしもいうことはできないかもしれない。しかし、ケナンの政策が実施されていたら、今日の様相とは著しく違っていたであろうということはいえるであろう。しかもはるかに明るい様相に転じていただろう。いずれにせよ、第二次大戦後の、世界体制の再建、復興がいそがれていた時、西側世界が緊急に必要とした新しい理念、新しい政策を打ち出そうとしていた思想家、政治家、外交家の中に、いまだ四十歳代の若さのジョージ・ケナンが独創的な構想を次々と打ち出していたという事実は注目に値するものであった。

ケナンは、一九〇四年二月十六日、アメリカのウィスコンシン州ミルウォーキー市に生まれた。父はウィスコンシン・セントラル鉄道の顧問弁護士をしていて、仕事の上から毎年のようにヨーロッパに旅行したが、ケナンは八歳のとき父に随ってドイツにおもむき、約一か年ドイツの学校に学んだことがある。一九二五年プリンストン大学を卒業して、外交官になった。

もっとも、はじめは職業外交官《キャリアー・ディプロマット》として一生を過ごすつもりはなかったらしい。「ただビジネスに入ってそのまま一生をずるずる過ごすよりは、フォリンサービスで数年過ごせば、世界を見て回れるし、そのうちに自分で何がしたいかを決めることができよう」と考えていたという。だからハンブルクを振り出しにタリンなどで副領事を務めたのち、一九二八年にアメリカに帰った時には、外交官は辞める気になっていた。しかし幸いに翻意して、ロシア語の特別訓練生に選ばれて、約五年半にわたりベルリンからバルト地方のタリン、リガに派遣されてみっちりロシア語を勉強した。当時アメリカはロシアとの国交がなく、ロシアについて学ぶにも直接ロシアには入れなかったからであった。彼がこの期間中にどんなに苦心して勉強したかは、この回顧録を読んで貰えればよくわかるが、彼のロシア語も、ロシアに関する知識も、つけ焼き刃ではなく、彼の血肉のように、ほんものであったことがよくわかるであろう。

一九三三年、ルーズベルト大統領によるソビエト政府承認と外交関係再開とともに、ケナンはブリット初代大使に見込まれて初めてモスクワにおもむき、大使館の開設の大任を果たした。一九四四年六月、公使兼任参事官で二度目のモスクワ勤務をしたのと合わせると、前後五年間はロシアに滞在した。それはスターリンの粛清時代と独ソ戦争下というもっとも暗い、そして苦しいソビエトの時代で、ケナンはロシアをその文字通りの内側から、生々しい苛酷な歴史をその眼で見、魂で感じたのである。だからケナンはロシア人をどんなに深く愛しても、ソビエトの権力機構やスターリニズムを厳しく批判せずにはいられなかった。

「モスクワにおいては、資本主義世界の目的がソビエト政権に敵対的なものであり、従ってこの政権の支配する国民の利益とも対立的である」（「ソ連の行動の源泉」）とされ、「この敵対関係は公理化されており、そこからわれわれがクレムリンの外交活動について悩まされる多くの現象が流れ出してくる」（同）とケナンは見ずにはいられない。そして彼がそれらの批判を「X－論文」にまとめたものが、アメリカの、その後の一時代の対ソ政策の公式になったのであるが、公式化されたときは、それはケナンの真に望んだものからはるかに違ったものとなっていたのは前述の通りである。これはケナンの悲劇とでもいうべきものかも知れない。ケナンがのちに一九五二年、駐ソ大使として三たびモスクワに赴任したが、五か月後に舌禍事件を起こして帰国しなければならなかったことも、彼の本意ではなかったであろう。一九五三年には、ワシントン政府の巻き返し政策に反対してダレス国務長官と衝突、本格的に母校プリンストンの高等学術研究所に移り、研究と著述の生活に入ったのであった。もっともその後一九六一－六三年に、ユーゴスラビア大使にとくに懇請されて赴任したのが公的生活の最後であった。

この回顧録上巻は、少年時代の追憶から始まって、一九五〇年、政策企画本部長を退き、国務省勤務を離れて、ワシントンを去るまでの期間をカバーしている。多感な少青年時代の姿はほほえましいものがあるし、彼が、克明に書き記した日記や紀行文が、ケナンの優れた文学的才能を示すものであることも指摘しておきたい。面白いのは、彼の祖父の従弟に当たる人に、同姓同名、しかも同じ誕生日をもつジョージ・ケナンがいたことである。この人物は南北戦争後、アラスカ、シベリアを経由してヨーロッパまで電信敷設の可能性を探査する探検隊に参加し、シベリアに入ったのが動機でロシアに興味をもち、ついにロシア問題の権威となり、政治犯のシベリア流刑問題を調べて『シベリアと流刑制度』の一書を著し、有名になった人物だが、ケナンはこの人物の息子と間違えられることがしばしばであった。この人物の存在がわれわれのケナンの関心をロシアに結びつけた動機であったかもしれない。

この回顧録を通じて、われわれはケナンの何事につけても一途で真摯《しんし》な、一人の人間の真実の追究の苦闘をまざまざと見ることができる。それは外交官という高度に政治的な利害について取引するポストに立つものとはむしろ遠い感じであり、ましてワシントンの政治社会、官僚、議会人がつくりあげている見栄と虚構の世界とはあまりにも大きくかけ離れていることを思い知り、ケナンの外交官の生涯がそれだけ苦渋と苦悩の多いものであったことが察せられるのである。本書の第六章、第七章で、ケナンがルーズベルト大統領に直訴するくだりがあるが、ルーズベルトさえ一種の政治的虚像でしかないことがケナンの目を通じて描かれている。このくだりは本書の圧巻でもあるだろう。その他にも本書の至るところで、ケナンの痛烈な言葉を読者は見出すことができるであろう。わたしはケナンのこの回顧録に、ケナンの人間性がにじみ出ているのを感じずにはいられなかった。

この上巻の翻訳は、第十六章まで私が当たり、第十七章から二十章までは橿淵政央君に下訳をお願いしたが、それに私が手を入れたので、責任は私にある。第十一章の中の一部を都合により除いたほかは、全訳である。ケナンの文章は日本語に訳しにくいものがかなり多く、翻訳には大分手こずった。従ってなお未熟な文字が残っているかもしれない。広く読者の叱正《しっせい》をまつ次第である。

なお、上巻関係の付録三編「七年後のロシア」「対独戦終結時におけるロシアの国際的地位」「一九四六年二月二十二日のモスクワからの電報（抜粋）」――以上は新井康三郎君が訳した――は下巻に収録した。

一九七三年九月六日

清水俊雄

本書は『ジョージ・F・ケナン回顧録　～対ソ外交に生きて～』（読売新聞社、上巻〔清水俊雄訳〕／一九七三年一二月二〇日刊、下巻〔奥畑稔訳〕／同三〇日刊）を三分冊して再刊するものです。

Ⅰでは上巻第一章～第九章および下巻付録のABを、Ⅱでは上巻第十章～第二十章と「訳者あとがき」および下巻付録のCを、Ⅲでは下巻収録のうち付録ABCを除いた全文と文庫解説を収録しました。

中公文庫

ジョージ・F・ケナン回《かい》顧《こ》録《ろく》II

2017年1月25日　初版発行

著　者　ジョージ・F・ケナン
訳　者　清《し》水《みず》俊《とし》雄《お》
　　　　奥《おく》畑《はた》稔《みのる》
発行者　大橋善光
発行所　中央公論新社
　　　　〒100-8152　東京都千代田区大手町1-7-1
　　　　電話　販売　03-5299-1730　編集　03-5299-1890
　　　　URL http://www.chuko.co.jp/

印　刷　三晃印刷
製　本　小泉製本

Published by CHUOKORON-SHINSHA, INC.
Printed in Japan　ISBN978-4-12-206356-3 C1131

中公文庫既刊より

各書目の下段の数字はISBNコードです。978－4－12が省略してあります。

マ-10-3
世界史（上）
W・H・マクニール
増田義郎
佐々木昭夫 訳
世界の各地域を平等な目で眺め、相関関係を分析しながら歴史の歩みを独自の史観で描き出した、定評ある世界史。ユーラシアの文明誕生から紀元一五〇〇年までを彩る四大文明と周縁部。
204966-6

マ-10-4
世界史（下）
W・H・マクニール
増田義郎
佐々木昭夫 訳
俯瞰的な視座から世界の文明の流れをコンパクトにまとめ、歴史のダイナミズムを描き出した名著。西欧文明の興隆と変貌から、地球規模でのコスモポリタニズムまで。
204967-3

チ-2-1
第二次大戦回顧録 抄
チャーチル
毎日新聞社 編訳
ノーベル文学賞に輝くチャーチル畢生の大著のエッセンスをこの一冊に凝縮。連合国最高首脳が自ら綴った、第二次世界大戦の真実。〈解説〉田原総一朗
203864-6

ク-5-1
ドイツ第三帝国
グラーザー
関楠生 訳
第三帝国が夢想した世界観や組織論を第一級史料を駆使しながら多角的に分析、思想と行動、宣伝機構やナチス芸術・文学などについて論じた不朽の名作。
205078-5

ハ-16-1
ハル回顧録
コーデル・ハル
宮地健次郎 訳
日本に対米開戦を決意させたハル・ノートで知られ、「国際連合の父」としてノーベル平和賞を受賞した外交官が綴る国際政治の舞台裏。〈解説〉須藤眞志
206045-6

マ-13-1
マッカーサー大戦回顧録
マッカーサー
津島一夫 訳
日米開戦、屈辱的なフィリピン撤退、反攻、そして日本占領へ。「青い目の将軍」として君臨した一軍人が回想する「日本」と戦った十年間。〈解説〉増田 弘
205977-1

ケ-5-1
ケネディ演説集
高村暢児 編
上院議員時代と大統領就任から暗殺直前まで、冷戦下にあって平和のための戦略の必要性を訴えた最重要演説18編を網羅。『ケネディ登場』を改題。
205940-5